莫兰科学笔记 探究式科学教学故事
STORIES FOR INQUIRY-BASED SCIENCE TEACHING

U1002315

日常生命科学之谜

EVERYDAY LIFE SCIENCE MYSTERIES

[美]理查德·科尼赛克－莫兰 著
(Richard Konicek-Moran)
刘勇 刘明 译

NSTApress
National Science Teachers Association
江蘇鳳凰教育出版社
Phoenix Education Publishing, Ltd

图书在版编目(CIP)数据

莫兰科学笔记.日常生命科学之谜 / (美)理查德·科尼赛克-莫兰著;刘勇,刘明译.—南京:江苏凤凰教育出版社,2017.12

ISBN 978-7-5499-7054-4

Ⅰ.①莫… Ⅱ.①理…②刘…③刘… Ⅲ.①科学知识—青少年读物②生命科学—青少年读物 Ⅳ.①Z228.2②Q1-0

中国版本图书馆 CIP 数据核字(2017)第 319937 号

Everyday Life Science Mysteries by Richard Konicek-Moran © National Science Teachers Association (NSTA)

Translated and published by Phoenix Education Publishing Ltd., with permission from NSTA. This translated work is based on *Everyday Life Science Mysteries* by *Richard Konicek-Moran* © 2013 National Science Teachers Association. All Rights Reserved. NSTA is not affiliated with Phoenix Education Publishing Ltd., or responsible for the quality of this translated work.

书　　名 日常生命科学之谜
著　　者 [美]理查德·科尼赛克-莫兰(Richard Konicek-Moran)
译　　者 刘 勇　刘 明
责任编辑 陈爱芳
出版发行 凤凰出版传媒股份有限公司
江苏凤凰教育出版社(南京市湖南路 1 号 A 楼　邮编 210009)
苏教网址 http://www.1088.com.cn
照　　排 南京紫藤制版印务中心
印　　刷 江苏凤凰新华印务有限公司
厂　　址 江苏省南京市新港经济技术开发区尧新大道 399 号
开　　本 787 mm×1 092 mm　1/16
印　　张 18
版　　次 2018 年 1 月第 1 版
2018 年 1 月第 1 次印刷
书　　号 ISBN 978-7-5499-7054-4
定　　价 65.00 元
网店地址 http://jsfhjycbs.tmall.com
公 众 号 江苏凤凰教育出版社(微信号:jsfhjy)
邮购电话 025-85406265,025-85400774,短信 02585420909
盗版举报 025-83658579

苏教版图书若有印装错误可向承印厂调换
提供盗版线索者给予重奖

目录

致谢 …… 1
前言 …… 1
绪论　在课堂上使用故事教学的案例分析 …… 1
第一章　本书的理论背景 …… 1
第二章　使用本书以及书中的故事 …… 11
第三章　使用本书的不同方法 …… 19
第四章　科学和素养 …… 29
供教师使用的故事和背景材料 …… 43
第五章　直升机长成大树 …… 49
（植物学：树木花朵）
第六章　直升机长成大树（续） …… 61
（植物学）
第七章　花朵：并非只是为了美丽 …… 73
（植物学）
第八章　观察地衣 …… 87
（植物学：共生）
第九章　密封罐里的秧苗 …… 99
（植物学：植物生理学）
第十章　讨价还价的种子 …… 111
（植物学：种子的需求）

第十一章　温室里的春天 …… 121
（植物学：种子的需求）
第十二章　干枯的苹果 …… 133
（植物学：生命之水）
第十三章　啪，啪 …… 141
（植物学：吸胀作用，水）
第十四章　搭便车 …… 155
（植物学：种子如何旅行）
第十五章　万圣节科学 …… 167
（南瓜科学）
第十六章　心跳感觉 …… 179
（人体生理学：循环）
第十七章　泡泡糖带来的麻烦 …… 191
（健康，营养）
第十八章　自我介绍 …… 201
（人体生理学：基因和遗传）
第十九章　味道十足的故事 …… 209
（人体生物学：味道，伪科学）
第二十章　反应时间 …… 221
（人体生理学：人体反应测试）
第二十一章　蚯蚓不只是诱饵 …… 231
（动物学：蚯蚓的价值）
第二十二章　那只猫头鹰吃什么？ …… 243
（动物学：探索猫头鹰的食茧）
第二十三章　烘焙面包 …… 253
（生命科学：酵母和发酵）
第二十四章　燕麦片生虫了 …… 263
（昆虫学：昆虫的生命周期）

致谢

感谢马萨诸塞州斯普林菲尔德市公立学校(Springfield Public School)诸位爱岗敬业、才华横溢的教师们,在他们的鞭策与鼓励下,我编写了本书的故事和材料,书中内容不仅适合城里学生,同样也适合农村学生。

我要感谢下列教师和行政管理人员,是他们多年来帮我实地检验了本书故事和想法是否适用。这些兢兢业业的教育工作者通过积极鼓励与善意批评,给了我莫大的帮助。

理查德·哈勒(Richard Haller)
乔·安·赫尔利(Jo Ann Hurley)
洛尔·克瑙斯(Lore Knaus)
罗恩·圣·阿曼德(Ron St. Amand)
勒妮·洛迪(Renee Lodi)
迪安娜·索马拉(Deanna Suomala)
路易丝·布雷顿(Louise Breton)
鲁思·查普尔(Ruth Chappel)
特雷莎·威廉森(Theresa Williamson)
马萨诸塞州斯特布里奇(Sturbridge)伯吉斯小学(Burgess Elementary School)三年级教研组
马萨诸塞州斯特布里奇伯吉斯小学二年级教研组
马萨诸塞州斯特布里奇伯吉斯小学五年级教研组
马萨诸塞州米尔伯里(Millbury)的小学教师们

马萨诸塞州斯普林菲尔德市波廷格小学(Pottinger Elementary School)的师生们

马萨诸塞州斯普林菲尔德市公立学校全体行政人员和科学专家,他们人数众多,无法一一提及

感谢在我的研究生班级和本科生班级就读的所有老师们,他们动手编写各种故事以应用于自己的课堂教学,并且尝试把我的故事应用于他们的教学之中。

感谢我的导师、已故的哥伦比亚大学威拉德·雅各布森(Willard Jacobson)教授,是他帮助我在大学师范教育领域谋得一席之地。

我要感谢斯基普·斯诺(Skip Snow),杰夫·克兰(Jeff Kline),里克·希维(Rick Seavey)、琼·希维(Jean Seavey)夫妇以及佛罗里达州大沼泽地国家公园里所有的生物学家们,能够与他们共事十年是我的荣幸,是他们帮助我重新找回做一名科学家的感觉。还要感谢位于鲨鱼谷和松树岛的大沼泽地国家公园解说小组的成员们,他们帮助我重新认识到,不用明确告诉一个人如何去观察,他完全有可能掌握其中的技巧,并使我意识到,指导人们如何与这个世界和谐相处,意义非常重大。

我要向美国国家科学教师协会(NSTA)的克莱尔·赖因伯格(Claire Reinburg)表达最诚挚的谢意,他对我的工作充满信心,使我的第一、二、三、四部书得以顺利出版。同样感谢编辑安德鲁·库克(Andrew Cooke),他帮助我完成了出版的一些关键步骤。此外,还要感谢我美貌与智慧并存的可爱妻子凯瑟琳(Kathleen),她不仅大力支持我的工作、提出批评建议、为图书制作插画,而且认真编辑了初稿。

最后,我还要感谢所有孩子们,他们热爱这个他们生活于其中的世界。感谢他们的父母和老师教会他们通过学习科学认识这个世界。

前言

也许是因为我们都与周围的生物世界形影不离，所以很多人感觉教授生物学易如反掌。生物之间的各种模式、过程和关系构成了生物学（研究生命的科学）的基础。由于各种生物分布广泛，小到单细胞生物，大到整个生物圈，因此学生在学习时必须了解地球上各种生物、种群以及生态系统之间的复杂关系。

由于生物通常都受到自然环境的诸多限制，因此，生物学跟其他自然科学一样也是跨学科的。生物都遵守物质守恒定律和能量守恒定律（**物理**概念），需要进行复杂的**化学**反应。它们都是经过亿万年进化而来的，因此也是**地质学**（研究地球历史的科学）不可或缺的组成部分。

在本书中的日常生物学谜题里，你会接触到遗传、植物学、动物学、繁殖、生理学、反应时间、食物以及生命周期等知识。所有这些故事都与国家研究委员会（National Research Council，NRC）《幼儿园—12 年级科学教育框架（2012）》（*A Franework for K - 12 Science Education，2012*）推荐并解释的科学原理、交叉概念和核心理念契合。

这些故事在不同学科中自成体系，因此，在本丛书涵盖的三个领域中，那些只教授某一学科的老师也可以非常方便地加以利用。然而，值得重申的是，交叉概念涉及所有学科的各种科学原则。即使有可能，我们也很难孤立地教授任何一个科学概念。科学是一个人人机会均等的领域，它不仅仅有涵盖各个专业的框架和理论，而且拥有自己的结构和历史。

我们希望，这些开放式的故事能够助你一臂之力，激励你把探究式教学引入你的课堂。请你务必了解本丛书其他学科的故事，把各种探究式教学所需要的科学实践、交叉概念以及核心理念融会贯通。

绪论

在课堂上使用故事教学的案例分析

我想首先给你讲述《莫兰科学笔记》丛书第一册中的一个故事，然后向你展示两位老师在教学中如何使用这个故事，两位老师分别是二年级的特雷莎(Teresa)和五年级的洛尔(Lore)。在接下来的章节中，我将解释一下本书的写作理念和内容安排，然后讲述各个故事以及相关的背景材料。第一册的故事题目是《橡子去了哪里?》

橡子去了哪里?

在安德森(Anderson)家后院高高的橡树上，松鼠奇克斯(Cheeks，又叫"腮帮儿")从她那用树叶搭成的小窝里向外张望着。此时正值清晨，大雾像棉被一样笼罩着山谷。奇克斯舒展着灰蒙蒙、毛茸茸的美丽身躯，四处张望。感受到八月清晨温暖的空气，她翘起蓬松的灰色大尾巴，抖动了几下。"腮帮儿"这个名字是安德森一家给她取的，因为她每次在院子里悠闲漫步或飞奔而过时，塞满了橡子的两腮总是鼓鼓囊囊的。

"我今天有事情要做!"她寻思道，想象着要把那些饱满的橡子收藏起来，为即将到来的寒冬时节做好准备。

奇克斯现在面临的最大难题并不是采集橡子。这里到处都是橡树和橡子，院子里所有灰松鼠加在一起也吃不完。问题是等到天气转冷，皑皑白雪把草地覆盖之后，如何才能找到橡子。奇克斯嗅觉灵敏，有时候她能嗅出自己之前埋下的橡子，但不是每次都能做到。她需要想出一种办法来记住自己是在哪里挖洞埋橡子的。奇克斯记性不好，而院子又太大，对她那个小脑袋瓜而言，要把所有挖过的洞都记住实在太难了。

太阳已经从东方升起，奇克斯从树上溜下来开始找果子吃。她还得让自己吃胖些，这样，才能在找不到东西吃的漫长冬日里不受冻挨饿。

“怎么办？怎么办？”她一边摇着尾巴一边思索着。就在这时，她看见草地上有一片阴影，阳光照不到那里。地上那片阴影有一定的形状，阴影的一端位于树干与大地的交汇处，另一端与树干之间有一小段距离。“我明白了。”她想，“我要把橡子都埋在那片阴影的尽头处，等天冷的时候再回来把它们挖出来。瞧我多聪明！”奇克斯自言自语，然后就开始采集橡子、挖洞贮藏。

第二天，她又找到另一片阴影，然后如法炮制。接下来几个星期时间里她都在忙着采集橡子、挖洞贮藏。这个冬天她肯定可以高枕无忧了！

几个月过去了，白雪覆盖了大地和丛林。奇克斯大部分时间都蜷缩在树上的小窝里。一个清新的早晨，天空刚刚放亮，她低头看到地上的阴影，它与洁白明亮之处形成了鲜明的对比。突然，她胃口大开，想要尝一尝鲜美多汁的橡子。她想：“哦，对了。是时候把我埋在阴影尽头的那些橡子挖出来了。”

她从树上跳下来，飞快地穿过院子，跑向那片阴影的尽头。一团团雪花随着她飞奔的脚步不断被扬起，随后又飘落到大地。她心中暗想：“我真是太聪明了。我知道橡子在哪里。”她感觉自己已经快跑到树林边缘，而以前似乎没跑过这么远。但是她的记性不好，也就没管那么多。然后，她跑到那片阴影的尽头处，开始挖啊挖啊挖啊！

她不停地挖啊挖啊，什么也没有！“也许我埋得深了点儿。”她想。她有点上气不接下气。她挖得越来越深，可还是什么都没有。她跑到另一片阴影的尽头开挖，依然什么都没有。她嚷道：“可是我明明记得是埋在这里的呀！它们都去了哪里？”她既生气又想不通。难道别的松鼠把橡子挖走了？那样不公平！难道它们凭空消失了？这些阴影又是怎么回事？

两位教师分别是如何使用《橡子去哪了?》这个故事的

特雷莎,资深二年级教师

每年新学期开学第一课,特雷莎讲授的内容通常都跟“秋天和变化”相关。今年,她翻阅了《国家科学教育标准》(National Science Education Standards,NSES)之后,认为把第一课换成“天空和周期变化”也不错。既然影子是孩子们经常会注意到的现象,也是他们在操场玩游戏时经常会用到的(比如踩影子游戏),特雷莎认为使用松鼠奇克斯的故事就恰到好处。

首先,特雷莎认为非常重要的一点是,需要了解孩子们对太阳以及物体投射阴影的知识究竟掌握了多少。她想弄清楚哪些知识是孩子们和奇克斯都已经掌握的,哪些知识是孩子们掌握但奇克斯并不掌握的。她让孩子们围坐成一个圆圈,这样大家可以看见对方并听见对方的发言。然后,特雷莎把故事念给孩子们听。她一边阅读一边留心观察,确保孩子们听明白奇克斯是在夏末的时候决定埋下橡子,而在冬天开始寻找。特雷莎让孩子们说说自己对奇克斯所见到的那些影子有什么看法。她在一张记录纸上写下标题《目前我们的最佳思维榜》。孩子们发表了自己的“高见”,特雷莎在一旁如实记录:

“影子每天都会变。”
“影子在冬天变长。”
“影子在冬天变短。”
“影子每天都会变长。”
“影子每天都会变短。”
“影子根本不会变化。”
“影子不是每天都出来。”
“你动的时候影子也会动。”

她问孩子们是否可以在每句话里加一两个字,以便于大家一起去验证。这样,她把上述陈述句变成了如下的问句:

“影子每天都会变吗?”

“影子在冬天变长吗?”

“影子在冬天变短吗?”

“影子每天都变长吗?”

“影子每天都变短吗?”

“影子究竟会不会变化?”

“影子是不是每天都出来?”

“你动的时候影子也会动吗?”

特雷莎让孩子们重点讨论通过哪些问题能够帮助奇克斯走出困境。孩子们选择了“影子在冬天会变长还是会变短”以及“影子究竟会不会变化”这两个问题。特雷莎要求孩子们根据自己的经验来做出预测。有些孩子说,随着冬天来临,影子会变得越来越长,有些孩子的观点恰恰相反。孩子们对于影子到底是否会发生变化虽然尚存疑问,但是他们一致认为随着时间的推移影子很可能会发生变化。如果他们能够找到证据证实影子确实会发生变化,那么这个问题就可以从列表中划掉。

现在,孩子们需要找出办法来解答那些问题并验证原先的预测是否正确。特雷莎帮助孩子们了解什么是公平实验,问他们如何着手解决那些问题。孩子们几乎立刻意识到,应当每天对同一棵树的影子进行测量并做记录,而且应当在每天同一时间对同一棵树的影子进行测量。他们拿不准测量的时间有什么重要性,只是觉得这样做才能确保公平合理。尽管为所有问题找到各自相应的证据也很重要,但是特雷莎认为,在目前阶段,要是让学生多管齐下、搜集多种问题的证据,可能会令他们感到无所适从。

特雷莎查看了室外的地形后发现,大部分树木的影子在冬天都会变得太长,甚至延伸到教学楼上,难以测量。如果硬要这样做,虽然也不失为一种学习体验,但孩子们经过数月辛勤劳动后成果最终毁于一旦,非常容易产生挫败感。她决定说服孩子们用一棵人造树来代替,人造树很小,不会引发影子太长的问题。令她吃惊的是,孩子们没有任何异议,他们认为:“只要我们每天测量的是同一棵树,结果依然是公平的。”于是特雷莎用木钉做了一棵大约 15 厘米高的树,孩子们坚持在顶端粘了一个三角形,使它看上去更像一棵树。

孩子们一起来到室外,选了一个太阳光线不受任何遮挡的地方开始测量。特雷莎担心孩子们还不能熟练使用直尺或卷尺，便让他们使用一根纱线测量影子从树干基部到树冠顶端的长度，然后把这根纱线粘在墙上的图表中，纱线下面标注测量的日期。孩子们很高兴这么做。

第一周，学生每三人一小组每日都到教室外进行测量。到了周末，特雷莎注意到影子长度每天变化太小，觉得也许应当让孩子们每周测量一次。这样效果就好多了，墙上的图表不再那么"拥挤不堪"，却依然能够显示出可能发生的重要变化。

数周之后，影子的长度明显每周都在增加。特雷莎和学生们讨论影子变长的原因，学生们用手电筒实验，发现把手电筒放低的时候铅笔的影子会变长。如果是这样的话，太阳的高度肯定也变低了，同学们也把这个观察结果记录下来。后来，特雷莎表示，她当初应当让学生每人都准备一个科学笔记本，这样就可以更清楚地了解每个学生对这个实验的看法。

纱线图显示的情况一清二楚，现在剩下的唯一问题似乎是"影子最终会变多长"。特雷莎带领同学们重温了奇克斯的故事，同学们茅塞顿开：奇克斯埋橡子的实际位置或许比冬天影子指示的位置距离大树更近一些。特雷莎继续讲授下一单元关于秋季变化的内容，但是每个星期依然往图表上增加一根纱线。特雷莎感到欣慰的是，她可以同时讲授两个单元的内容，而且依然能够让孩子们在每周测量之后对这个实验兴致勃勃。寒假过后，孩子们发现影子开始变短，他们兴奋极了。实际上，影子变短的时间始于 12 月 21 日前后的冬至，但那时孩子们还在假期，直到元旦以后假期才结束。现在，问题又变成：影子会继续变短吗？到什么时间为止？冬去春来，整个学年接近了尾声。每个星期的测量活动仍在继续，每个星期同学们都对获得的数据进行讨论。图表上粘满了纱线，影子的变化趋势已经显而易见。影子从去年秋天测量时开始变得越来越长，而到了元旦以后开始变短。影子会变多短呢？影子会短到没有吗？这些问题被添加到了图表上。在学期结束前的最后一周，孩子们讨论他们的结论，他们确信秋天到冬天这段时间太阳位置比较低，物体投下的影子比较长，而新年过后太阳位置逐渐升高，影子逐渐变短。同学们还意识到季节也在变化，太阳位置越高意味着天气越暖，树木开始长出叶子。同学们已经开始学会思考天空中的季节变化，并把它们与季节循环联系在一起。至少特雷莎是这样认为的。

在 6 月最后一次小组碰头会上，特雷莎问同学们，他们认为接下来的 9 月影子会变成什么样子。他们认真思考了一番之后说，既然影子越变越短，到了 9 月，影子肯定会消失不见或者短到无法测量。天哪！他们根本不知道"循环"这个概念，也难怪，因为他们还从来没就此讨论过。从图表上可以明显看出影子有继续变短的趋势，然而，特雷莎知道到9月她就没有机会继续带领他们做这个实验了，不过她打算跟三年级教研组谈一谈，请他们把这个实验至少再坚持做几周，这样孩子们将会看到今年9月与去年9月的数据相吻合。然后，孩子们也许会联想到季节变化，当然，这些体验在他们升入高年级后也有用处，因为季节及其成因是高年级大纲规定的内容。尽管这项研究工作存在上述种种缺憾，对孩子们而言却是一次非凡的体验，他们借此难得的机会设计实验并收集数据来解答松鼠故事中的问题，符合他们的知识发展水平。特雷莎认为，同学们为了解决奇克斯遇到的难题而长时间进行实验调查、收集数据并得出结论，基本达到了教学目标，或者至少取得了一定进展。下一步，她将会跟三年级教研组谈一谈这个问题。

洛尔，资深五年级教师

9月，我在学校工作的时候去洛尔任教的五年级班里征求意见。我给学生朗读奇克斯的故事，问他们认为这个故事最适合用于哪个年级。他们觉得二年级最合适。根据他们的观点，特雷莎当初使用这个故事的决定似乎完全正确。

然而，特雷莎开始使用这个故事一周后，我收到了洛尔的来信，向我诉说她的学生老是问她各种关于影子、太阳以及季节的问题，问我能否给予帮助。虽然五年级的学生坚持认为这个故事适用于二年级，但是他们也对这个故事着了迷，开始探讨影子的问题。这样一来，两个班级都对奇克斯遇到的难题表示出兴趣，而他们的知识水平处于两个不同层次。五年级学生的问题是关于影子的长短、方向以及季节性变化，他们会问：为什么会发生这样的变化？洛尔想用探究方式来帮助同学们找到答案，然而需要一些帮助。虽说奇克斯的故事为他们的好奇心打开了一扇门，但是我们认为，或许编写一个关于海盗埋宝藏（跟奇克斯埋橡子类似）的故事更适合五年级学生去探索。

洛尔查阅《国家科学教育标准》关于五年级教学要求的部分发现，需要学生学会观察并描述太阳的位置和运动，并研究天空中的自然物体及其运动方式。但是，我们认为，研究实验应当以学生们的问题为主导。洛尔对5E——engage（接触），elaborate（梳理），explore（探索），explain（解释），evaluate（评价）——探究方法很感兴趣，既然孩子们已经处于“接触”阶段，接下来便进入“梳理”环节，那么洛尔需要深入了解学生的既有知识水平。因此，洛尔在下节课一开始就问学生，他们对奇克斯用到的影子以及影子成因“知道”多少，同学们说：

“影子上午较长，中午较短，下午又变长。”

“中午没有影子，因为太阳处于头顶正上方。”

“影子在每天的位置都是固定的，因此我们可以根据影子判断时间。”

“影子在夏天比冬天短。”

“你可以在地上竖一根棍子，通过它的影子来判断时间。”

跟特雷莎一样，洛尔也把这些陈述句改成了问句，然后，他们进入了5E探究法的“探索”阶段。

幸运的是，洛尔的教室门正对着一片阳光充足的草坪。学生们制作了一些30平方厘米大小的木板，在木板中间钻了几个孔，每个孔里塞入一根牙签。他们在木板上贴上白纸，每半个小时就在纸上沿着影子画线。每天下午，他们都把木板拿回教室并讨论测量结果。关于每天放置木板的位置不同是否会产生不同结果，同学们讨论了很多。

他们收集的数据太多，情况变得有点复杂。一名学生建议使用幻灯片记录影子数据，然后把胶片叠放在一起看看影子发生了什么变化。大家都认为这个主意很妙。

洛尔向同学们介绍历书《老农年鉴》(*Old Farmer's Almanac*)以及日出日落和白天时长的图表，由此引发了一场令人兴奋的探究活动，还用到了数学知识。洛尔让学生观察某一天的日出和日落时间，计算白天的时长。同学们在计算时足足花了十分钟，洛尔让每个小组在全班面前演示他们的计算过程。同学们采用了至少六种不同的计算方法，大多数都得出了相同的答案。他们惊奇地发现，虽然采用的方法各种各样，但是殊途同归。同学们一致认为，有几种方法相对而言比较简便，使用二十四小时制是最容易的方法。令洛尔感到欣喜的是，学生找出的计算方法竟然那么多，他们通过这次科学探索必然对时间的理解更加深刻。

这件事也表明，孩子们有能力提高自己的元认知(对自己的思维方式进行反思)水平。研究表明(Metz，1995)，小学生不善于对自己的推理方式进行反思，但是，他们可以通过亲身实践或他人鼓励来做到这一点。如果学生要开展探究调查，元认知的作用非常重要，因为他们需要了解如何处理信息以及如何学习。在这个案例中，洛尔让学生解释他们是如何得出白天时长结果的，这样他们在解决问题的过程中思路变得越来越清晰。他们还可以从同学那里学会反思自己的思维过程，因为同学们所处的知识发展水平大体相当。小组讨论或者全班讨论的方式可以让老师借机深入了解孩子们解题的思路。学生在阐明解题技巧时，老师可以让他们具体说一说解题的思考过程：无论成功的经验还是失败的教训。学生们还可以利用笔记本记录他们思考问题以及找到答案的过程，由此促进元认知能力的发展。鼓励学生把解决问题的方法用口头或书面形式表达出来，能够帮助他们了解自己如何在将来更好地利用推理技能。

这里我需要提及的是，同学们继续收集数据的同时，洛尔则接着讲授其他单元的内容。她会定期抽出一两天时间重新回到关于影子的单元，以便学生能够及时处理他们的研究发现。几个月以后，学生已经准备好要做一个模型来解释他们的证据，只是尚需老师的帮助。洛尔给学生提供了地球仪和黏土，以便他们把观测对象放置在地球仪的相应纬度上。学生使用手电筒来重复自己的实验。由于所有地球仪都是倾斜 23.5 度，于是引出了一个问题：地球仪为什么都要制造成这样？接下来就进入了"解释"阶段，洛尔提示学生想一想：能否利用地球的倾斜现象来解释影子以及太阳在天空中的视运动？

学生们制作了海报，用以解释地球倾斜以及每年地球围绕太阳转动如何造成季节更替。他们对自己的理解水平进行"评价"，并予以适当"拓展"。洛尔认为，这是一次非常成功的"6E"探究教学实践，涵盖了接触、梳理、探索、解释、评价以及新增的拓展(extend)阶段。

参考文献

Konicek-Moran R.2008. *Everyday science mysteries*. Arlington, VA:NSTA Press.

第一章
本书的理论背景

我们都曾听说，人们往往把科学课堂上出现的所有活动都称为“实验”。实际上，鉴于当今的科学课程授课方法，真正的实验几乎没有。按照实验的定义，实验是用来验证假设，而这些假设在当今的科学教学中几乎不存在。假设是所有实验的一个必要组成部分，是人提出来的，他们花费大量时间沉迷于某一个难题，感觉有必要提出一个理论来解释自己迷惑不解的地方。

然而，即使没有适当的假设，我们也可以研究自己面对的问题，这种做法既常见又合理。我们可以采取“公平实验”方式进行研究，这种做法可能尤其适合小学课堂，因为小学生往往没有足够的经验，无法提出真正具有科学意义的假设。不久前，我曾问一个四年级女生什么是“公平实验”，她回答说：“公平实验就是结果是我所期待的实验。”我们可以想见，即使到了小学四年级，学生们依然不知道如何适当控制变量。我们有必要重申这一点。

假设不仅仅是猜测。假设往往包含“如果……那么……”的语句，例如，“**如果**我把一支温度计放在手套里，而温度保持不变的话，**那么**手套可能不会产生热量。”在学校科学课程中，预测也不应当仅仅是猜测或预感，而应当建立在经验和缜密思考的基础上。要求孩子们对自己的预测做出合理的解释，这是一种很好的办法，可以帮助他们看出猜测与预测之间的区别。

大多数学校的科学课程都缺乏两个要素：学生需要充分的**时间**去认真思考那些**在现实生活中具有意义**的问题。可能的情形是，学生往往拿出一定的时间去“涉猎”某个领域的研究（比如池塘生物），他们阅读相关资料，观看模型展示，跟专家一起到池塘实地考察，单人或集体撰写关于池塘各种动植物的报告，利用鞋盒制作池塘模型或利用纸张制作巨幅海报等。或者，他们可能对太阳系进行研究，根据各大行星的具体数据撰写科学报告，全班制作一个太阳系模型挂在教室的天花板上，认为这样就大功告成。这些做法当然很有趣，但是问题在于，学生不可能从这些做法中发现真正的问题，他们不需要开动脑筋，不需要利用集体智慧苦思冥想、提出假设或实验验证。

你肯定注意到，大多数科学课程都含有一系列“批判性的”活动，学生通过参与这些活动可能找到理解某一概念的钥匙。在大多数情况下，人们往往认为，学生开始学习某一新单元之前已经具有关于某些概念的常识或“前概念”(preconception)，而批判性的活动有助于学生理解那个科学概念。这种想法极其有害，因为研究表明，学生在开始学习新东西以前“前概念”水平不尽相同。这些知识不仅在学生的大脑中根深蒂固，而且极难改变。如果学生的知识水平跟事先设计好的教学活动没有多少关系，尤其是如果教师不充分了解学生的“前概念”，那么让他们参与这些事先设计好的活动便毫无意义。

邦妮·夏皮罗(Bonnie Shapiro)在其著作《孩子们如何发现光的秘密》(*What Children Bring to Light*，1994)中以毋庸置疑的细节向我们指出了一位用心良苦的科学教师如何引导学生进行一系列关于光的性质的活动，却不知道班里学生都存在同样的误解：人之所以能够看见物体，是因为人用眼睛去观看，而不是因为来自物体的光线反射进入人的眼睛。这些活动用意虽好，却是在做无用功，因为尽管学生已经“搞定老师”(而不是“搞定问题”)，能够填写相关表格并在本单元学习结束时通过考试，却始终对下面这个关键概念持怀疑态度：来自物体的光线反射进人的眼睛，让人看见了物体。**“搞定老师”**意味着学生对老师的行为、技巧、语言方式和教学方法了如指掌，他们能够准确预测老师有什么想法，什么事情能让老师高兴或生气，如何表现才会让老师相信他们已经学到并掌握了他希望传授给他们的概念。

埃莉诺·达克沃思(Eleanor Duckworth)在其专著《发明密度》(*Inventing Density*，1986)中说道：“批判性的实验本身并不能告诉你任何东西。一个人必须在实验之前就完成研究工作的绝大部分。一个人必须首先形成一整套理念，然后才能利用实验加以验证。”这可能是本书最重要的一段引语！

教师如何判断学生是否形成了一整套内嵌课堂活动的理念？教师如何发现学生脑海中是否存在关于将要学习内容的错误想法？我相信，本书可以为这些问题提供一些答案，并为纠正上述错误提供一些建议。

探究究竟是什么？

关于“探究式教学”可能还没有一个确切的定义，目前，这方面公认的权威是国家研究委员会和美国科学发展协会(American Association for the Advancement of Science, AAAS)。毕竟，这两家机构分别制定了《国家科学教育标准》(1996)和《科学素养基准》(*Benchmarks for Science Literacy*, 1993)，而大多数州的课程设立标准均以此为基础。因此，我将使用他们给出的定义，并把该定义贯穿于全书之中。国家研究委员会在《探究和国家科学教育标准：教学指南(2000)》(*Inquiry and the National Science Education Standards: A Guide for Teaching and Learning, 2000*)中指出，必须具备以下五个基本要素，才能称为真正意义上的探究教学：

- 学生参与以科学为导向的问题研究。
- 学生面对问题时首先注重证据。
- 学生从证据中找出合理的解释。
- 学生把解释与科学知识联系起来。
- 学生把解释拿出来相互交流并加以论证。

实际上，国家研究委员会大力提倡，学生在校期间随着年龄增长，应当更多依靠自己而逐渐减少对教师的依赖。国家研究委员会还明确指出，并非所有的科学课程都应当采取同样的教学方法。采取灵活多样的方法进行科学教学，不会让学生感到枯燥乏味，而且效果更为明显。为学生做示范、引导学生进行讨论、让学生解决教师提出的问题、加入富有创造性的科研活动等，这些都是切实可行的教学方法。然而，国家研究委员会也建议，无论采取哪种教学模式，都应当具备以下共同点：

- 学生参与科学问题、事件或现象的研究，而这些问题、事件或现象与他们已经具备的知识存在联系，却又与他们既有的观点不一致。换句话说，他们通过科学现象的研究来纠正自己的"前概念"。

• 学生直接接触科学材料，提出假设，验证假设，并为已发现的问题找出合理的解释。

• 学生对各种材料进行分析、阐释，根据材料开发各种模型并找出合理的解释。

• 学生把新学到的知识在新的环境中加以应用。

• 学生培养自己的元认知能力(对自己的思维过程进行反思)，回顾自己学到了什么以及是如何学到的。

你会发现，利用本书中的故事激发学生积极参与探究式科学学习过程，你和学生将有机会实现上述各种目标。

著书原因

根据《科学教育》(*Science Education*)杂志关于当前科学教育思想的一篇综述文章，"一个结果似乎反复出现：如果学生在课堂上通过诱导式的动手实践学习科学，且既得到充满爱心的老师鼓励，又获准与同学一起处理遇到的各种问题，那么他们在离开科学课堂以后，对待科学的态度会更加积极(并且以自己有幸亲身参与科学探索而备感自豪)"(1993)。

这本书(尤其是书中的故事)给学生提供了宝贵的机会：他们在学习上可以当家做主；正如上面引文所言，以这种方式学习，将会促使他们对科学持有更加积极的态度；他们乐意跟同学和老师一起学习。若要充分利用本书中的故事，就需要学生进行小组讨论，勤动手、多动脑，还需要老师的热情帮助。

故事

本书的故事有点像侦探小说，侦探小说最后一节总是由聪明的侦探解开谜团，不仅告诉读者"是谁干的"，而且讲述他如何查出真相，本书的故事则故意略去最后一节。书中故事的设计思路是，让学生变成侦探，寻找"嫌疑犯"(假设或预测)，展开调查(实验或调查)，找出"是谁干的"(结果)。换句话说，需要学生自己续写故事的结局或者多种可能的结局。正如达克沃思建议的那样，置身于故事情景之中，学生们从一开始就形成了“一整套内嵌各种科学活动的思想体系”(1986)。学生还是科学活动的设计者，因此会全力以赴寻找合理的答案。我希望学生们“搞定问题”而不是“搞定老师”。然而，我想再强调一下，我们都应当明白，成功的学生确实也需要花精力来搞定他们的老师。

在一个故事(第九章《密封罐里的秧苗》)中，萨拉(Sara)和艾娜(Ina)对她们在密封罐里播种的实验结果感到迷惑不解。实际上，她们应当考虑封闭系统与开放系统之间存在什么差异。的确，这样的研究过程与结果正是科学本身。这个故事还意味着问题的“主动权”掌握在学生手中。这就是我们所说的“自己动手、自己动脑”科学教育方式。教师相信学生有能力发现问题并通过实验得出结论，这一点在科学教学中至关重要。每一个故事都会给出具体建议，帮助教师引导学生从阅读故事转向发现问题、提出假设并进行调查研究，最终找到问题的答案。

通过探究方式学习科学是当今教育的基本原则。你也许会问：相反的学习方式是什么？那就是把科学当成一成不变的信息、理念和原理死记硬背，毫不理会这些东西的来龙去脉。显然，我们不可能指望学生有能力发现各种科学模型与概念。然而，我们衷心希望他们能够把科学探索与验证过程当成一种享受。我们还希望他们能够明白，科学研究不仅仅是课堂上发生的那些事情，他们在日常生活中遇到的种种事情都与科学息息相关。探索蒸发过程、思考世界各地的月相变化、审视窗户上的霜花等，这些只是日常生活与科学息息相关的几个常见例子，通过这种方式可以培养我们的思维方式，建构我们了解世界的新知识。

本书共有二十个故事分别针对不同的概念领域，比如共生、吸胀作用、循环、生命周期以及发酵等。教师可以把每个故事复印后分发给学生阅读并分组讨论，或者把故事大声朗读给学生听，由全班共同讨论。在讨论过程中，教师的主要任务是帮助学生发现一个或多个问题，并帮助他们设计各种方案以找出问题的答案。

大多数故事还包含几个“干扰项”(又称常见的错误概念或相异概念)。故事里的人物讨论问题情境时往往众说纷纭，我们便把干扰项巧妙地安插其间。例如，在《温室里的春天》这个故事里，家庭成员思考种子发芽需要什么条件，每个人都有自己的“前概念”或错误概念。研究人员花费多年时间才弄清楚这些错误概念，一些文献把人们最容易犯的错误(无论是孩子还是成人都普遍持有的错误认识)记录下来。这些常见的错误概念从哪里来？它们又是如何产生的？

思维模式的发展

直到不久前，教育实践留给人们的印象还是，儿童或成人在接触新的学习内容时，他们原先拥有的知识储备对学习新内容并无促进作用。然而研究表明，在几乎所有情况下，学习者为了解释日常生活中遇到的各种现象，头脑中已经形成自己特有的思维模式(Bransford, Brown & Cocking, 1999; Watson & Konicek, 1990; Osborne & Fryberg, 1985)。我们都有过下面这样的体验：把手放在不同的物体上会感到温度有所不同；我们都见过物体处于运动之中，或者乘坐过汽车或飞机等正在移动的物体；我们都经历过力的作用，作用在物体上或自己身上。我们都会尝试寻找各种办法，最终形成自己特有的思维模式，按照自己满意的方式去解释这些现象。或许，很多人都读过书或者看过电影、电视，他们尝试借用书籍或影视中呈现的方法或图像形成自己的思维模式。又或许，他们曾经在课堂上听到老师或者其他同学讨论这些现象。在电影《私人宇宙》(*A Private Universe*)中，几乎所有接受采访的哈佛大学毕业生和老师都对季节更替的原因或者月相变化的原因存在一些错误认识，而他们中很多人都曾在高中或大学上过高级科学课程。

根据目前流行、占主导地位的建构主义学习理论，一个人一生中的各种体验都会进入他的大脑思维之中，这些体验要么被大脑接受，要么被拒绝，甚至被修正，以适应头脑中固有的思维模式。然后，这些模式在日常生活中被用于预测可能出现的结果，以此检验它们是否有效。如果一个模式行得通，就会被接受；如果行不通，人们就会对其进行修正，直到自己满意为止。不管怎样，这些模式存在于每个人的大脑之中，一旦遇到新情况，就会被唤醒。有些模式或许与当今的科学思维相一致，然而，它们通常属于“常识科学”，与当今的科学思维背道而驰。

导致这种现象产生的原因之一在于，科学思维往往与人们的直觉思维恰恰相反。例如，当你把手放在房间里的一块金属上，你会感觉很凉；如果放在同一个房间里的木头上，则感觉较为暖和。很多人就会推断，金属比木头的温度低。然而，无论把这些物体放置在同一房间多久，它们的温度都是相同的。其实，当你把手放在金属上，手的热量会很快传递至金属，于是你感觉金属很凉。木头传递热量的速度不像金属那么快，因此你感觉比金属要温暖一些。换句话说，我们被自己的感觉愚弄了，它让我们误以为金属比其他任何物体都冷，殊不知房间里的一切物体都处在室温状态下。因此，我们得出了错误结论：金属物体总是比房间里其他物体要凉。的确，如果你从一间房走到另一间房，用手触摸很多物体之后，那么你的错误观念会不断得到强化，变得越来越难以纠正。

这些观念有很多种叫法：迷思概念、“前概念”、儿童思维或常识性观点。它们有两个共同点：它们在人们的头脑中根深蒂固，非常难以改变。最后，如果任由其发展下去，这些概念将会左右学生的思维方式，你无论采取什么方法解释某个科学知识要点（如热传递），他们都会将其拒之门外。

我们的第一印象往往是，这些“前概念”毫无用处，应当尽可能抛到一边。然而，它们其实很有用，因为它们是孕育新观念的母体，需要我们加以修正，向科学思维的正道慢慢引导。只有当学习者对旧观念感到不满，且意识到新观念效果更好时，新观念才能取代旧观念。教师的任务是，向学生的“前概念”发起挑战，鼓励他们尝试以全新的方式思考问题，找出更具有说服力、适用范围更广的新观念。

为什么要讲故事?

为什么要利用故事进行教学？主要是因为讲故事是吸引人注意力的有效方法。自从有历史记载以来，甚至或许比这还要早，故事就已经被广泛使用。神话、史诗、口头历史、民谣、舞蹈等，人类利用这些形式把文化一代代传承下去，永无止境。任何人只要在教室、图书馆或床头等处听过或读过故事，就会感受到构思巧妙、扣人心弦的故事魔力之所在。故事有开头，有过程，有结尾。

本书故事和大家熟悉的很多故事开头都一样：地点是家里或教室里；孩子们与兄弟姐妹或朋友同学一起互动；在家里发生的故事中，一般会有父母或其他成人。然而，本书故事与传统故事的相同之处仅此而已。

科学故事通常都有一个主题或科学话题，往往给出大量事实、原则，或者给出一组插图或照片等，旨在向学生解释目前科学家对该主题的认识水平。多年来，科学书籍大多是回顾迄今为止的科学发现，这些书在教育中占有一席之地，不过，孩子们在阅读时得到的印象往往是这样的：科学家们开展研究工作，然后就奇迹般地“发现”了书中描述的各种科学真相和事实。但是，正如马丁（Martin）和米勒（Miller，1990）所言：“科学家不仅仅是从自然中找出各种看似毫不相干的事实。科学家想要寻找的是一个**故事**（强调为笔者所加）。自然而然，这个故事的特点必定是神秘的(强调为笔者所加)。既然这个世界轻易不肯向我们吐露它的秘密,科学家就必须耐心细致地进行观察。"

本书故事逐渐展开,故事的发展却与主人公的预期不一致,由此激起他们浓厚的兴趣,他们禁不住要刨根问底:这是怎么回事? 最重要的是,我们的故事结局与传统的故事不同,我们的故事具有马丁和米勒所谓的"神秘的"特点,结尾往往给读者留下悬而未决的问题,吸引他们亲自去探索并撰写结局。

这些故事没有设置专家来解决问题、解释答案,也没有"科学博士"[1]给读者答疑解惑。父母、兄弟姐妹和朋友可能会发表各自的看法,并提出实验方案供你参考,而你的任务就是要变成科学家,自己动手解决故事中的问题。

参考文献

American Association for the Advancement of Science (AAAS). 1993. *Benchmarks for science literacy*. New York: Oxford University Press.

Bransford, J. D., A. L. Brown, and R. R. Cocking, eds. 1999. *How people learn*. Washington, DC: National Academies Press.

Duckworth, E. 1986. *Inventing density*. Grand Forks, ND: Center for Teaching and Learning, University of North Dakota.

Martin, K., and E. Miller. 1990. Storytelling and science. In *Toward a whole language classroom: Articles from language arts, 1986 - 1989*, ed. B. Kiefer. Urbana, IL: National Council of Teachers of English.

National Research Council (NRC). 2000. *Inquiry and the national science education standards: A guide for teaching and learning*. Washington, DC: National Academies Press.

Osborne, R., and P. Fryberg. 1985, *Learning in science: The implications of children's science*. Auckland, New Zealand: Heinemann.

Schneps, M. A. 1996. *The private universe project*. Harvard Smithsonian

① 此处有可能是作者仿照"华生医生"(Doctor Watson)造的词,在《福尔摩斯探案集》中,通常是华生医生对案情的来龙去脉进行条分缕析——译者注

Center for Astrophysics.

Shapiro, B. 1994. *What children bring to light*. New York: Teachers College Press.

Watson, B., and R. Konicek. 1990, Teaching for conceptual change: Confronting children's experience. *Phi Delta Kappan* 71 (9): 680 - 684.

第二章
使用本书以及书中的故事

教师的教学任务繁重，他们往往很难设计出一些与学生日常生活经验相关的课程或活动。本书的一个主要前提是，如果学生能够亲眼看到科学知识在实际生活中得到应用，那么他们就会积极开展既动手又动脑的科学实验，密切关注实验的结果。数十年来，科学教育工作者一直强调，学生在学习科学的过程中亲身体验科学实验极为重要。我坚信，开放式结局故事能够激励学生亲自动手做一些具有真正科学意义的真正实验，这种做法使他们朝着上述目标迈出了重要的一步。我还坚信，学生一旦看到自己的学习和实验具有实实在在的成效，理解所学的科学概念就会更加容易。我真诚希望，本书内容能够减轻教师沉重的教学负担，他们无需挖空心思，从零开始自己设计课程或活动。

这些故事描写的都是孩子们在自然环境中的经历，例如在家里、在运动场上、在聚会中、在学校或在户外等。学生应当把自己想象成故事里的人物，对他们的挫折、忧虑和疑问等感同身受。教师最重要的任务是，为学生开展调查研究提供指导与帮助，听取实验活动的情况汇报，判断学生对实验结果与结论的分析是否合理。学生往往需要老师帮助才能进入下一阶段，从而提出新的问题，找到解决这些问题的方法并得出结论。我们的科学教育理念是，我们相信孩子们有能力并且有意愿去关心学习中遇到的各种问题，乐于亲力亲为。这种做法对孩子学习任何一门课程而言都能起到提高与促进作用。简而言之，学生在学习课程时应当占主导地位，由于学习兴趣是他们在实验活动中遇到问题时自发产生的，它与被动追随他人主导下产生的兴趣相比，持续时间更为长久。

一位教师对我说，她遇到的最大问题之一是不知如何引导学生对他们研究的课题提起“兴趣”。她说，学生们只是做做样子、走走过场。或许这个问题对你而言也并不陌生。我希望这本书能够帮助你们解决这一问题。我们很难做到让每节课都契合每个学生自身的状况。然而，只要我们平时对日常现象多加留意并引导学生细心观察，我相信我们能够洞察他们的兴趣所在。

如果你打算制订探究教学计划，我强烈推荐以下图书作为辅助材料。首先特别推荐的三本书是佩奇·基利(Page Keeley)等人合著、国家科学教师协会出版社(NSTA Press)出版的《了解学生的科学想法》(*Uncovering Student Ideas*)(1—4册)以及佩奇·基利著、科文出版社(Corwin Press)和国家科学教师协会出版社联合出版的《科学课程话题研究》(*Science Curriculum Topic Study*)。《了解学生的科学想法》这套书能够帮助你发现学生在进入课堂之前已经拥有了什么样的“前概念”。《科学课程话题研究》旨在帮助教师在设计标准化的教学单元内容时为其提供必要的背景知识。我还强烈建议你阅读罗伯特·黑曾(Robert Hazen)和詹姆斯·特里菲尔(James Trefil)合著的《科学问题：培养科学素养》(*Science Matters: Achieving Scientific Literacy*)。这本书在很多科学问题上可以为你提供帮助。这本书的语言简明扼要，表述准确得当，在你需要的时候可以为你提供必要的背景知识。还有一本特别有用的著作《搞懂中级科学：洞察孩子的想法》(*Making Sense of Secondary Science: Research into Children's Ideas*)(Driver et al., 1994)。本书的书名容易让美国教师产生误解，这是因为，在英国，小学水平以上的科学知识都被称为中级水平。《搞懂中级科学：洞察孩子的想法》是关于儿童科学思维研究的汇编，对教师们而言是必备的书籍。利用这本书，你可以了解学生在走进课堂之前脑海里已经拥有了什么样的“前概念”。

1978年，戴维·奥苏贝尔(David Ausubel)就教学问题说了一句最简单却切中要害的话：“影响学习的最重要因素是学习者原先已经拥有的知识储备。教师弄清楚这一点之后，在教学中才能做到有的放矢。”我们给每个故事配备的背景材料旨在帮助你了解学生对相关主题已经知道了哪些知识，帮助你在设计教学方案时知道如何利用他们已有的知识。上述几本书可以作为本书的补充，帮助你进一步深入了解探究式教学法。

那么，为了帮助你设计并教授以探究为基础的科学课程，本书内容结构是如何安排的？

本书内容安排

你可以利用概念矩阵(p.45)来选择一个与教学内容相关的故事。仔细查看这一矩阵,你可以在各个章节中找到相应的故事和背景材料。从第五章起,每一章的内容安排基本相同:首先是故事本身,然后是使用该故事的背景材料。背景材料包含如下几个部分:

目的

这一部分描述的是与故事相关的概念或主题。简而言之,它告诉你该故事在某个科学概念体系中所处的位置在哪里。当然,我们还可以把这一组概念放在更大的概念体系之中。

相关概念

概念是人类利用抽象方式从一群事物中提取出来的反映其共同特性的思维单位,表现形式为词或短语,如多样性、授粉、感觉以及发芽等。本书中每个故事旨在探讨一个概念,然而往往会涉及好几个概念。你会发现,教师背景材料中列出了可能存在关联的几个概念清单。你还应当查看一下那张故事与相关概念的矩阵图。

本书与《了解学生的科学想法》(1—4 册)故事之间的主题交叉

本书里的故事	《了解学生的科学想法》			
	第一册	第二册	第三册	第四册
直升机长成大树	无	种子的需求;它是植物吗?	种子是从哪里来的?	生物进化
花朵:并非只是为了美丽	密封罐里的秧苗	它是植物吗?	它有生命周期吗?	生物进化
观察地衣	无	它是植物吗?	它有生命周期吗?	它"更合适"吗?
密封罐里的秧苗	生物的功能;密封罐里的秧苗	它是植物的食物吗?	它有生命周期吗?	它是系统吗?
讨价还价的种子	它还活着吗?	种子的需求	种子是从哪里来的?	它是食物吗?

续 表

本书里的故事	《了解学生的科学想法》			
	第一册	第二册	第三册	第四册
温室里的春天	密封罐里的秧苗	它是植物吗？种子的需求；它是植物的食物吗？	做科学研究；什么是假设？它有生命周期吗？呼吸	它是食物吗？
干枯的苹果	它是细胞构成的吗？	无	它去了哪里？	生物进化
啪，啪	密封罐里的秧苗	它是植物吗？它是植物的食物吗？	做科学研究；什么是假设？它有生命周期吗？呼吸	它是食物吗？
搭便车	生物的功能	无	它有生命周期吗？	适应；它“更合适”吗？
万圣节科学	它还活着吗？	它是植物吗？种子的需求；它是植物的食物吗？	做科学研究；什么是假设？它有生命周期吗？	适应；它“更合适”吗？
心跳感觉	人体基础知识	无	做科学研究；什么是假设？	它是系统吗？
泡泡糖带来的麻烦	无	无	做科学研究；什么是假设？	它是食物吗？
自我介绍	无	鼠宝宝	无	生物进化
味道十足的故事	人体基础知识；生物的功能	无	无	它是食物吗？
反应时间	人体基础知识；生物的功能	无	做科学研究；什么是假设？	它是系统吗？
蚯蚓不只是诱饵	它是动物吗？它还活着吗？	它是植物的食物吗？	它有生命周期吗？	生物进化
那只猫头鹰吃什么？	它是动物吗？它还活着吗？	栖息地变化	无	它是食物吗？它是系统吗？
烘焙面包	无	化学键	做科学研究；什么是假设？呼吸	它是食物吗？它是系统吗？
燕麦片生虫了	它是动物吗？它还活着吗？	无	它有生命周期吗？	生物进化

不要惊讶

大多数情况下,这部分内容主要是预测学生在读完故事之后可能会做什么以及有什么反应。这些预测与故事内容有关,然而更侧重于学生对相关概念的理解程度。同样,我们做出的解释也会与故事内容相关,然而也侧重于学生对概念的理解过程。学生可能会在课堂上提出一些不同的概念,本书也为此给出了参考答案。在备课过程中,你甚至有必要自己动手做一做那些预测的活动,只有这样才能从容应对学生可能提出的不同观点。

内容背景

这部分内容是就每个故事所涉及的概念为你举办一个速成的“培训班”,当然,本部分材料并不是很全面,但是提供了足够的信息,让你在使用故事本身以及设计课程与实际上课的时候做到游刃有余。大多数情况下,你还可以参考书籍、报刊以及互联网上的相关内容,以便对教学内容做好更充分的准备。重要的是,你对自己准备教授的内容应当充分了解,只有这样才能顺利引导学生进行探究式学习。当然,你不一定要成为所教内容的专家。与学生一起学习,能够帮你了解他们的学习方式,你还可以加入他们的学习小组,共同探讨各种自然现象背后的科学原理。

《国家科学教育标准》(1996)和《科学素养基准》(1993)中的相关概念

这两份文件被视为国家标准,大多数州以及地方标准文件均以此为依据。因此,本书故事中列举的概念几乎可以肯定完全符合你们当地的教学大纲要求。故事中有些概念虽然在国家标准中没有明确提出,但是存在密切关系。我建议你读一读《科学课程话题研究》(Keeley,2005),你在这本书中能够找到关于教学内容、学生的“前概念”、科学标准以及其他各种信息资源。虽然我没有在每个故事中专门提及,但是你可以认为所有故事都与《国家科学教育标准》和《科学素养基准》中探究学习部分的“标准 A”相关联。

如何在幼儿园—4 年级和 5—8 年级中使用这些故事

这些故事已经在各个年龄段的孩子中间试用过。我们发现,书中概念适用于各个年级,只是深浅程度不同。有些故事的主题内容和角色设定在某一年龄段的孩子中可能会产生更多共鸣。我们只需要把人物的性格特征或者把人物的说话口气稍加改动，就能够吸引高年级或低年级的孩子们。主题应当保持不变，只需要对人物和情境进行一些改动。请参阅关于在高、低两个年龄段学生中使用故事的建议。

正如你在《绪论》部分的案例研究中所看到的那样，年级高低差异对决定哪些故事适合哪个年级的学生并不重要。两个年级都根据各自的知识水平提出不同的假设并进行实验。二年级学生发现了树影的长短在一学年中的变化，并对此感到非常满意；而五年级的学生能够开展更复杂的研究，其中涉及白昼时间长短随季节变化而不同、影子方向随时间变化而改变、影子长度在一年时间里发生变化等。关键在于，我们在刻画某些故事中的角色时，根据需要特意让他们更适合某个年龄段的学生。再次重申，我建议你把关于在幼儿园—4 年级和 5—8 年级中"使用故事"进行教学的部分都读一读，因为其中任何一部分提到的概念都有可能适合在你的学生中使用。

你不需要使用高端技术设备。所需材料通常都能在厨房、浴室或车库等地方轻易找到。每一章都包含该故事所涉原则和概念的背景知识，并为你提供所需材料的清单。这些建议都是我们根据自己的亲身经历提出的，因为我们曾经在孩子中试用过这些故事。虽然各地的教室、学校和学生大相径庭，但是我们认为，孩子们面对故事时的反应往往是提出问题并寻找答案，大多数人在童年时期都会经历这样的成长过程。与故事有关的问题等待学生的解决，最重要的是，它们还会引发更多新问题，等待这些小科学家们进一步探索。

本部分还提供了一些教学建议，可以帮助你的学生积极参与探究式学习，主动发现问题并最终给这些故事添加完整的结局（你一定还记得我们故意没有给故事设定结局）。本书没有给出具体的教学步骤或者一整套教学计划。显然，没有人比你更了解你的学生，了解他们的能力、学习水平以及优缺点等。不过，你会发现我们的一些建议和技巧对你开展探究式教学很有帮助。你可以直接采用本书所给出的建议，或者根据自己的教学情况进行适当修改。关键在于，你应当充分激发学生的学习热情，让他们积极投身于解答故事谜题的行动之中。

相关书籍和期刊文章

国家科学教师协会为教师准备的教学资源与日俱增，我们将在本部分精选一些图书和文章。我们列举的清单难免挂一漏万，欢迎访问网站 www.nsta.org/store 查阅全部资源。国家科学教师协会会员可以免费在线阅读所有文章。

参考文献

对于每个故事背景部分所引用的文章和研究成果，我们将列出相关的参考文献。

概念矩阵

在每一学科的故事部分开始之前，我们会给出一幅概念矩阵图，图中分别列出了与每个故事关系最密切的概念。可以根据这幅图选择最符合你教学需要的那个故事。

结语

我欣喜地发现，国家科学教师协会前会长迈克尔·帕迪利亚（Michael Padilla）曾经提出一些问题，而它们与我当初决定要撰写探究式教学参考书时提出的问题惊人地一致。在 2006 年 5 月号的《国家科学教师协会报告》（*NSTA Reports*）中，帕迪利亚先生在会长致辞中说道："为了在未来具有更强的竞争力，学生必须培养创造性思维能力，有能力解决问题，善于进行推理，积极学习新的、复杂的概念……（探究）能力是指学习者能够像科学家那样思考，甄别哪些问题需要深入研究；能够开展步骤复杂的工作，排除各种杂念，专注于手头的研究；能够与同事一起探讨、切磋与争论，并根据各种反馈结果及时调整研究工作。"接下来，他又问道："谁提出问题？谁设计实验步骤？谁决定收集哪些数据？谁根据数据进行阐释？谁把结果拿出来与他人分享并加以论证？什么样的课堂气氛能让学生在探究式教学中踊跃参与解决难题？"

我相信，本书就是针对上述问题，书中提供的技巧就是解开问题答案的钥匙，在理想的科学课堂上，开展这些活动的主体是"学生"。

参考文献

Ausubel, D., J. Novak, and H. Hanensian. 1978. *Educational psychology: A cognitive view*. New York: Holt, Rinehart, and Winston.

Driver, R., A. Squires, P. Rushworth, and V. Wood-Robinson. 1994. *Making sense of secondary science: Research into children's ideas*. London and New York: Routledge Falmer.

Hazen, R., and J. Trefil. 1991. *Science matters: Achieving scientific literacy*. New York: Anchor Books.

Keeley, P. 2005. *Science curriculum topic study: Bridging the gap between standards and practice*. Thousand Oaks, CA: Corwin Press.

Keeley, P., F Eberle, and C. Dorsey. 2008. *Uncovering student ideas in science, volume 3: Another 25 formative assessment probes*. Arlington, VA: NSTA Press.

Keeley, P., F. Eberle, and L. Farrin. 2005. *Uncovering student ideas in science, volume 1: 25 formative assessment probes*. Arlington, VA: NSTA Press.

Keeley, P., F. Eberle, and J. Tugel. 2007. *Uncovering student ideas in science, volume 2: 25 more formative assessment probes*. Arlington, VA: NSTA Press.

Keeley, P., and J. Tugel. 2009. *Uncovering student ideas in science, volume 4: 25 new formative assessment probes*. Arlington, VA: NSTA Press.

Konicek-Moran, R. 2008. *Everyday science mysteries: Stories for inquiry-based science teaching*. Arlington, VA: NSTA Press.

Konicek-Moran, R. 2009. *More everyday science mysteries: Stories for inquiry-based science teaching*. Arlington, VA: NSTA Press.

Padilla, M. 2006. President's message. *NSTA Reports* 18 (9): 3.

第三章
使用本书的不同方法

撰写本书的初衷是方便教师或成人面向幼儿园—8 年级学生在非正式情境中使用，尽管如此，既然书中故事和内容背景材料是为那些以探究方式进行教学的教师准备的，那么教师在使用过程中可以采取灵活多样的方法。下面我略举一二，说明此书除了可以用于中小学正式场合之外，还有其他不同的使用方法。

把本书用作教学指南

马萨诸塞大学邀请我为教育专业的硕士研究生讲授一门课程，我便决定把《日常科学之谜(一)》(*Everyday Science Mysteries*)(Konicek-Moran，2008)这本书用作教材之一。本书的一个主要前提是，学生一旦对自己提出的问题产生浓厚兴趣，便会根据自己现有的智力发展水平和学习技能进行深入钻研。因此，尽管这些故事是为小学生设计的，然而我班里的研究生也能够发现与他们知识水平相适应、具有一定复杂性和挑战性的问题。

2007 年秋季学期，在马萨诸塞大学阿默斯特分校，本书被用作一门名为“通过探究方式探索自然科学”课程的课本和教学指南。这门课程的大纲摘要如下：

通过探究方式探索自然科学

EDUC 692 O

2007年秋

授课教师

理查德·D.科尼赛克博士，荣誉教授

课程描述：

本课程面向中小学教师，他们不仅需要提高自身对自然科学知识的掌握水平，而且需要了解如何把探究法应用于中小学课堂教学。自然科学包括生物科学、地球与空间科学以及物理科学等。教师需要利用探究技巧从上述科学领域选取若干主题进行探讨。所选主题均来自日常现象，如天文学（月亮与太阳观测）、物理学（运动、能量、热力学、声音以及周期运动）和生物学（植物学、动物学、动植物行为以及生物进化）等。

课程目标：

预期学习目标：

- 了解自然科学三大领域的背景知识。
- 能够把这些知识融入教学之中。
- 就某一自然现象提出相关问题。
- 设计实验并利用实验回答问题。
- 分析实验数据并得出结论。
- 利用各种资源证明结论的合理性。
- 阅读与研究内容有关的科学文献。
- 把学到的理论与方法应用于教学之中。

与教育学院制定的概念框架之间的关系：

合作：教师在班会期间应当以小组合作方式学习科学知识以及教学方法与技巧。

反思实践：教师应当与学生一起探索并制定形成性评价标准。

通过多种渠道获得知识：教师之间应当把科学问题以及使用探究方法解决问题的经验拿出来分享。

评判、公平与公正：教师应当根据学生撰写的故事判断他们的理解程度。

基于证据的实践：教师应当通过探究方式探索形成性评价体系。

指定教材：

Hazen，R. M.，and J. Trefil. 1991. *Science matters*. New York：Anchor Books.

Keeley，P.，F. Eberle，and J. Tugel. 2007. *Uncovering student ideas in science*：*25 more formative assessment probes*，vol. 2. Arlington，VA：NSTA Press.

Konicek-Moran，R. 2008. *Everyday science mysteries*. Arlington，VA：NSTA Press.

参考文献：

American Association for the Advancement of Science (AAAS). 2001. *Atlas of science literacy*，vol.1. Washington，DC：Project 2061.

American Association for the Advancement of Science (AAAS). 2007. *Atlas of science literacy*，vol.2. Washington，DC：Project 2061.

Driver，R.，A. Squires，P. Rushworth，and V. Wood-Robinson. 1994. *Making sense of secondary science*. London：Routledge-Falmer.

Keeley，P.，F. Eberle，and L. Farrin. 2005. *Uncovering student ideas in science*，vol. 1. Arlington VA：NSTA Press.

第一册研究的主题：

《日常科学之谜(一)》的内容都围绕故事而展开。本书在选择科学概念时主要依据国家研究委员会 1996 年制定《国家科学教育标准》中的核心概念。故事标题和相关的核心概念如下表所示。

地球系统科学

核心概念	故事				
	月亮的把戏	橡子去了哪里?	园艺大师	结霜的早晨	小帐篷哭了
物质的状态			×	×	×
状态变化			×	×	×
物理变化			×	×	×
融化			×	×	
系统	×	×	×	×	×

续 表

核心概念	故事				
	月亮的把戏	橡子去了哪里？	园艺大师	结霜的早晨	小帐篷哭了
光	×	×			
反射	×	×			
热能			×	×	×
温度				×	×
能量			×	×	×
水循环				×	×
岩石循环			×		
蒸发				×	×
冷凝				×	×
风化			×		
侵蚀			×		
沉积			×		
自转/公转	×	×			
月相	×				
时间	×	×			

物理学

核心概念	故事				
	神奇的气球	有人玩地掷球吗？	爷爷的大钟	邻里电话系统	多冷才算冷？
能量	×	×	×	×	×
能量转移	×	×	×	×	×
能量守恒		×			×
力	×	×	×		
重力	×	×	×		
热	×				×
动能		×	×		
势能		×	×		

续 表

核心概念	故事				
	神奇的气球	有人玩地掷球吗？	爷爷的大钟	邻里电话系统	多冷才算冷？
位置和运动		×	×		
声音				×	
周期运动			×	×	
波				×	
温度	×				×
气体定律	×				
浮力	×				
摩擦力		×	×		
实验设计	×	×	×	×	×
功		×	×		
状态变化					×
时间		×	×		

生物学

核心概念	故事				
	自我介绍	燕麦片生虫了	干枯的苹果	讨价还价的种子	直升机长成大树
动物	×	×			
分类		×	×	×	×
生命的过程	×	×	×	×	×
生物	×	×	×	×	×
结构和功能		×	×		×
植物			×	×	×
适应		×			×
基因/遗传	×		×	×	×
变异	×		×	×	×
蒸发			×		
能量		×	×	×	×

续 表

核心概念	故事				
	自我介绍	燕麦片生虫了	干枯的苹果	讨价还价的种子	直升机长成大树
系统	×	×	×		×
循环	×	×	×	×	×
繁殖	×	×	×	×	×
遗传	×	×	×		×
变化		×	×		
基因	×		×		×
变态		×			
生命的循环		×	×		×
生命的延续	×	×	×	×	×

作业：

天文学(25%)：每个学生都需要观察白天的天文变化，据此开发地球、月亮和太阳关系的模型。学生需要在学习期间撰写月亮变化日志以及太阳影子变化日志，并定期上交。

主题(50%)：另外，在学习期间，学生需要从地球、物理和生物三个领域分别挑选至少两个主题进行研究。学生需要围绕该主题找出问题，并就问题进行调查或实验。例如，有没有不需要经过休眠期就能够发芽的橡子？你应当把问题和试验拿出来跟同学一起分享，这样，所有学生都能直接参与相关内容的学习，或者通过听取报告与发表评论来间接参与。除了实验以外，学生还需要(1) 让他们自己的(中小)学生参与到实验或调查中来，(2) 制定形成性评价标准并对自己的学生进行评价，以此了解他们对所学知识的掌握程度。我将根据学生的实验设计、数据展示以及研究结果给他们打分。我将跟学生一起制定评分标准，按照标准对上述目标完成情况进行打分，然后把各项分值相加得出总分。

出勤/参与(25%)：每一节课都需要学生全员参加。

延伸阅读书目：(略)

本课程是为中小学教师或即将成为中小学教师的人开设的研究生课程。本课程可以被归类为教材/教学法课程，授课对象为那些对科学知识以及探究教学知之甚少的教师。我认为，如果教师自己在学习科学知识过程中利用探究方法能够取得实效，就会心悦诚服，从而很有可能把该方法应用于自己的课堂教学之中。不出所料，根据教师们的反馈意见，那些在岗教师在教学过程中采用探究方法，取得了令人满意的效果。因此，无论教师还是学生，都利用探究方法学到了实实在在的科学知识。由于研究生班的教师都是把这一方法当成作业来完成，所以他们在自己的学生面前愿意坦诚以待，告诉学生自己并不知道研究结果会怎样。教师通常遇到的一个问题是，他们不敢在学生面前承认自己无知，因此不肯跟学生一起共同进步。而在探究教学中，学生会因为能够与老师一起共同学习而感到兴奋，反之亦然。在岗教师还能够跟学生一道共同制定科学探索工作的评分标准，因此，对培养他们的元认知能力也有好处。

以这种方式使用本书初战告捷之后，我坚信，本书内容完全可以被用作教师参加本科和研究生培训的课程指南。正如前面课程大纲指出的那样，除本课程的教学内容和教学法之外，适当利用其他参考书目作为补充材料，既能够使教师增强运用探究方法的技巧，同时又能够丰富自身的科学知识。随着互联网逐渐普及，但凡能够操作电脑的人在网上几乎能搜索到所有信息。有些教师对科学怀有畏惧心理，而与他们选修的其他科学概论课程不同，本课程并不打算涵盖大量主题，只是选取少数几个主题作为示范来帮助他们理解掌握。本书的基本理念是，在判断科学知识广度和理解科学主题/概念之间哪个更重要时，当然是理解能力更重要。众所周知，目前美国科学课程设置饱受诟病的地方就在于重广度而不重深度。频繁的大规模考试更是火上浇油。过去几年里，我采访过的教师几乎都不愿意用探究方法来进行教学，因为“为了理解而教学”需要花费更多时间，却不能全面涵盖标准化考试中可能会出现的各种各样的知识要点。这样一来，即使学生能够在各种测验和评估中取得好成绩，他们的错误认识也几乎得不到纠正，依然坚持固有的错误观点。参见邦妮·夏皮罗所著的《孩子们如何发现光的秘密》(1994)一书。

把本书用作教师培训项目中科学方法课程的参考书

传统意义上，参加科学方法培训课程的学生大多对科学充满了恐惧心理。科学方法课程的主要目标之一就是要帮助学生消除这种恐惧心理，帮助他们将来在中小学教学中采用既动手又动脑的方法培养学生的科学技能。遗憾的是，很多学生在参加培训班之前对科学知识了解甚少，而且，他们需要选修的大多是概论(非实验)课程，或者是在大教室上的讲座。在短短十二三周内，教授教学法的老师需要把这些学生变成信心十足、热情洋溢的人，以便他们将来在自己的学生中践行探究式教学法。经过给本科生和参加培训的研究生教授这类课程三十余年，我发现，首要目标是消除他们对科学的恐惧心理。通常的做法是，给他们布置一些压力小但成功率高的学习任务。其次，我尽力让他们明白，科学作为一门学科具有什么特点。再次，我发现，一些学生对科学感到非常生疏，有必要向他们传授适量的科学知识并纠正他们的错误认识。最后，同样重要的是，我尽力让学生熟悉科学领域的各种资源，这样，他们将来从事教学工作时就会知道如何查阅资料。显然，我们可以利用这一机会让学生了解他们自身的现状，了解自己如何学习，了解自己将来如何开展探究教学。

作为教学法课程的最后一项作业，我布置学生编写一个"日常科学之谜"故事，并撰文说明如何利用探究法教授故事以及故事涉及的科学概念，结果远远超过这些年我和其他人使用传统教案所取得的教学效果。这本书不仅可以作为研究生学习科学知识的教材(如前所述)，也可以作为他们编写"日常科学之谜"教学案例时的范本。

把这些故事改编成探究式的互动游戏

在教研员安德烈亚·艾伦(Andrea Allen)和特雷莎·尼克松(Theresa Nixon)的指导下，田纳西州诺克斯县的教师们大胆创新，找到了一种在教学中使用这些故事的激动人心的方法。教师们把这些神秘的科学故事改编成戏剧，并称之为"日常科学之谜读者剧场"。他们邀请一些教师把这些科学故事以师生互动的形式表演出来，而不是简单地读给学生们听。这就促使学生参与到这些故事的表演当中，而他们在表演过程中对科学谜团愈加着迷。我们非常感谢他们的创新之举，并诚恳邀请你们在自己的学生中加以尝试。若要了解学生在学习科学过程中阅读与写作的更多信息，请参阅第四章《科学和素养》。经诺克斯县教师们许可，下面刊出他们改编的一个故事《万圣节科学》(故事原文和讨论参见第十五章)。

“日常科学之谜读者剧场”出品:万圣节科学

人物:

妈妈

爸爸

斯特拉(Stella)

解说员甲

解说员乙

地点:

农贸市场

解说员甲:十月凉意袭人的一天,斯特拉和父母一起前往农贸市场,准备挑一个南瓜做南瓜灯。他们已经确定好了几个目标。

解说员乙:首先,找一个最好看的南瓜刻成南瓜灯来装点万圣节,其次,找一个种子最多的南瓜用来做腌南瓜子当零食吃。

解说员甲:斯特拉一家都很喜欢吃南瓜子,并且有一个腌南瓜子的美味秘方。

解说员乙:他们来到农贸市场,遍地都是大小不同、形状各异的南瓜,看得他们眼花缭乱。

解说员甲:他们究竟如何才能找到心目中那个完美的南瓜呢?还有,怎么才能知道哪个南瓜的子是最多的?

斯特拉:我觉得,最大的那个南瓜肯定有最多的南瓜子。很显然,南瓜越大,子就越多。

爸爸:看看南瓜表皮的棱纹是多还是少,它们能告诉你哪个南瓜的子最多。

妈妈:我觉得最重的南瓜的子最多。因为南瓜越重,里面的东西越多。

斯特拉:可是,妈妈,最重的南瓜肯定也最大,对吧?而且里面的东西也不只是南瓜子,对吧?

爸爸:不一定。我们挑几个大的和小的掂掂看。至于南瓜里面的瓜瓤,让我们好好想想它有什么用。也许我们把南瓜切开就能看出它的用途。

解说员甲:最后,他们买了好几个南瓜,带回家去寻找上述问题的答案。等到他们着手认真研究南瓜时,反而遇到了更多的问题。

把本书用作在家上学的参考书

有些孩子在家里接受父母的教育，他们只要上网搜索就能找到大量可以利用的资源，网上有现成的教学大纲和学科教材等。对那些自身科学知识欠缺或过时的父母而言，科学是一门令他们头疼的课程。父母如果能够跟孩子一起共同探索并解开由故事引发的谜题，就会发现本书使用起来特别容易。本书与《国家科学教育标准》和《科学素养基准》的教学大纲要求相吻合，涵盖了国家规定的必学科学概念，家长完全可以放心。他们可以跟学校教师一样使用本书，只不过缺乏课堂讨论的机会，父母应当多与孩子进行沟通、讨论，巩固孩子对科学调查研究的理解。

参考文献

Shapiro, B. 1994. *What children bring to light*. New York：Teachers College Press.

第四章
科学和素养

本章是进入科学故事之前的最后一章,我忍不住要向读者介绍一部除了英语专业学生以外很少有人读过的文学作品。下面一段文字摘自爱尔兰小说家詹姆斯·乔伊斯(James Joyce)1922 年撰写的经典作品《尤利西斯》(*Ulysses*):

> 照片上这个人所在的地方好像在哪里见过。想起来啦,是死海,他仰卧在海面上,在阳伞下读着书。你就是想沉也沉不下去:盐度太高。因为水的重量?不对,因为浮在水面上的身体重量等于什么东西的重量来着?要么是体积跟重量相等?反正就是这类定律。万斯(Vance)在高中一边上课一边打着响指。大学课程,想想都让人头疼。提起重量,重量究竟是什么?每秒 9.8 米,是每秒。自由落体的定律:每秒,每秒。它们统统都落到地面上。地球。重量就是地球的引力(p.73)。

在乔伊斯的这部小说中,主人公布卢姆(Bloom)回忆起自己曾经看到一个人在死海上漂浮的照片,于是想要弄明白这一现象背后的科学原理。你是否注意到,有些人试图解释某个科学现象时,脑海里会涌现一大堆科学知识,但往往模糊不清、杂乱无章?或者你自己是否也有过类似经历?此番借用乔伊斯的文学作品,是受到了《学校科学评论》(*School Science Review*)杂志一篇文章的启发,该文作者为迈克尔·J.赖斯(Michael J. Reiss)。

上学期间,布卢姆似乎对学校课程和物理老师都很着迷。然而,当布卢姆试图回忆关于浮力的科学原理时,他脑海里一片混乱,杂乱无章的科学语言与老师上课打响指的情景交织在一起。遗憾的是，即使在今天，这也不是什么例外，而是一种普遍现象。这种现象恰恰是我们在教学中应当极力避免的，也正是本章要探讨的主要内容。

把素养与科学联系起来有很多方法。下面我们将简要梳理相关研究文献，从其中一些教学理念中我们不难发现，把素养与科学相结合不仅很有价值，而且至关重要。

素养和科学

在教学法术语中，“科学素养”与“科学与语言素养相结合”两者之间存在差异，但是，它们之间的共同之处或许比我们预想的要多。**科学素养**是指，一个人有能力理解科学概念，能够把所学的科学知识在日常生活中加以运用。换句话说，具有科学素养的人能够把学到的科学知识应用于学习情境之外的陌生情境中。例如，如果一个人能够依据自己学到的生态系统和生态学知识做出保护当地社区湿地的明智决定，那么我认为这个人具有科学素养。当然，我们希望在教育的各个领域都能实现这样的目标。语言素养是指阅读、写作、说话和理解能力。由于大多数学校重视阅读、写作和数学，它们在课程设置中往往被放在优先地位。我无数次听到老师说他们的主要责任是教学生阅读和数学，而没有时间顾及科学。其实，各门课程并没有高低贵贱之分。我认为，出现这种误解，是因为校方不了解各门课程合起来能够产生协同效应。就教学而言，协同效应是指你从各门课程学到的整体技能大于各门课程简单相加的总和。

那么，这一切与探究式科学教学有什么关系？目前的流行趋势是注重科学与语言素养相结合。原因之一在于，越来越多的研究都在强调语言在科学学习中发挥的重要作用。如果不能“自己动脑”的话，“自己动手”的科学就没什么意义。“食物大战”是一项需要亲自动手的游戏，一个人只是参加游戏的话学不到什么东西，但是如果了解扔果冻的空气动力学知识就完全两样。对科学知识的理解不是来自物质本身，也不是来自对这些物质的操控。学生们为了弄明白自己参与的活动具有什么意义，有必要采取各种沟通方式，如讨论、争辩、述评、小组协商以及社会交往等。这一切都需要使用**语言**，其表现形式为写作、阅读，还有说话。而这又需要学生具有思维判断能力：倾听自己和他人用话语表达的观点或想法，或许还要看到这些观点或想法变成文字，他们才会明白自己在做什么以及从这些活动中得出的结果是什么。这就是“自己动手”“自己动脑”一对词语中往往被忽略的“自己动脑”部分。请看下面这段话：

> 在学校里，“说话”有时受到重视，有时被刻意避免，但是很少有老师教学生如何说话，这一点真令人吃惊。我几乎没有听到哪个老师跟我说，他是如何教学生说话的。几乎没听到过哪个老师讨论如何教会学生讨论。然而，说话跟阅读和写作一样，是智力发展的一个主要动力，甚至可以说是最重要的动力(Calkins，2000，p.226)。

关于科学课堂上如何说话的详尽、有益的探讨，我向你推荐《幼儿园—8年级课堂上科学与素养的联系》(*Linking Science and Literacy in the K-8 Classroom*，2006)一书中杰弗里·威诺克(Jeffrey Winokur)和卡伦·沃思(Karen Worth)合作撰写的一章《科学课堂上的说话：看一看学生和老师需要知道什么以及能做到什么》(Talk in the Science Classroom：Looking at What Students and Teachers Need to Know and Be Able to Do)。你也可以参考本书的第八章。最近还有证据表明，英语语言学习者(English Language Learner，ELL)在学习新的科学知识以及语言知识时，能够从说话当中受益匪浅(Rosebery & Warren，2008)。

把科学研究和语言素养相结合，我们拥有大量研究文献作为依据。首先，帕迪利亚及其同事的相关概念和理论著作表明，科学研究和阅读的思维过程(即观察、分类、推断、预测和沟通等)基本相同，而且，无论学生在做科学实验还是在阅读文章时，都要经历这些过程(Padilla，Muth & Padilla，1991)。帮助孩子在阅读或进行科学研究时熟悉自己的思维过程，将会促进他们对元认知的了解并付诸实践。作为教师，你也许需要为学生做个示范，比如看到某种现象后大声说出自己的想法。你应当帮助他们理解，为什么在做事的过程中一定要说出来，为什么了解自己的思维过程很重要。你可以这样说：“我认为温暖的天气会影响种子的发芽速度。我想我应当设计一个实验证明一下自己的假设是否正确。”然后，你可以说：“你们有没有注意到，我是如何提出假设，如何用实验对假设进行验证的？”让学生模仿你的思维过程，能够帮助他们明白在某些情况下为什么需要使用以及如何使用科学话语。科学就是关于词汇及其含义的学问。

波斯特曼(Postman)关于词汇和科学关系的说法很有趣。他说:“生物学不是关于动物和植物本身,而是用语言对动物和植物进行描述……天文学不是关于行星和恒星本身,而是我们用话语把它们表达出来(1979,p.165)。”更进一步说,科学也是一门语言,一门专门谈论这个世界以及我们生活其间、被称为科学的世界的语言。科学拥有独特的词汇表和语言结构,科学家利用这些词汇和结构来谈论他们的工作,这些东西通常被称为“话语”(discourse)(Gee,2004)。孩子们需要学习这些话语,用来呈现证据,用来论证研究的要点、评价自己以及他人的研究工作、完善自己的观点,以便将来进行更深入的研究。走进你课堂的学生并不擅长这门语言,实际上,他们甚至可能还没有入门。他们需要做科学研究,需要在知识渊博的成人帮助下,学习如何控制变量、如何做公平实验、如何搜集证据支撑自己的观点以及如何在所谓的“第一手调查”(Palincsar & Magnusson,2001)中运用科学方法,以逐渐掌握这门语言。

这就是直接与科学材料打交道的研究,或者用大家比较熟悉的话来说,是科学调查中自己动手的部分。“第二手调查”这个术语是指运用文本、报告、数据、图表或其他间接资料,研究者不直接与科学材料打交道。塞万提(Cervetti)和皮尔逊(Pearson)对此做了精彩的描述:

> 我们认为第一手调查就像胶水,它能够把一切与探究有关的语言活动黏合起来。在帮助学生学习概念知识以及传达这些知识的语境(包括专门术语)时,我们奉行的原则是:读出来,写出来,说出来,做出来!你无需按照特定的顺序,或许,按照各种顺序都尝试一番效果反而更好(2006,p.238)。

因此,你会发现同样重要的是:学生应当把自己的研究工作说出来并写出来;应当借助书本或者音像资料了解其他人在相关领域做出了哪些贡献;应当抓住一切机会详细记录自己的研究过程,以便将来能够回过头来审视自己在研究中有哪些发现。

科学语言

当然,科学这门学科中的写作、讨论和阅读与其他学科不同,例如,科学写作很简单，重点是根据获得的证据得出适当的结论。但是，科学包含的内容不仅仅是文字，它还包括触觉、图形以及视觉等手段，它们用来设计研究方案、把方案付诸实施以及把研究结果拿出来与他人分享。另外还有一点也非常重要，科学著作中有许多普通人不熟悉的词汇，在科学中和在现实生活中它们的含义并不相同，它们作为科学术语的意义非常明确，而且往往有违人们的直觉，例如，做功（工作）、力（力量）、肥料（植物的食物）、化合物（混合）以及密度（浓密）等。举例而言，如果你花了三十分钟用力推一辆汽车，累得满头大汗，尽管汽车连1厘米也没有移动，你却觉得自己“工作”非常卖力。然而，在物理学中，除非汽车发生移动，否则你就根本没有“做功”。我们对学生说植物可以为自己制造食物，然后给他们展示一袋“肥料”(plant food)[①]。我们对学生说“穿上暖和的衣服”，然而衣服本身并不能制造“温暖”。

学生学习科学的时候需要改变理解方式。他们必须学习新的术语，并且给旧术语赋予新的含义。我们作为教师应当认识到自己不仅是科学教师，而且还是语言教师，要在学生学习过程中予以帮助。我们谈论科学的时候就应当使用科学这门课程特有的语言。我们不应当回避科学术语，而应当尽量以通俗易懂的形式向学生解释清楚，在这个过程中应当充分利用图片和故事。

我们还应当懂得，科学包含的很多词汇要求学生既动手又动脑。含有“比较”“评估”“推断”“观察”“修改”或“假定”等词汇的句子往往意味着学生需要手脑并用去解决问题。我们只有认识到语言和智力发展密切相关，两者缺一不可，才能够把科学这门学科教好。

科学笔记本

近来，很多科学教育工作者大力提倡使用科学笔记本，认为它有助于激发学生学习科学的热情(Campbell & Fulton，2003)。使用科学笔记本不仅能够提高英语语言学习者的语言技能，而且有助于他们更好地理解科学概念和科学本质。

科学笔记本不同于科学日志或科学札记，因为它不仅仅是记录数据（日志）或

① plant food，可以理解为植物需要的“肥料”，也可以理解为“植物吃的食物”，还可以理解为供人食用的“植物性食物”——译者注

记录学习中的反思(札记),而且用于持续记录实验、设计、计划、词汇、思路、关切或困惑等。科学笔记本是对过去、现在以及未来所做的思考或预测进行记录,对每个学生而言都是独一无二的。老师应当确保每个学生有充裕的时间来做记录,并且要求他们对诸如“这个实验活动还有什么让你感到困惑的地方”之类的问题做出具体回答。

关于科学笔记本的具体使用方法及其价值,参见布赖恩·坎贝尔(Brian Campbell)和洛丽·富尔顿(Lori Fulton)合著的《科学笔记本:关于探究的论述》(*Science Notebook*: *Writing About Inquiry*,2003)。你也许认为,在探究式课堂上才会用到科学笔记本。多年前我在小学工作时,见证了学生通过记笔记方式学习而创造的一个又一个小小的奇迹。而对于教师来说至关重要的是,应当要求学生每天把他们感到困惑的东西写下来,其效果非常显著。阅读学生的科学笔记本,可以让我们清楚地了解他们的元认知如何形成,了解他们如何通过“大声”思考找到解决问题的方法。

使用科学笔记本给学生提供了难得的机会,可以让他们在活动中记录自己的心路历程。使用本书的故事时,科学笔记本上应当记录学生关心的具体问题、听完故事以后全班同学发表的各种想法和见解列表、学生自己以及全班一起收集的数据图或表格,或许还应当有学生自己或全班为解决故事中的科学谜题而得出的最终结论。

试想一下,你班上的学生已经就某个故事得出了结论并取得了共识,作为教师你可以让学生做些什么来完成收尾工作?可行的方法是,你可以让学生为这个故事续写“结局”,或者用标准的实验报告形式撰写一篇报告。当然,前一种方法也是将科学与语言素养相结合的一种方式。很多教师让学生学会撰写“公式化”的实验报告,只是为了让他们熟悉那种形式,而有些教师则喜欢让学生以趣闻方式撰写报告。根据我的经验,当学生不是机械地填写实验表格,而是把实验报告以趣闻方式呈现出来时,更能说明他们对相关概念有了深入了解。不过,这还是由作为任课教师的你来决定。当然,你也可以让学生把两种方式都尝试一下。

如前所述,设计这些故事以及后续活动的主要依据之一是建构主义理论。建构主义认为,知识是人们为了理解自己所生活的世界而建构出来的。果真如此的话,那么每个人应对某一情境或解决某个问题的方式一定与他所运用的知识有关。同理,对问题做出的**判断**以及对问题持有的**看法**也都因人而异,意识到这一点也非常重要。因此，关键在于，教师应当鼓励学生把自己对问题的看法以口头或书面形式表达出来。也就是说，所有学生和教师都能够就该话题各抒己见并对不同观点进行探讨。这样，大家可以开诚布公地对各种数据进行分析，消除他们脑海里可能潜藏的任何疑问。你可以在《了解学生的科学想法》(1—4)册中发现关于这一过程的更多知识。

这些故事还指出，科学是一种社会、文化的活动，因此也是人类的活动。故事里的人物在实验调查、讨论和提问过程中经常需要得到他人的启发或帮助。那些人有自己的想法，会提出自己的假设，故事里的主人公向他们讨教、跟他们合作或者跟他们激烈争论。我们提倡开展小组合作，在课堂上，学生之间可以取长补短，在家里，兄弟姐妹或家长也可以参与，以家庭小组形式进行辩论。

本书故事也可以由你念给孩子们听。这样，孩子们获得的信息比他们自己阅读故事所得到的多，因为孩子们能听懂的词汇量往往大于他们的阅读词汇量。对于他们不熟悉的词汇，他们可以根据故事的上下文推断其意思。或者，你也可以在朗读过程中把新词解释给他们听。我们发现，孩子们在听的过程中就对讨论跃跃欲试，比自己阅读时积极性更高。这样反而更好，因为本书的宗旨就是调动学生的积极性，激励他们在日常生活中积极发现问题、解决问题并建构科学理念。

在探究中帮助学生

学生钻研科学难题的过程中，你应当提供怎样的帮助？一条很好的经验法则是，只要学生面对的问题没有彻底解决，你就可以提供你认为必要的帮助。换句话说，解决问题应当由学生自己做主导，而不是由你做主导。有时候，即使他们在调查研究过程中按照自己的思路走入了死胡同，也不失为一种人生体验。科学研究总是充满了失败的体验。孩子们阅读流行的科普读物时往往会产生这样的印象：科学家们早晨起床，自言自语“我今天要发现什么”，然后直奔主题，目标明确，思路清晰，在当天晚餐来临之前不费吹灰之力就得出了结论。事实远非如此！但是，我们也需要格外注意，挫折不断很可能会扼杀学生学习科学的热情。

碰壁意味着研究者需要重新设计方案，或者换一个角度提出问题。最重要的是，碰壁不应当被看成失败，而更像是给你提供了换一种方式从头再来的机会。教师在这个过程中应当起到平衡作用，一方面安慰学生不要灰心丧气，另一方面鼓励他们继续保持研究兴趣。有时候，让孩子们组成团队进行实验研究更容易实现目标。当今，科学家们也经常是团队合作，从而能够充分发挥彼此的专长。

科学探索过程除了所谓的**科学方法**之外，还包括运气、个人偏好和情感等因素，而很多人并不懂得这一点。**科学方法**这个术语本身听起来就像是能够确保你取得成功的秘诀。你能给学生提供的最重要的帮助是让他们始终保持坚定的信心，充分利用各种方法解决问题。他们可以运用比喻、想象、画图或其他任何得心应手的方法来解决问题。然后，他们可以采用科学的基本模式进行研究，包括简化问题、控制各种变量以及剥离需要求证的变量等。

你还可以帮助学生把实验设计方案进行简化，使每一个步骤便于控制，帮助他们学会使用科学笔记本认真记录研究数据。大多数学生并没有意识到科学笔记本的重要性，哪怕老师再三强调这一点。很多学生认为没有必要收集有用数据，因为他们作为实验新手在这方面还缺乏经验。直到他们因数据无法读取或没有记录下来而遇到麻烦，才会明白科学笔记本的作用。问题是他们并没有把这一点当回事。孩子们之所以觉得无需详细记录阴影的长度，是因为他们不知道从现在起一周或一个月内这样做有什么意义。如果你帮助他们认识到收集数据的原因，认识到这些数据将会成为阴影随时间变化而变化的证据，那么他们就会明白，其目的是让他们能够把现在的数据与过去进行比较，这样，他们也就会明白当初需要使用科学笔记本的原因了。

根据我们的教学经验，强迫孩子们使用规定的数据收集表格不仅不能帮助他们理解收集数据的原因，而且在某些情况下会适得其反。有一次，一位观察员看到教室里孩子们正忙着填写实验表格，便问一个女生她在做什么，那位女生毫不犹豫地回答"第三步"。我们的目标是，动员学生积极参与探究活动，所有步骤(包括第三步)都应当由他们自己设计：以符合逻辑、循序渐进、有意义的方式回答自己提出的问题。我们相信，这一点孩子们完全可以做到，但是需要成人耐心指导，并相信他们具备在朋友和导师的帮助下独立从事脑力劳动的技能。

关于数据收集最后再说一句。我自己作为科学家并与其他科学家共事多年，我留意到我们都有一个共同点，那就是人人都随身携带一个笔记本，每天无数次把自己感兴趣的东西记录下来。科学家可能会碰到一些有趣的数据，虽然当时看来这些数据似乎与他们的研究没有直接关系，但是他们还是记录下来，因为说不定将来哪一天就能用得上。人的记忆是短暂的，往往靠不住。但就像是法庭上的法律文件一样,科学家必须如实记录数据。科学家的笔记本都很珍贵,是科学事业不可或缺的组成部分。研究人员不带笔记本是不会出门的。

帮助英语语言学习者

如果你班里的学生来自其他国家,英语语言知识有限,科学研究对这样的学生而言有什么作用?你如何利用科学课程既提高他们的语言水平,又拓展他们的科学技能和知识?

首先,让我们看一看学生在语言水平有限的情况下会面临哪些问题。李(Lee,2005)在对英语语言学习者及其科学学习的研究中发现,那些不是来自西方主流社会的学生往往对主流社会的原则与规范缺乏了解。他们原先所处的社会并不鼓励学生提出问题(尤其是向年长者提问),也不支持他们进行探究学习。显然,若要帮助这些孩子摆脱自身所受文化传统的束缚,融入学校的新文化氛围,教师就必须把新文化的原则与规范向他们仔仔细细、形象生动地解释清楚,必须帮助他们主动承担起自己的学习责任。关于这方面的书籍很多,我在本章的论述当然不如它们那么详细。你可以参考国家科学教师协会出版社最近出版的《英语语言学习者学科学:幼儿园—12 年级课堂教学策略》(*Science for English Language Learners: K-12 Classroom Strategies*),你能够从中找到很多具体帮助。另外一本书《幼儿园—8 年级课堂上科学与素养的联系》也由国家科学教师协会出版,尤其是该书第十二章《英语语言发展与科学素养的联系》(English Language Development and the Science-Literacy Connection)。最后,还有《科学和儿童》(*Science and Children*)杂志刊发的一篇文章《向二语习得者讲授科学》(Teaching Science to English-as-Second Language Learners)(Buck,2000),该文就如何向英语语言学习者讲授科学提出了很多有用的建议。

我将尽最大努力总结一些实用的方法,把它们放在供教师参考的背景材料这一部分当中。

专家们认为,扩大词汇量对英语语言学习者而言非常重要。你可以着重帮助这些学生分别用他们的母语以及英语来辨认课堂上将要用到的物体的名称,可以让他们把这些词汇记在科学笔记本上。有些教师成功地使用了一种名叫“实用词汇墙”的教具,这是一个标有图表和词汇的墙贴,随着学习进展而不断补充新的内容。如果可能的话，也可以在墙贴上用胶带粘上一些实物或照片。由于它对所有学生（不仅仅是英语语言学习者）都有好处，因此应当放在非常显眼的位置，方便学生温故而知新。

很多教师认为，探究教学中的小组活动能帮助英语语言学习者理解探究的进程和内容。把英语语言学习者和以英语为母语的学生搭配在一起能够促进学习，因为他们往往更乐于接受同学而非老师的帮助，同学之间相互提问也更方便，同学做出的解释效果也更好，因为他们年龄和知识水平相仿，拥有共同语言。

多利用黑板或白板。把词汇与可视教具结合起来。记住，科学依靠一定的语言环境。你不妨把学生家长邀请到课堂上来，让他们亲眼看看你是如何帮助他们的孩子学习英语和科学的。在探究过程中多花一些时间，让英语语言学习者逐渐了解如何控制自己学习科学与解决问题的过程。

SIOP 模式（Echevarria，Vogt & Short，2000）近来在教师中深受欢迎，他们利用这一模式在英语语言学习者中教授科学课程取得了很大成功。SIOP 是庇护（shelter）、指令（instruction）、观察（obeservation）以及协议（protocol）四个英文单词的首字母缩写。该模式强调学生在科学活动中亲自动手、亲自动脑，而这就需要英语语言学习者使用学术英语与同学进行交流。你可以访问 SIOP 研究院的网站 www.siopinstitute.net。虽然我们很难用一句话概括这一模式的精髓所在，但其重点应当是把学术英语与探究教学结合起来运用。我们应当抓住每一个机会把科研活动与探究教学结合起来，应当充分利用语言的各种形式，包括听、说、读、写等。该模型还强调，我们应当鼓励英语语言学习者与以英语为母语的学生结对子，通过这种方式，前者可以从英语水平较高的后者那里学到更多词汇并练习使用。

简而言之，SIOP 模式与大多数其他二语习得（English as a second language，ESL）项目的区别在于，SIOP 强调科学学习和语言学习应当密切结合起来，两者相互促进，而不是把它们割裂开来。很多研究项目认为，英语语言学习者因为语言能力匮乏，无法掌握诸多学科的教学内容。而 SIOP 模式认为，只要英语语言学习者具有一定的语言基础，学习各门学科的同时在听、说、读、写等方面获得充分锻炼的机会，就能够把学科内容以及与之相关的学术语言都掌握好。

在课堂管理中，教师们也需要在语言方面多下功夫。教师需要向学生多交谈，以确保他们能够充分明白教师布置的探究任务，确保他们能够把研究过程和结果用英语表达出来。教师的工作包括：提醒学生把科学研究记录下来，帮助他们用英语对研究发现进行讨论，以此确保他们在研究过程中专心致志。如前所述，不但英语语言学习者需要提高自己某一学科的学术语言水平，所有学生都需要充分掌握该学科独有的词法或句法等语言内容。所有学生都应当像虚心的英语语言学习者一样，把自己当成科学语言学习者(science language learner)，只有这样才能更好地学习科学。

接下来我们要进入故事章节。我希望这些故事能够给你的学生以启发，激励他们变成积极的探究者，把科学研究当成日常生活的乐趣充分享受。

参考文献

Buck，G. A. 2000. Teaching science to English-as-second language learners. *Science and Children* 38 (3)：38 - 41.

Calkins，L. M. 2000. *The art of teching reading*. Boston：Allyn and Bacon.

Campbell，B.，and L. Fulton. 2003. *Science notebooks：Writing about inquiry*. Portsmouth，NH：Heinemann.

Cervetti，G. N.，P. D. Pearson，M. Bravo，and J. Barber. 2006. Reading and writing in the service of inquiry-based science. In *Linking Science and Literacy in the K - 8 classroom*，ed. R. Douglas and K. Worth，221 - 244. Arlington，VA：NSTA Press.

Douglas，R.，and K. Worth，eds. 2006. *Linking science and literacy in the K - 8 classroom*. Arlington，VA：NSTA Press.

Echevarria，J.，M. E. Vogt，and D. Short. 2000. *Making content comprehensible for English language learners：The SIOP model*. Needham Heights. MA：Allyn and Bacon.

Fathman，A.，and D. Crowther. 2006. *Science for English language learners：K - 12 classroom strategies*. Arlington，VA：NSTA Press.

Gee，J. P. 2004. Language in the science classroom：Academic social languages as the heart of school-based literacy. In *Crossing borders in literacy and science instruction：Perspectives on theory and practice*，ed. E. W. Saul，13 - 32. Newark，International Reading Association.

Joyce, J. 1922. *Ulysses*. Repr., New York: Vintage, 1990. Page reference is to the 1990 edition.

Keeley, P., F. Eberle, and C. Dorsey. 2008. *Uncovering student ideas in science, volume 3: Another 25 formative assessment probes*. Arlington, VA: NSTA Press.

Keeley, P., F. Eberle, and L. Farrin. 2005. *Uncovering student ideas in science, volume 1: 25 formative assessment probes*. Arlington, VA: NSTA Press.

Keeley, P., F. Eberle, and J. Tugel. 2007. *Uncovering student ideas in science, volume 2: 25 more formative assessment probes*. Arlington, VA: NSTA Press.

Keeley, P., and J. Tugel. 2009. *Uncovering student ideas in science, volume 4: 25 new formative assessment probes*. Arlington, VA: NSTA Press.

Lee, O. 2005. Science education and student diversity: Summary of synthesis and research agenda. *Journal of Education for Students Placed At Risk* 10 (4): 431 - 440.

Padilla M. J., K. D. Muth, and R. K. Padilla. 1991. Science and reading: Many process skills in common? In *Science learning: Processes and applications*, eds. C. M. Santa and D. E. Alvermann, 14 - 19. Newark, DE: International Reading Association.

Palincsar, A. S., and S. J. Magnusson. 2001. The interplay of firsthand and text-based investigations to model and support the development of scientific knowledge and reasoning. In *Cognition and instruction: Twenty-five years of progress*, eds. S. Carver and D. Klahr, 151 - 194. Mahwah, NJ: Lawrence Erlbaum.

Postman, N. 1979. *Teaching as a conserving activity*. New York: Delacorte.

Reiss, M. J. 2002. Reforming school science education in the light of pupil views and the boundaries of science. *School Science Review* 84 (307).

Rosebery, A. S., and B. Warren, Eds. 2008. *Teaching science to English language learners: Building on students' strengths*. Arlington, VA: NSTA Press.

Winokur, J., and K. Worth. 2006. Talk in the science classroom: Looking at what students and teachers need to know and be able to do. In *Linking science and literacy in the K-8 classroom*, ed. R. Douglas and K. Worth, 43-58. Arlington, VA: NSTA Press.

供教师使用的故事和背景材料

日常生命科学之谜矩阵图

核心概念	故事				
	自我介绍	燕麦片生虫了	干枯的苹果	讨价还价的种子	直升机长成大树
动物	×	×			
分类		×	×	×	×
生命过程	×	×	×	×	×
生物	×	×	×	×	×
结构和功能		×	×		×
植物			×	×	×
适应		×			×
遗传	×		×	×	×
变异	×		×	×	×
蒸发			×		
能量		×	×	×	×
系统	×	×	×		×
循环	×	×	×	×	×
繁殖	×	×	×	×	×
遗传	×	×	×		×
状态变化		×	×		
基因	×		×		×
变态		×			
生命循环		×	×		×
生命延续	×	×	×	×	×
核心概念	蚯蚓不只是诱饵	那只猫头鹰吃什么?	直升机长成大树(续)	花朵:并非只是为了美丽	味道十足的故事
生命周期	×		×	×	
生物分类	×	×			
动物行为	×				×

续　表

核心概念	蚯蚓不只是诱饵	那只猫头鹰吃什么?	直升机长成大树(续)	花朵:并非只是为了美丽	味道十足的故事
适应	×	×		×	
生态学	×	×			
生物多样性	×	×			
结构和功能	×	×	×	×	×
细胞			×	×	×
器官	×			×	×
生物的功能	×	×	×	×	×
感觉		×			×
生物的相互依存	×	×		×	
生物的需求	×	×			
能量流动	×	×			
物质的转换	×	×			

核心概念	泡泡糖带来的麻烦	啪,啪	心跳感觉	搭便车	万圣节科学
生命周期		×		×	×
生物分类		×		×	×
动物行为				×	
适应		×		×	×
生态学				×	×
生物多样性		×		×	×
结构和功能		×	×	×	×
生物的功能		×	×	×	×
健康	×		×		
实验设计	×	×	×	×	×
生物的相互依存				×	×
生物的需求		×		×	×
物质的转换		×	×		

续 表

核心概念	泡泡糖带来的麻烦	啪,啪	心跳感觉	搭便车	万圣节科学
营养	×				×
探究方法	×	×	×	×	×
生命延续		×	×	×	×
植物		×		×	×
周期		×	×	×	×
变异		×		×	×

核心概念	观察地衣	烘焙面包	温室里的春天	反应时间	密封罐里的秧苗
真菌	×	×			
水藻	×				
共生	×				
孢子	×	×			
繁殖	×	×	×		×
生命周期	×	×	×		×
酵母		×			
代谢	×	×	×		×
化学变化	×	×	×		×
物理变化	×	×	×		×
营养	×	×	×		×
发芽			×		×
光合作用	×		×		×
神经系统				×	
反应时间				×	
刺激				×	
反应				×	
平均值					
系统	×	×	×	×	×

续 表

核心概念	观察地衣	烘焙面包	温室里的春天	反应时间	密封罐里的秧苗
开放系统	×	×	×		
封闭系统					×
大气	×	×	×		×
实验设计	×	×	×	×	×

第五章
直升机长成大树

直升机！它们看上去还真像。萨拉(Sarah)以前曾经看到过这些种子，今年春天却对它们着了迷，因为它们就像直升机一样转动着螺旋桨从空中慢慢飘落到门廊台阶上。台阶上已经聚集了成百上千的种子，萨拉和哥哥埃里克(Eric)从妈妈那里接到的任务是把它们打扫干净。

“把地面扫干净，把花园扫干净。我可不希望看到花坛里将来长满大树。”埃里克把妈妈的警告转达给萨拉。

“它们长大后会变成什么样子?”萨拉问。

“它们既然是从枫树上落下的,我猜它们肯定会长成高大的枫树。”埃里克开玩笑地说。

“说真的,你怎么知道它们是从枫树上落下来的?”萨拉问。

“第一条线索,我看见它们是从那边的枫树上结出来的。”埃里克用手指着那棵枝繁叶茂的枫树说。

“我怎么从来没有注意过呢。”就在萨拉仰头张望的时候,一阵微风从树梢吹过,几颗种子从树上一路欢快地盘旋着掉落到地上,酷似一架架小小的直升机。

“是不是所有的树都这样?”萨拉问。

“当然不是! 橡树结的是橡子,别的树嘛,肯定结别的果子。”埃里克结结巴巴地说。埃里克自己心里也没底,但是他要维护自己无所不知的大哥哥形象。

“真好玩,我从没想过树木也能结种子。”萨拉低声自言自语,注意不让哥哥听见,“我还想知道树木是不是也开花。”

“我能不能栽一棵枫树,比如栽在花盆里? 你懂的。或者种橡子?”萨拉问。

“不行。”埃里克说,“我好像记得生物老师说过,有些种子需要冷冻或冷藏之后才能发芽,尤其是橡子,或者说有些橡子品种是这样。具体有哪些我记不清了。”他们继续扫地,不再吭声。

“树上还会结什么种子?”晚上就寝时间妈妈过来给萨拉掖被子的时候,萨拉问。

“你说什么?”妈妈感到莫名其妙。

“今天埃里克跟我在谈树木结种子的事,枫树种子像直升机,还有橡子。我想知道别的树木结什么种子。”

“我听明白了。你觉得苹果和橘子种子是不是也算树上结的?”妈妈问。

萨拉想了想,然后说:“我想应当是吧。我以前吃苹果和橘子的时候只是把它们吐出来,没想过它们也是种子。”她似乎又想起了什么,便脱口而出:“它们需要冷冻后才能播种吗?”

“冷冻?”妈妈一脸困惑。

“埃里克说,他的老师说过,有的种子需要冷冻之后才能长成大树。”

“这个我还是头一次听说。”妈妈说,“我觉得我们有必要研究一下。但是,现在该睡觉了。明天再说吧。晚安。”她吻了吻萨拉的前额,然后关上灯。

“晚安,妈妈。”萨拉闭上眼睛。然而,在睡着之前,她满脑子想的都是窗台上的花盆里长满了树木。

目的

这个故事的目的不仅是鼓励学生探索树木种子发芽的现象，而且帮助学生了解树木是典型的开花植物，即被子植物。老师还可以借此机会引导学生探索果实和种子的关系以及种子发芽的过程。

相关概念

- 植物
- 生物
- 适应
- 发芽
- 繁殖
- 生命周期
- 结构和功能
- 生物的特征
- 生命过程

不要惊讶

首先需要指出的是，人们常说的很多种子其实应当被称为果实。从故事中三位主人公对枫树种子和橡树种子的讨论可以看出，无论孩子还是成人都不知道种子是被果实包裹起来的。枫树的"直升机"(分果)和橡子(坚果)都是果实。种子位于果实里面，被果实包裹。试问一下：果肉包裹种子的目的是什么？人们的回答通常是，苹果、橘子或其他水果的果肉是给种子提供养分的，而不是引诱动物在吃掉果实的时候帮忙传播种子的。"树木也会开花并结出果实和种子。"很多儿童和成人都会觉得这种想法很奇怪。他们认为橡子不是水果，而是松鼠的食物。每年春天，枫树的果实从树上落下来只会给人们带来麻烦，需要被清扫干净。花朵当然很好看，但是，你有没有想过树木只有先开花然后才能结出果实和种子？你有没有注意过橡树开花或者柳树开花？你有没有注意过柳树的种子或杨树的种子？如果你生活在温带，你也许见过，但是未必知道它们是什么东西。儿童和成人往往认为水果就是超市里销售的那些常见水果，很少会想到树木也能结出水果，因此，在他们眼里，树木的果实以及马利筋、沙枣、玫瑰和漆树等灌木的果实都不是水果。

内容背景

种子是植物为了繁衍下一代而孕育的“婴儿”。种子通常处于休眠状态，一旦休眠状态被打破，新的植株就会冲破种皮，离开种子，这一过程被称为发芽。“被子植物”名字的由来是，它们的种子被花朵发育成熟、膨大的子房（也就是果实）包裹。果实美味可口，吸引动物前来觅食，由此把种子传播到不同地方，为植物茁壮成长创造更多机会。与此相反，“裸子植物”的种子是“裸露”在外的，没有被子房包裹，也就没有果实，松树、雪松等针叶树以及大多数常青树都属于此类植物。被子植物的种子位于球果的鳞片上，然而，这些种子同样美味可口，吸引松鼠、花栗鼠等动物前来啮食，在啮食过程中会有一些种子散落到地上。至于种子是否要经过冷藏处理，专家们意见不一，这样说来，你和你的学生正在做最前沿的科学研究，这岂不令人兴奋？你可以把冷藏和不冷藏两种方法都尝试一下，看看结果会怎样，这就是真正意义上的探究学习。

橡子可能来源于很多不同种类的橡树：白橡、红橡、针栎以及其他品种。枫树也有很多种类，其中包括红枫、糖枫、挪威枫、红花槭等。然而，这两个属各自属下的植物果实和种子非常相似。少数橡树的种子不需要低温也能发芽，例如，白橡的种子在秋季成熟时就可以发芽。其他物种需要在至少 0—2 度低温环境中经过至少六周时间才能发芽，在此期间，它们处于休眠状态（有些种子休眠期可以长达几个世纪。据报道，有一粒种子在沙漠环境中历经千年依然具有发芽能力）。因此，在自然环境中，需要休眠的橡子至少需要等到来年开春才会发芽。我们可以人为加快球茎植物发芽的速度，同样也可以加快橡子发芽的速度，具体做法是，把橡子埋在泥炭土里，或者装在塑料袋或容器里，然后放置在低温的户外，或者放置在设定好温度的冰箱里。塑料袋等容器的口应当敞开，便于通风。枫树的种子不需要冷藏，可以随时种植。

如果你和学生生活在温带，那么肯定对橡子以及枫树种子很熟悉。即便是在亚热带，我们也能见到红花槭、槲树以及沼生栎等树种。枫树和橡树是美国本土最常见的两个树种，因此，你想要取得它们的种子并不难。如果你在当地见不到这些树木，也可以用其他常见树木的种子代替，以满足你和学生探索树木及其种子的愿望。在一些气候带，树木上花团锦簇，花朵争奇斗艳，而在另一些气候带，树木上一朵花也见不到。然而，只要树木的种子是被果实包裹的，那么这种树肯定是开花的。这类植物被称为被子植物，它们的种子被子房包裹，而子房通常会变成果肉，如苹果或樱桃等。根据这一定义，橡子同样也是果实（实际上属于单子坚果），由于它们太常见，往往容易被研究人员忽视。枫树果实也是如此。

我建议你阅读一部妙趣横生的植物学著作《植物的欲望》（*The Botany of Desire*，2001），作者为迈克尔·波伦（Michael Pollan）。这本书肯定会开阔你在这一领域的视野。

果实是种子植物发育成熟的子房。这是植物学上的定义，不是超市所售水果的定义。果实不仅包括我们常说的蔬菜以及苹果、橘子、浆果、西红柿和樱桃之类的水果，也包括枫树和橡树的果实、椰李以及牛心果等。果实保护里面的种子，并有助于种子传播。你可以向你看到的果实提出如下问题：你如何帮助你包裹的种子去最适合的地方发芽并长成新苗？你是不是美味可口，吸引动物把你吃掉或者把你埋起来，从而把你从“生身父母”那里传播到很远的地方？你是通过爆裂方式把种子传播出去，还是使用小“降落伞”让种子随风飘去？你长成直升机那样，是不是想让风带着你飞行？你有没有坚硬的保护壳，可以保护种子不受恶劣天气伤害？你的表层是不是像魔术贴一样，能够附着在动物皮毛或羽毛上，让它们把你带到远离父母的地方？经过亿万年的自然选择（即适者生存），种子植物的果实也进化成最高效的播种者。今天你在大自然看到的各种植物，从繁殖角度而言都是适应能力最强的植物。当然，也有一些植物是人类根据自身需要而精心培育出来的。除了这些人工培育的植物之外，其他植物都是经过自然力量和生物力量改造、成功进化而幸存下来的。以橡子为例，如果它在父母的脚下生长，就会跟父母争夺阳光和水。由于橡子是圆形的，从橡树掉落后能够滚到距离父母较远的地方，因此，就不需要跟父母争夺阳光和水。柳树和杨树的种子附着在棉絮般纤细的“降落伞”上，能够随着“降落伞”飞向远方。而枫树和松树的种子长有“小翅膀”，也能够随风飘向远方。

有些树木的花雌雄同株，雌雄同株又分两种情况：一朵花中只有雄蕊或雌蕊的叫单性花，一朵花中同时具有雄蕊和雌蕊的叫两性花。而有些树木的花雌雄异株。雌雄异株的典型例子是冬青，冬青只有雌株结果，而附近必须要有雄株为其授粉。其他植物则需要借助昆虫为其传播花粉，才能结出果实。最直接的证据是，有些从外国进口的植物由于没有合适的昆虫为它们传粉，所以无法结出果实。

让我们把视线转向树木种子本身，它小小的身形却含有孕育新生命的必要条件以及左右新生命生长的基因指令。我们种下橡树种子，自然期待它将来长出橡树，而不是长出其他树木。这听起来虽然简单，却是学生必须学习的基本概念，两份国家标准文件也有所涉及。

我们可以判断，任何树木（包括裸子植物在内）的种子发芽方式都跟被子植物大致相同。我们可以看到，某种形式的植物组织会给幼苗提供养料，直到它能够通过光合作用为自己制造食物。我们能够看到植物的原生根和茎，它们需要阳光、水和肥沃土壤才能茁壮成长。大多数种子发芽都不需要阳光，只需要一个湿度和温度适宜的环境即可孕育出新的生命。幼小的新生命在种子中就已经孕育完成，种子发芽只是表明新生命在继续成长。一旦新生命在适宜的环境中能够站稳脚跟，它就完全依靠自己独立生活，并逐渐长大成熟、开花结果。

橡子（橡树的种子）具有丰富的营养，数百年来一直被当地人以及其他懂行的人食用，他们知道如何去除橡子里的鞣酸，鞣酸味道苦涩，会阻碍哺乳动物消化道对橡子营养的吸收。白橡的种子脂肪含量较少，而且会在秋季发芽，而一旦发芽，其营养价值便大打折扣，因此，它们不是松鼠储存食物的最佳选择。红橡的种子脂肪含量较高，鞣酸也较多，可以用作越冬食物，但是鞣酸不利于松鼠消化道对营养的吸收。究竟应当如何选择，需要权衡再三。松鼠似乎喜欢后一种，尽管鞣酸太多不利于消化，而且我怀疑味道也不如前一种好。但是，松鼠是不是美食家？谁知道呢。

霉菌是种子发芽的头号敌人。把种子放在含氯溶液中浸泡一下，能够有效防止霉菌滋生，但是，在种子发芽的两三周时间里，你应当时刻注意种子是否长霉。出于安全考虑，你应当亲自浸泡种子，而不能让学生去做。

《国家科学教育标准》（国家研究委员会，1996）的相关内容

幼儿园—4 年级：生物的特征

• 生物都有基本需求。例如，植物需要空气、水、养分和光等。

• 每一种植物或动物都有不同的结构，它们在该植物或动物生长、生存和繁殖过程中发挥不同的作用。

幼儿园—4 年级:生物的生命周期

• 植物和动物的生命周期包括出生、成长、繁殖和死亡。生命周期的具体细节因生物种类不同而存在差异。

• 植物或动物都跟它们的父母长得很像。

6—8 年级:生物的生命周期

• 为了在一个不断变化的外部环境中生存,一切生物都必须能够获得并使用资源、生长以及繁殖,并且保持身体内部状况的平衡。

《科学素养基准》(美国科学发展协会,1993)的相关内容

幼儿园—2 年级:细胞

• 大多数生物都需要水、食物和空气等。

幼儿园—2 年级:物质和能量的流动

• 植物和动物都需要吸收水分,动物需要食用食物。此外,植物需要光。

幼儿园—2 年级:设计的世界

• 大多数来自农场的食物要么是直接来源于农作物,要么是来源于以农作物为食的动物。为了正常生长,植物需要充足的热量、光照和水。

3—5 年级:物质和能量的流动

• 一切生物都需要某种形式的能量,用以满足生存和成长需要。

3—5 年级:设计的世界

• 一些植物或动物品种的特征比其他品种更符合我们的需要,然而,想要培育这些特征有时候非常困难或成本太高。

6—8 年级:物质和能量的流动

• 食物为所有生物提供“燃料”和“建筑材料”。植物利用光能把二氧化碳和水合成糖。这种食物可以被立即食用或者被贮存起来留待以后食用。

6—8 年级:设计的世界

• 人们有选择性地培育与保存不同种类的种子(新品种或旧品种),并根据生长条件不同而使用不同的种子,通过这种方式控制其所繁育植物的特征。

在幼儿园—4 年级中使用这个故事

你可以首先使用《了解学生的科学想法》(第 2 册)(Keely, Eberle & Tugel, 2007)一书中的探究案例《种子的需求》(Needs of Seeds),从中了解学生会把什么样的“前概念”带到课堂上来。

正如很多人已经发现的那样,枫树种子从树上掉落下来之后就能够发芽。接下来的问题是,你和学生如何播种这些“野生的”树木种子,还有,你应当让学生提出假设并设计实验方案进行深入研究。

橡树跟枫树不同。如果你能够辨认出哪些是白橡树结出的橡子,就可以马上播种。最好的办法当然是,首先找到白橡树,然后从树下捡拾掉落的橡子。下面这条建议仅供参考:橡子最佳播种深度为距离地表以下大约 2.5 厘米。橡子的直根特别长(7.5 厘米),因此,你最好使用细长的容器,在容器底部开一个排水孔。你在捡拾橡子的时候应当注意,很多橡子里面可能寄生有胡蜂等产下的卵,不适合播种。你可以让学生把橡子放在水里,看看它们是否漂浮。如果橡子的“帽子”(壳斗)完好无损,那么橡子都应当能够漂浮。如果帽子很容易被摘掉,那就表明它已经成熟。把橡子放在弱漂白溶液(半杯漂白剂兑约 3.8 升水)浸泡几分钟,就能够杀灭各种霉菌(注意! 这项工作应当由老师来做)。学生做完预测之后,你可以把橡子放入一盆水中。你们会看到,有些橡子漂浮,有些沉入水下。下沉的橡子具有发芽能力,而漂浮的橡子由于虫害或营养散失已经没有发芽能力。你可以把漂浮的橡子剖开来看一看,很可能会发现里面有一些昆虫幼虫或其他生物正在一点点把营养物质蛀空。而下沉的橡子里面完好无损,具有发芽能力。如果你把橡子放在水中浸泡一夜，就会发现它们很容易被剖开。实际上，在播种之前，你最好也把橡子放在水里浸泡一夜。你可以把选好的种子用湿纸巾包起来放在开口的塑料袋里，这样，低年级学生就能定期察看种子的发芽情况。

松鼠偏爱哪一种橡子？或者，更确切地说，松鼠为什么喜欢一种或两种橡子，而不喜欢其他橡子？如果学生对这类问题很感兴趣，你就不必拘泥于种子发芽研究。还有，学生可能想看看橡子里面是什么样子，你把橡子剖开后，他们会发现里面可能住着一个微型的生物群落。学生的兴趣也可能转向裸子植物或所谓的针叶树及其种子。你会惊奇地发现，一旦学生就这些常见的东西展开讨论，就会衍生出无穷无尽的问题：球果跟其他水果有什么不同？松树种子是不是跟橡子一样也需要冷藏才能发芽？它们最喜欢哪种土壤？它们跟水果中的种子有什么不同？不同种子发芽时间长短有什么不同？播种的深度应当有多深？种子的位置应当如何摆放？橡子戴的“小帽子”有什么作用？是不是应当把“小帽子”连同橡子一起播种？这类问题不可胜数，而在你的帮助下，学生可以设计各种各样的试验方案，从这些日常科学谜题中学到很多东西。请记住，由于专家们就种子如何发芽问题还没有取得共识，你的学生也可以就这些悬而未决的问题收集数据。

在 5—8 年级中使用这个故事

我建议这几个年级的老师阅读上一节幼儿园—4 年级的教学建议，因为很多内容在高低两个阶段都是相通的。还有，上一节提到的很多技巧都很重要，你有必要了解一下。高年级学生比低年级学生老练得多，他们可能会提出更加复杂的问题，设计出更加复杂的实验方案。你同样会发现，使用《了解学生的科学想法》(第 2 册)一书中的探究案例《种子的需求》，可以了解学生会把什么样的“前概念”带到课堂上来。我们在试用这个探究案例时发现，有些学生会说，种子需要食物才能发芽，因为他们意识到种子里面的营养物质就是它的食物。你可以拿这个案例考一考你的学生，看他们是认为种子里面已经自带食物，还是认为需要给种子另外添加食物。

学生很可能会提出下面这个问题：动物偏爱吃什么样的橡子？你可以让他们通过实验来找出答案。把几种不同的橡子放在一个动物经常出没的地方，看看它们会吃掉哪些橡子，把观察结果记录下来。你们需要选择完好无损、没有被虫蛀的橡子,否则,动物是不会光顾的。为此,你可以把橡子剖开,让学生看看橡子是完好无损还是已经被虫子蛀空。为了方便剖开,你可以把橡子放在水中浸泡一夜。注意,应当由你用刀把橡子纵向剖开,因为圆滚滚的橡子很容易打转,要是让学生来切的话很容易伤到他们。一个好办法是,你可以使用坚果钳,这样很容易就能把橡子的坚硬外壳剥开。

你可以向你见到的果实提出如下一个主要问题:你如何帮助你包裹的种子去最适合的地方发芽并长成新苗?其次,你还可以提出如下问题:你是不是美味可口,吸引动物把你吃掉或者把你埋起来,从而把你从"生身父母"那里传播到很远的地方?你是通过爆裂方式把种子传播出去,还是使用小"降落伞"让种子随风飘去?你长成直升机那样,是不是想让风带着你飞行?你有没有坚硬的保护壳,可以保护种子不受恶劣天气伤害?你的表层是不是像魔术贴一样,能够附着在动物皮毛或羽毛上,让它们把你带到远离父母的地方?你可能还记得《燕麦片生虫了》一章中《内容背景》部分描述的教学建议,游戏"它能告诉你什么,你想知道什么"在这里同样适用。

如果你的学校附近有橡树和枫树,而且低垂的树枝上花朵竞相绽放,那么你和学生可以花上十分钟时间前往那里进行实地考察。枫树通常在春季开花,然后长出叶子,红艳艳的花朵宛如给枫树镶上了蕾丝花边。橡树开花时间较迟,橡子直到秋天落下后才具有发芽能力。你不妨在秋季开学时研究橡树,等到来年春季开学时研究枫树,这样做对你可能有些难度,但是非常值得一试。

相关书籍和期刊文章

Cavallo, A. 2005. Cycling through plants. *Science and Children* 42(7): 22-27.

Driver, R., A. Squires, P. Rushworth, and V. Wood-Robinson. 1994. *Making sense of secondary science: Research into children's ideas*. London and New York: Routledge Falmer.

Keeley, P. 2005. *Science curriculum topic study: Bridging the gap between standards and practice*. Thousand Oaks, CA: Corwin Press.

Keeley, P., F. Eberle, and L. Farrin. 2005. *Uncovering student ideas in sci-*

ence: *25 formative assessment probes*, volume 1. Arlington, VA: NSTA Press.

Keeley, P., F. Eberle, and J. Tugel. 2007. *Uncovering student ideas in science: 25 more formative assessment probes*, volume 2. Arlington, VA: NSTA Press.

Quinones, C., and B. Jeanpierre. 2005. Planting the spirit of inquiry. *Science and Children* 42 (7): 32 - 35.

West, D. 2004. Bean Plants: a growth experience. *Science Scope* 27 (7): 44 -47.

参考文献

American Association for the Advancement of Science(AAAS). 1993. *Benchmarks for science literacy*. New York: Oxford University Press.

Keeley, P., F. Eberle, and J. Tugel. 2007. *Uncovering student ideas in science: 25 more formative assessment probes*, volume 2. Arlington, VA: NSTA Press.

National Research Council (NRC). 1996. *National science education standards*. Washington, DC: National Academy Press.

Pollan, M. 2001. *Botany of desire*. Toronto: Random House.

第六章

直升机长成大树（续）

距离上一次埃里克和萨拉被妈妈叫去清扫门廊地上的枫树种子还不到一年时间。当时，他们小心翼翼地把红枫树上落下的小“直升机”装进袋子，以免它们落到花园里，在鲜花丛中生根发芽、长成小枫树。现在，埃里克和萨拉又在地上清扫这些红色的小东西，不过它们与往年不太一样：个头小，有花边，呈红色，看上去像朵小花，铺满了整个门廊地面。埃里克和萨拉以前从未留意过它们，只是心生埋怨，因为他们不喜欢干这样的苦差事。而这一次，妈妈又嘱咐他们当心不要把种子扫到花园里。

他们记得，去年看到枫树上落下的这些小"直升机"时，还对枫树竟然会开花感到吃惊。他们还发现这些"直升机"其实是枫树结出来的果子，里面的种子可以发芽，并且其他树木也会开花结果，而他们以前从没留意过。

然而，这一次看到的红色小东西跟上一次不同。首先，它们不是像直升机一样飘落到地上，它们没有翅膀，呈红色，而且很纤弱。不对，这肯定是另外一种东西。

萨拉第一个注意到她家旁边那棵枫树上还有很多这种红色的东西，它们既没有"翅膀"，也没有借助风力，而是直接从树上掉落下来。

"埃里克，我们又有个谜团需要解开了。同一棵枫树上落下的东西，今年跟去年却完全不同。"

"可是我们还得把这些东西打扫干净，免得它们长成大树。"埃里克说。

"也许不会。"萨拉说，"它们看起来不像能发芽的样子，也许它们只会给我们添乱，我们把它们随便扫到哪里都行。"

"那么，尊敬的夏洛克·福尔摩斯小姐，让我们现在就到树上一探究竟吧。"埃里克有时候为了好玩喜欢咬文嚼字，但是萨拉都听腻了，一点儿也不觉得好笑。

"真是个好主意，埃里克，我的好兄弟。让我们去看看那边低垂的树枝。"

就在那边的微缩世界里藏着能够帮助他们解开谜团的所有信息。埃里克和萨拉在那棵树旁边住了这么多年，却都不曾留意这些红色的小东西。两个孩子一边打扫门廊一边苦思冥想，感觉这一工作变得轻松有趣起来，他们要向那些不知名的小东西表示感谢。

目的

枫树是一种很有趣的树，其品种繁多。枫树不仅让我们看到了植物的多样性，还让我们有机会观察故事中描述的自然现象，这种现象对那些家门口就有枫树的人而言其实非常常见。本章的主要目的是让学生去探索树木的繁殖过程，这的确是一个有趣的日常科学谜题。多年来，我每年都要打扫自家门前这些常见的小东西，只是到了今年，我决定不再无视这些东西，而是花一些时间耐心观察它们会发生什么变化！我注意观察枫树的果实如何一天天逐渐长成，开始明白这种现象的复杂之处。这项实验活动也可以为学生提供一次绝好的机会去观察枫树果实的形成过程，并把这些变化记录在自己的科学笔记本中，当然也可以把它们用图画画出来。

相关概念

- 多样性
- 授粉
- 生命周期
- 繁殖
- 生物
- 结构与功能

不要惊讶

除非你的学生参加过“认养一棵树”之类的活动，并且认认真真地进行观察，否则他们不可能了解槭树以及槭树科其他树种是如何结出果实和种子的。很多学生都没有意识到，除了果树以外其他树也会开花结果。即使有些学生知道花在繁殖过程中发挥的作用，但是当他们看到早春时节枫树枝上长出的东西，尤其是发现不完全花（雄蕊或雌蕊）的区别之后，还是会大吃一惊。你还会惊讶地发现，有些学生居然认为树木不属于植物。

内容背景

枫树属于槭树科。美国大约有一百二十种枫树。它们分布很广，从佛罗里达州中部到北极圈一带几乎都能见到。红枫(也称红花槭)可能算是密西西比河以东最常见的观赏植物,但是那里也有糖枫。在春季,糖枫树液中含有很高的糖分,常被用来制作糖浆。其他枫树分布在密西西比河以西,如加利福尼亚州的大叶枫和科罗拉多地区的落基山槭。梣叶槭也属于槭树科,在美国四十八个州和加拿大很多地区都有分布。所有这些树都属于槭树属,槭属植物的叶片和花朵形态有些许差异,但它们都会结出翅果。

枫树的叶子在春季长出来之前,开放的花朵光彩夺目。雄花先开,雄花上面只有雄蕊(含有花粉的器官),以红枫为例,红枫的雄花是鲜红色。不久后或者几乎是同时,雌花开放,它们长在低垂的细长花柄上,雌花只有雌蕊(内含子房),准备接受雄花的花粉。雌蕊的顶端被称为柱头,花粉落到柱头上后,花粉中的精子就通过一根细长的管道进入雌蕊的胚珠,使之受精并开始孕育种子。虽然枫树是借助风力吹落的细小花粉来进行授粉,但那些频繁在雄花和雌花上吸食花蜜或采集花粉的昆虫也起到了传播花粉的作用。

植物要么是雌雄同株,要么是雌雄异株。雌雄同株是指一株植物同时具有雌性和雄性生殖器官,而雌雄异株是指雌性和雄性生殖器官分别生在不同植株上。我最喜欢的红枫恰恰是雌雄同株,同一棵树上既有雌花又有雄花。不过,雄花常开在树枝侧面,而雌花长在树枝末梢,然而,每棵树的情况也可能不尽相同。

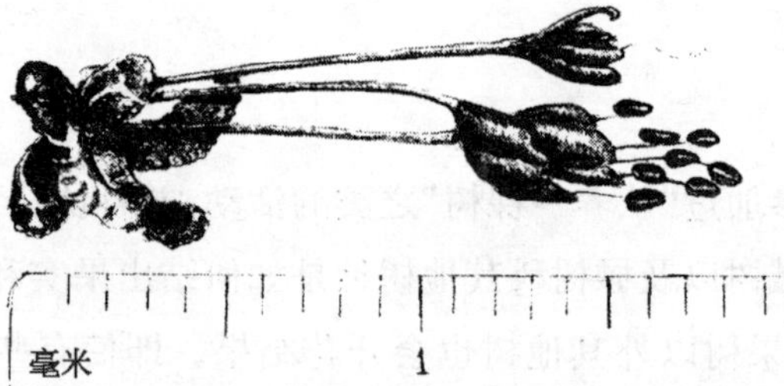

红枫的雄花

我家的花园里还有冬青,也许你家的花园里也有,这是一种常见的雌雄异株植物。如果想让雌冬青结出红莓,它附近必须有一棵雄冬青。在很多城市,一种常见的雌雄异株植物是银杏,一个古老而美丽的树种。其余大多数植物都是雌雄同株,既有雌花也有雄花。每一种花的具体情况如下图所示。

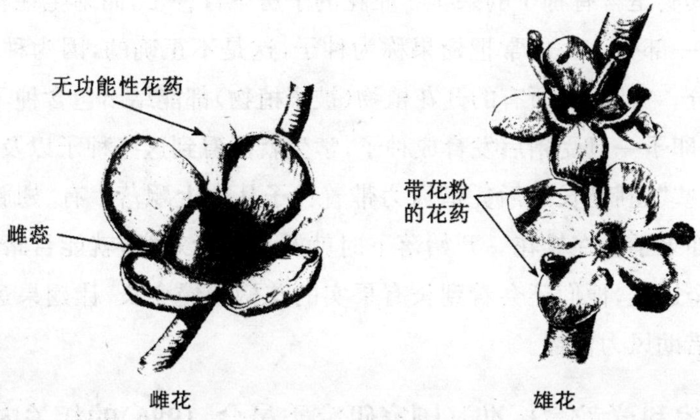

冬青的雄花和雌花

故事中两个孩子打扫的是凋落的雄花。雌花被授粉之后会继续留在树上结出含有种子的果实。你的学生如果仔细观察就会发现果实已经清晰可辨,果实还带有微小的种子和“翅膀”。埃里克和萨拉打扫的那些红色的东西主要是雄花,它们不会在花园里长成大树,其中有一些可能是没有授粉的雌花,但是它们不含种子,所以也不要紧。然而,不久后翅果就会开始飘落,那时再打扫起来就会比较困难。不过,这一次他们可以告诉妈妈,他们不用那么小心翼翼,无论把这些花朵扫到哪里都没关系。

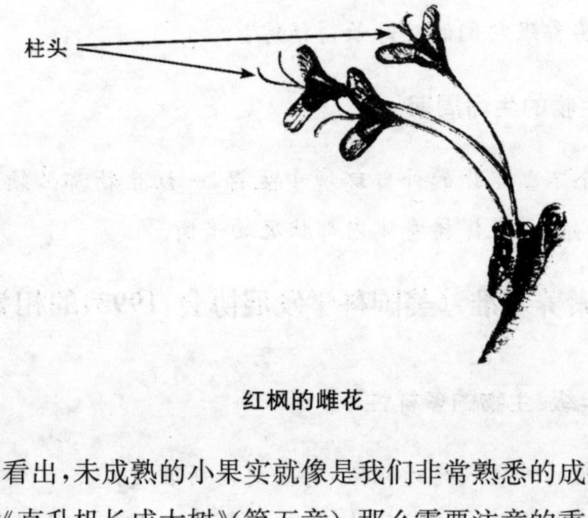

红枫的雌花

从上图可以看出,未成熟的小果实就像是我们非常熟悉的成熟果实的微缩版。如果你没有读过《直升机长成大树》(第五章),那么需要注意的重点是,树上落下的带翅的东西其实是含有种子的果实。雌花的子房孕育种子，而附生在种子上的“翅膀”是果实的一部分。我们常把翅果称为种子，这是不正确的，因为种子只是整个翅果的一部分。实际上，所有的开花植物（被子植物）都能结出包含种子的果实。

在树上，卵子一旦受精后发育成种子，学生就能看到这些种子以及渐渐长出来的“翅膀”，这些“翅膀”长成后凭借风力带着种子从树上飘落。有“翅膀”的果实被称为翅果。如果学生在雄花一开始落下时就及早进行观察，就能目睹“翅膀”逐渐生长成形的全过程，他们还会看到长有果实的花柄慢慢变长，让翅果远离树枝，从而更有效地借助风力传播。

《国家科学教育标准》（国家研究委员会，1996）的相关内容

幼儿园—4 年级：生物的特征

• 生物都有基本需求。例如，植物需要空气、水、养分和光等。

• 每一种植物或动物都有不同的结构，它们在该植物或动物生长、生存和繁殖过程中发挥不同的作用。

幼儿园—4 年级：生物的生命周期

• 植物和动物的生命周期包括出生、成长、繁殖和死亡。生命周期的具体细节因生物种类不同而存在差异。

• 植物或动物都跟它们的父母长得很像。

6—8 年级：生物的生命周期

• 为了在一个不断变化的外部环境中生存，一切生物都必须能够获得并使用资源、生长以及繁殖，并且保持身体内部状况的平衡。

《科学素养基准》（美国科学发展协会，1993）的相关内容

幼儿园—2 年级：生物的多样性

• 有些动植物的外表或行为相似，有些则差别很大。

• 植物和动物都有各自不同的特征，能够帮助它们在不同环境中生存。

幼儿园—2 年级:遗传

• 在同一种群中,同一种生物的不同个体之间会发生变异。

• 后代与父母之间以及后代彼此之间都很相似,但是不完全相同。

幼儿园—2 年级:生物的相互依存

• 世界上几乎到处都有生物存在。在不同地方生活的生物种类不同。

3—5 年级:生物的多样性

• 我们可以根据不同特征对各种各样的生物进行分类,判断哪一种生物属于哪一个类别。

• 根据不同目的,我们在对生物进行分类时依据不同的特征。

3—5 年级:遗传

• 孩子与父母之间的某些相似之处是遗传而来的,如人的眼睛颜色、植物的果实或花的颜色。其他方面的相似之处则是后天习得,如人的餐桌礼仪或木工技能。

• 如果想让下一代与其父母相似,就必须以可靠的方式把遗传信息从父母身上传递给下一代。

3—5 年级:生物的相互依存

• 在一个特定环境中,有些动植物种类生存状况良好,有些生存状况不好,还有些则无法生存。

• 生物体之间除了提供食物以外还有各种各样的互动方式。很多植物依赖动物为其传粉或播撒种子。

6—8 年级:生物的多样性

• 动物或植物具有多种多样的外部形状和内部结构,从而能够制造或寻觅食物并繁殖后代。

• 对有性繁殖的生物而言,一个物种包含所有能通过交配产生子孙后代的生物个体。

6—8 年级:遗传

• 在有性繁殖中,雌性生物体内的一个专门细胞与来自雄性体内的专门细胞相结合形成受精卵。在携带父母基因信息的受精卵发育成长为拥有大约一万亿个细胞的完整生物体过程中,每个细胞都复制了相同的基因信息。

6—8 年级:生物的相互依存

• 在一切环境中,如淡水、海洋、森林、沙漠、草原以及山脉等,需求相近的生物之间可能会为争夺资源而竞争,其中包括食物、空间、水、空气以及栖息地等。在任何环境中,生物的生长和生存都依赖于该环境的自然条件。

在幼儿园—4 年级中使用这个故事

你可以首先使用《了解学生的科学想法》(第 2 册)中的探究案例《它是植物吗?》(Is It a Plant?),以此了解在学生眼里哪些东西是植物。你可能会吃惊地发现,他们认为树木不算是植物。另一个探究案例是《了解学生的科学想法》(第 3 册)(Keely, Eberle & Dorsey, 2008)中的《它有生命周期吗?》(Does It Have a Life Cycle?)。这两个案例可以帮助你了解学生对植物和生命周期这两个概念的掌握情况。根据学生的实际情况,你肯定会采用相应的教学方法。

我喜欢先让学生说一说各自对树木的"认识",尤其是关于树木是怎样产生种子的认识,然后把他们的观点填写到表格里。这张表格名为"我们的最佳思维榜",随着教学活动不断深入,可以对表格内容进行适当修改。你们很多人也许曾经跟学生开展过"认养一棵树"这样喜闻乐见的传统活动,在这个活动中,学生在不同的季节给树木拍照,为树木每天发生的变化撰写日志,通过这样仔细观察,逐渐了解并熟悉自己领养的树木。这个活动很棒,因为树木和其他生物标本不一样,它们始终固定在一个地方任你观察。季节变化给你的观察增加了趣味性。耐心和细致是获得足量信息的必要条件。

就这则故事而言,你必须首先在学校附近找一棵枫树或梣叶槭,或者问问学生知不知道谁家附近有枫树。你也可以请学生家长帮忙。当然,这项研究还得挑个适当的时候才能开始。你可以上网搜索或者咨询当地的专家,看看你们当地的枫树或槭树什么时节开花。

找到需要研究的枫树后，很重要的一点就是要让学生使用科学笔记本做记录。你需要指导他们如何进行观察以及如何记录数据。学生也可以在笔记本上画出花朵的形状，并注明日期和绘图比例。如今数码相机已经普及，用相机把花朵拍下来，在花朵旁边放一把直尺是记录数据的好办法。如果你希望学生自己动手画出来，也可以让他们把照片导入电脑作为参考。根据我的经验，孩子们通过绘图能发现更多的细节，这些细节如果光看照片是很容易被忽视的。绘制一张图就足以为接下来制作表格提供所需要的数据。

对于低年级学生而言，只需要绘制花朵和果实的生长过程，就足以帮助学生发现它们的形状和颜色变化。果实掉落以后，你可以把那些不需要经过冷藏即可发芽的种子埋入土壤或放在塑料袋里，供学生观察种子发芽的过程。请注意调查一下当地枫树种子发芽需要哪些条件。有的种子需要冷藏六个月以后才能发芽，而有的种子（如红枫的种子）直接就能发芽。

翅果的生长过程很有意思，从一开始，微小的“翅膀”附着在未成熟的果实上，仿佛是成熟果实的微缩版，只是“翅膀”和果实还很小，然后逐渐长大成熟并准备向外传播。每天观察（每周观察或许更好些）这些成长变化既饶有趣味，又能获得很多数据。有些地区气候条件适宜，一年内各种不同植物的果实相继发育成熟，可以为学生提供很好的观察机会。然而，在温带地区，西葫芦和西红柿等植物的花从授粉到果实成熟这一段时间，学校通常都处在假期。在家上学的学生由于没有寒暑假，他们可以在一年中的任何时间进行观察。

对于果实，我们可以提出很多“如果……将会怎样”的问题。例如：

- 如果我们把没有“翅膀”的果实播种下去，将会怎样？
- 如果我们把果实播种在水里，而不是播种在土壤里，将会怎样？
- 如果我们在果实自行从树上掉落之前就把它摘下来播种，将会怎样？
- 如果雌花一开放，我们就把它用塑料袋覆盖起来，将会怎样？它还会发育成果实吗？

你的学生肯定会想出更多“如果……将会怎样”的问题，从而对果实的生长过程形成自己的探究式调查方法。

在 5—8 年级中使用这个故事

上文的大部分内容同样适用于高年级学生。不过，高年级学生对测量方法驾轻就熟，而且善于自己动手进行数据收集。你可以问他们：翅果的“翅膀”生长速度如何？果实需要多久才能成熟？你还可以问很多关于花朵和授粉方面的问题，例如：

- 如果我们把一些雌花封在袋子里不让它们接受花粉，将会怎样？
- 你们有没有留意过昆虫飞到花朵上面？如果有的话，是什么昆虫在进行授粉？
- 雄花什么时候从树上凋落？
- 在你观察的那棵树上，雄花和雌花是否同时开放？
- 你观察的那棵树是雌雄同株还是雌雄异株？
- 每一种树的花（雄花和雌花）有区别吗？
- 雌雄同株和雌雄异株的树开花时节相同吗？

你还可以就以下内容提出其他问题。首先，既然种子是在授粉和受精之后形成的，然后长成带有“翅膀”和外皮的果实，那么在“翅膀”完全长出来以前，种子是否已经“成熟”到具备发芽条件了？听起来这似乎可以完全变成一两个研究课题！当果实还在成长的过程中，里面的种子看起来却似乎已经成熟，是这样吗？你不妨把它们切开来对比一下已成熟的种子和未成熟的种子，或者做一个发芽实验。接下来，问题演变成：种子还留在树上，仅仅是因为它们需要“翅膀”来传播吗？我相信，关于枫树这种令人着迷的树，你的学生一定能想到更多千奇百怪的问题。雌花和雄花长在同一棵树上或者分别长在两棵树上，其目的是什么？有些问题适合大家一起讨论，但不一定适合用来做实验。互联网上可以找到有关当地枫树或梣叶槭的海量信息。

相关书籍和期刊文章

Driver，R.，A，Squires，P. Rushworth，and V. Wood-Robinson. 1994. *Making sense of secondary science：Research into children's ideas*. London and New York：Routledge-Falmer.

Keeley，P. 2005. *Science curriculum topic study：Bridging the gap between standards and practice*. Thousand Oaks，CA：Corwin Press.

Keeley，P.，F. Eberle，and L. Farrin. 2005. *Uncovering student ideas in science：25 formative assessment probes*，volume 1. Arlington，VA：NSTA Press.

Keeley，P.，F. Eberle，and J. Tugel. 2007. *Uncovering student ideas in science：25 more formative assessment probes*，volume 2. Arlington，VA：NSTA Press.

Keeley，P.，F. Eberle，and C. Dorsey. 2008. *Uncovering student ideas in science：Another 25 formative assessment probes*，volume 3. Arlington，VA：NSTA Press.

参考文献

American Association for the Advancement of Science(AAAS). 1993. *Benchmarks for science literacy*. New York：Oxford University Press.

Keeley，P. 2005. *Science curriculum topic study：Bridging the gap between standards and practice*. Thousand Oaks，CA：Corwin Press.

Keeley，P.，F. Eberle，and C. Dorsey. 2008. *Uncovering student ideas in science：Another 25 formative assessment probes*，volume 3. Arlington，VA：NSTA Press.

Keeley，P.，F. Eberle，and L. Farrin. 2005. *Uncovering student ideas in science：25 formative assessment probes*，volume 1. Arlington，VA：NSTA Press.

Keeley，P.，F. Eberle，and J. Tugel. 2007. *Uncovering student ideas in science：25 more formative assessment probes*，volume 2. Arlington，VA：NSTA

Press.

Konicek-Moran, R. 2008. *Everyday science mysteries: Stories of inquiry-based science teaching*. Arlington, VA: NSTA Press.

National Research Council (NRC). 1996. *National science education standards*. Washington, DC: National Academies Press.

第七章
花朵：并非只是为了美丽

奥利维娅(Olivia)手捧着一束鲜花，准备作为母亲节礼物送给妈妈。除了雏菊、牡丹、百合之外，还有几种她没见过的花。奥利维娅注意到一点：这些花各不相同，不仅颜色不一样，花瓣的形状和排列方式也不一样。

凯瑟琳(Kathleen)陪着奥利维娅一起来的，她正在欣赏花店里美丽的鲜花。

“把它们插在餐桌上的花瓶里一定美极了。”凯瑟琳说。

“是啊，我希望它们的新鲜度能多保持几天。”奥利维娅回答。

“只要一放到花瓶里，它们很快就会枯萎，但是在室外能保持很长时间。”

“你知道，”凯瑟琳说，“我们老师说过，自然界的一切东西都有自己存在的目的。你觉得花的目的是什么？难道只是为了让人们摘下来放进花瓶里欣赏它们的靓丽风姿吗？”

“肯定不只是那样。”奥利维娅说，“华盛顿小姐说，地球上植物花朵的历史比人类历史早得多，那么谁会去摘它们呢？黑猩猩吗？”

“我想，黑猩猩就是把花吃了也不可能摘下来戴在头上。”凯瑟琳说，“我妈妈说，人类也吃一些花，比如做成沙拉之类的食物。我认为，我们吃的西兰花和花椰菜都是还没开花的花骨朵，芦笋大概也是。”

“嗯，也许你吃西兰花，但我能不吃就不吃，哪怕大家都劝我说西兰花好处有那么多。”

“花除了能被人和虫子食用之外，肯定还有其他用处，”奥利维娅说，“但是它们的外形为什么差别那么大？雏菊的花瓣都分布在花心四周，看上去宛如小小的向日葵，花瓣就像闪耀的阳光环绕着花心。而百合只有几片花瓣，看起来似乎是一整片大花瓣或一个盛满小花柄的杯子。它们身上似乎都有很多我叫不上名字的小东西，比如百合中央伸出来的花柄上的这些东西，雏菊却没有！是不是？”

“不知道。”凯瑟琳说，“我得仔细看看。也许借个放大镜可以看得更清楚一点。但我想还是需要一些帮助，因为即使我能看清楚，我也无法知道这些小东西是做什么用的。也许在这些花还留在植株上的时候就进行观察，我们就能找到答案。”

“好主意。”奥利维娅说，“不过，我最好还是趁这些花朵依然新鲜的时候，赶紧拿回家送给妈妈。”

目的

孩子都喜欢花，却很少有人想要了解花的结构和功能。这则故事的目的在于鼓励学生探索动植物界最重要的进化发展阶段之一。学生还将学到一些科学研究技巧，从而帮助自己揭开植物为什么开花以及结出果实的秘密。

相关概念

- 繁殖
- 授粉
- 种子
- 受精
- 果实
- 昆虫

不要惊讶

孩子们对世界上生命的延续性也许一无所知，例如，他们可能会认为种子是死的，而不是花—种子—植物—花—种子这个生命循环的一个环节。大多数孩子不知道变异在动植物界形成新物种过程中发挥的重要作用，也不知道有性繁殖怎样提高生物体种群出现新属性的几率。很多孩子不知道植物有雌雄之分，也不知道其他生物在异花授粉中发挥的作用。本故事将为你提供大量机会来探讨这些问题。下面我们将做进一步解释。

内容背景

大约 1.5 亿年前，地球上发生了一件神奇的事情——植物进化出了生殖结构，我们称之为花。起初，这些花借助风力传播花粉。此后数百年间，昆虫(可能是甲虫)帮助花朵传粉，同时植物也为昆虫提供食物。这笔交易不错！科学家仍在寻找第一朵花的化石，关于目前为止发现的化石中哪一朵花才是最早的尚没有定论。大约 8500 万年后，蝴蝶、蜜蜂、胡蜂、飞蛾都逐渐进化为授粉昆虫的成员。植物繁殖方式的进化从此彻底改变了生物界。

但是，让我们先倒回到开花植物（被子植物）开始出现的时期。科学家认为，大约 4.35 亿年前最早出现在地球上的植物是苔藓，然后是蕨类植物、银杏，再后是球果植物针叶树。那时，苔藓和蕨类植物产生孢子，这些孢子被水或风带走，使物种得以延续。银杏和针叶树更复杂一些，它们的雄性生殖细胞在风力作用下使雌性细胞受精，孕育出没有果实保护的种子，它们被称为裸子植物（拉丁语意为“裸露的种子”）。但总体上，借助这些载体进行授粉基本上得依靠机缘巧合。

接着，化石记录中出现了开花植物。科学家仍在研究它们是如何突然崭露头角并脱颖而出的。他们推测，花的出现把植物的有性繁殖向前推进了一步，因为被子植物的种子是包裹在雌性器官（即子房）里的。子房膨大，孕育出保护种子的果实，吸引动物前来觅食，帮助种子传播。被子植物的种子不再裸露，而是穿上了“衣服”，因此更为成功。

花的进化可能也对昆虫进化产生了很大影响。许多植物已经从风媒传粉变为虫媒传粉，从而把它们的基因向外传播。为了吸引传粉者，花逐渐进化出了能在花瓣根部制造含糖量高的花蜜的组织，并进化出鲜艳的颜色或者诱人的芬芳。昆虫则变得喜欢甜味，进化出嗅觉或感知颜色的视觉，从而能找到鲜花盛开的地方（大多数情况下）。昆虫能够获得充分营养，而花朵的基因也得到多样化的发展。

花和昆虫共同进化以满足彼此的需求，这种互惠互利关系直到今天还在延续。有些情况下，一些花朵的形状变得让昆虫难以顺利深入采食，于是昆虫只能在狭窄的空间里奋力挣扎，使得更多的花粉附着在昆虫身上。花朵的颜色变得越来越鲜艳，香味越来越浓郁。我们不情愿承认花朵并非为了取悦我们才变得美丽芬芳，但实际上，它们使尽浑身解数主要是为了吸引某些种类的昆虫。例如，蜜蜂看不见红色，但能看见蓝色和黄色，因此经由蜜蜂授粉的蓝色和黄色花朵最有可能存活。还有，蝴蝶能看见红色，但嗅觉很差，所以它们经常光顾红色花朵。

蜜蜂喜欢花粉，并把花粉采集到腿上，送回蜂巢。当它们在花丛中穿梭往来时，有些花粉就会被弄掉或蹭掉，这样，花朵与昆虫各自的“目标”都得以实现。对某些兰花而言，它们的目标不是花蜜或花粉，而是性！有些花的外观进化得看起来很像蜜蜂的生殖器官。当一只发情的真蜜蜂试图跟花朵这只“假蜜蜂”交配时，花朵顶端被压倒，蜜蜂背上便沾满花粉，受骗的蜜蜂接着又会飞到另一朵花上尝试。对花朵而言，幸运的是，蜜蜂不长记性！因此，本质上，昆虫与花朵共同进化，携手迈向更大的成功。在这一有趣的过程中，双方都进化出奇异的结构来迎合对方的需求[戴维·阿滕伯勒(David Attenborough)把这个过程拍摄成系列纪录片,已经在英国广播公司《植物的私生活》(The Private Life of Plants)栏目中播出。现在,该纪录片的DVD和录像带可以从大部分经销商那里买到,推荐必看]。

花的形状及其结构主要与其发挥的功能有关。花粉含有雄性细胞,雄性细胞与花的雌性结构相结合,被称为授粉,有人常常把它与受精弄混,但其实二者有很大区别。受精是雄性生殖细胞与卵子或卵细胞在子房内结合形成受精卵,最终发育成种子。如前所述,昆虫、风或鸟通过把一朵花的花粉传播到同种类的另一朵花上来实现授粉。有些花可以自花授粉,如蒲公英,但这往往是迫不得已才使用的最后手段。

还有一件重要的事情:我们需要看看花朵有什么共性和个性。借助风力授粉的花朵外表通常不起眼,因为它们不需要吸引昆虫或鸟类来传播花粉。而那些需要借助动物授粉的花朵外表艳丽、气味芬芳,主要是为了吸引各种昆虫或鸟类。花的基本结构如下图所示。接下来我们谈一谈花朵各个部分的功能。

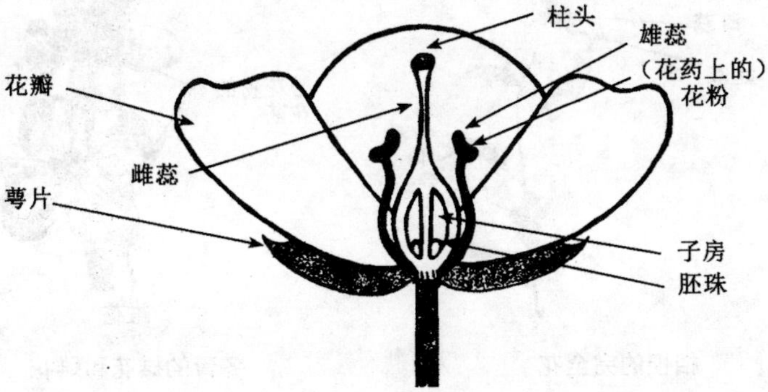

完全花

你会注意到,花的基部(花萼)由萼片构成,萼片通常不怎么起眼,但是在花开放前可以保护花蕾,甚至可能在花蕾绽放后脱落。花萼上方是一轮花瓣,也是花朵最漂亮的部分,色彩斑斓以吸引传粉者。花瓣和萼片一起被统称为花冠,包裹着其内部的生殖结构。在花朵正中央一般是雌蕊或心皮(课本里常用这个词),由靠近花朵基部的子房构成,子房内的胚珠受精后发育形成种子。子房上方的柱体就是花柱,花柱顶端是柱头,柱头可以黏附花粉。在雌蕊周围的是雄蕊,由花丝组成,花丝顶端膨大呈囊状的部分是花药,就是产生花粉的地方。你可能注意到花药的位置低于雌蕊，所以很难自花授粉，主要原因在于，花朵与其他花朵交换花粉才可能带来基因变化，更有可能产生新的品种。植物一般都费尽心机避免自花授粉，例如，有些柱头不允许自己的花粉进入雌蕊，或者花朵自身的雌性和雄性器官成熟期彼此错开。

具备两性生殖器官（雌蕊和雄蕊）、花瓣和花萼的花朵被称为完全花。如果缺少其中任何一部分，就被称为不完全花。

雄性的花朵被称为雄花，它们有雄蕊，但是没有雌蕊。如果孩子们仔细观察枫树的话，就会看到雌花，留在树上的都是雌性花朵，它们有雌蕊，但是没有雄蕊。

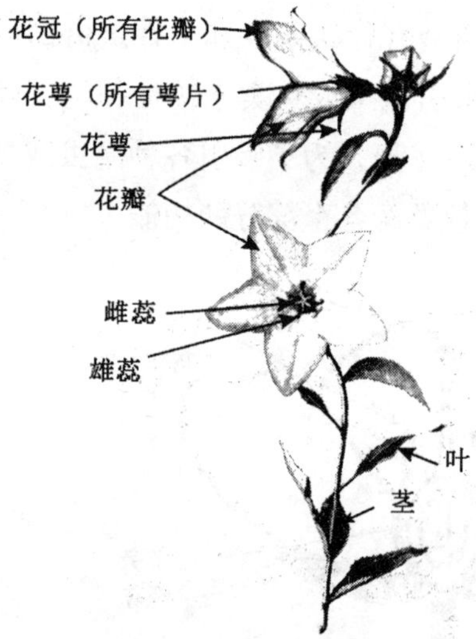

桔梗的完全花

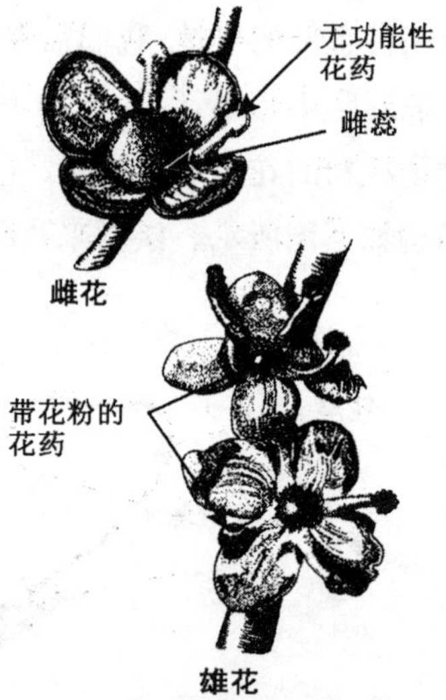

冬青的雄花和雌花

当花粉落到雌蕊的柱头上，花粉内部会产生几个细胞核。其中之一是粉管核，它穿过花柱，进入子房。另一个是雄性生殖细胞，它在花粉管内分裂成两个精细胞，一个与卵细胞结合形成受精卵，然后受精卵发育成为种子，另一个与子房里的其他细胞结合形成胚乳，为胚胎的发育提供养分，然后子房壁发育成为果实，包裹住里面的种子。有些植物的子房里含有多个卵子和雄性细胞，孕育出的果实包含大量种子，如浆果、玉米以及豌豆等。关于这个过程的图片、示意图和说明等诸多内容，请查询如下网址：www.emc.maricopa.edu/faculty/farabee/BIOBK/BioBookflowersII.html。

花朵的繁殖过程除了让我们欣赏到它们的美丽之外，还是一个奇妙非凡的过程。花朵以及它们与传粉者的关系对地球生态系统至关重要。了解花朵的结构及其繁殖过程也许会成为我们爱上基因多样性进化研究的第一步。

《国家科学教育标准》(国家研究委员会，1996)的相关内容

幼儿园—4 年级：生物的特征

• 生物都有基本需求。例如，植物需要空气、水、养分和光等。

• 每一种植物或动物都有不同的结构，它们在该植物或动物生长、生存和繁殖过程中发挥不同的作用。

幼儿园—4 年级：生物和环境

• 一切生物都依赖植物。一些动物以植物为食，其他动物以这些动物为食。

• 一个生物的行为模式与它所处的环境有关，其中包括生存在该环境中其他生物的种类和数量、食物和资源的多寡以及环境本身的特征等。当环境发生变化时，有些植物和动物能够继续生存与繁殖，有些则会死亡或迁徙到其他地方。

幼儿园—4 年级：生物的生命周期

• 植物和动物的生命周期包括出生、成长、繁殖和死亡。生命周期的具体细节因生物种类不同而存在差异。

• 植物或动物都跟它们的父母长得很像。

6—8 年级：生物的生命周期

• 为了在一个不断变化的外部环境中生存，一切生物都必须能够获得并使用资源、生长以及繁殖，并且保持身体内部状况的平衡。

6—8 年级：生物系统的结构和功能

• 处于不同层次的各个生物系统在结构和功能上具有互补性。重要的层次包括细胞、组织、器官、完整的生物个体以及生态系统等。

• 在多细胞生物体中，专门的细胞具有专门的功能。专门的细胞组合在一起

形成组织，如肌肉。不同的组织又组合在一起形成更大的功能单位，即器官。每一类细胞、组织和器官都具有独特的结构和功能，并服务于整个生物体。

6—8 年级：繁殖和遗传

• 繁殖是一切生物系统都具有的特征，这是因为，没有任何一个生物能够永生，繁殖对于每个物种的延续至关重要。有些生物采取无性繁殖方式，而有些生物采取有性繁殖方式。

• 在很多物种（包括人类）中，雌性产生卵子，雄性产生精子。很多植物也属于有性繁殖，例如，开花植物的花能够产生卵子和精子。卵子与精子结合后发育形成一个新的个体，新个体从母本（通过卵子）和父本（通过精子）获得基因信息。有性繁殖产生的后代与父母不完全相同。

6—8 年级：调节和行为

• 生物的行为在适应环境的过程中不断进化。一个物种如何行动、如何获取食物、如何繁殖以及如何应对危险等，都是建立在该物种进化历史基础之上的。

6—8 年级：生物的多样性和适应性

• 数百万种动物、植物和微生物生活在当今这个世界。尽管不同物种外表形态各异，但是，通过分析生物身体内部结构的一致性、化学反应过程的相似性以及拥有的相同祖先，可以找出它们的共性。

• 生物进化论解释了经过世世代代发展而产生的物种多样性。物种通过适应性获得了很多的特征，而适应性涉及生物种群为了适应自然环境而发生的变异现象。适应性包括生物体的结构变化、行为变化和生理变化，从而使生物在独特环境中提高存活和繁殖的成功率。

《科学素养基准》（美国科学发展协会，1993）的相关内容

幼儿园—2 年级：生物的进化

• 植物和动物都有各自不同的外部特征，能够帮助它们在不同环境中生存。

• 一些曾经生活在地球上的生物现在已经消失，尽管它们与至今仍然存活的

生物体有某种相似之处。

幼儿园—2 年级:生物的多样性

• 有些动植物的外表或行为相似,有些则差别很大。

幼儿园—2 年级:遗传

• 在同一种群中,同一种生物的不同个体之间会发生变异。

• 后代与父母之间以及后代彼此之间都很相似,但是不完全相同。

3—5 年级:生物的多样性

• 我们可以根据不同特征对各种各样的生物进行分类,判断哪一种生物属于哪一个类别。

3—5 年级:生物的进化

• 同类生物的个体之间在特征方面存在差异,有时候这些差异能为个体带来生存和繁殖上的优势。

3—5 年级:生物的相互依存

• 生物体之间除了提供食物以外还有各种各样的互动方式。很多植物依赖动物为其传粉或播撒种子。

3—5 年级:遗传

• 孩子与父母之间的某些相似之处是遗传而来的,如人的眼睛颜色、植物的果实或花的颜色。其他方面的相似之处则是后天习得,如人的餐桌礼仪或木工技能。

• 如果想让下一代与其父母相似,就必须以可靠的方式把遗传信息从父母身上传递给下一代。

6—8 年级:生物的多样性

• 动物或植物具有多种多样的外部形状和内部结构,从而能够制造或寻觅食物并繁殖后代。

6—8 年级:遗传

• 在某些生物中(无性繁殖),所有的基因全部来自父母中的一方;在另外一些生物中(有性繁殖),来自父母的基因通常各占一半。

• 在有性繁殖中,雌性生物体内的一个专门细胞与来自雄性体内的专门细胞相结合形成受精卵。在携带父母基因信息的受精卵发育成长为拥有大约一万亿个细胞的完整生物体过程中,每个细胞都复制了相同的基因信息。

6—8 年级:生物的进化

• 具备某些特征的生物个体比其他个体存活与繁衍后代的可能性更大。环境条件的变化会影响生物个体乃至整个物种的生存。

在幼儿园—4 年级中使用这个故事

如果你想了解学生对植物知识的掌握情况,不妨从《了解学生的科学想法》(第 2 册)的探究案例《它是植物吗?》入手。你可以从中获得很多宝贵信息,了解到在学生眼里哪些东西是植物以及植物应当具备哪些属性。对于低年级学生,你需要把植物的名称念出来或贴在一张图表上。另一个办法是,准备一些带有图形和名称的卡片,把卡片发给学生,让他们把其中的植物和非植物分别挑出来放成两堆,再让他们把这样分类的理由告诉你。

掌握了以上信息以后,在接下来的“我们的最佳思维榜”环节,你可以制作一张《我对花朵的认识》表。在学生把自己对花的知识列举出来之后,你可以帮助他们把那些语句改成问题,以便进行实验研究。例如,学生通常会对你说所有花都很美丽,味道好闻,否则蜜蜂和蝴蝶就不会去光顾。有些学生可能会说,蜜蜂和蝴蝶把花当作食物。这个年龄段的学生对花朵的繁殖作用几乎一无所知,也很少对花朵做过耐心细致的观察。

一个较好的办法是,让学生认真观察花朵,然后写出或画出他们以前没见过的部位。你不妨借此机会给孩子们讲讲放大镜的用法,教他们如何把放大镜拿起来对着眼睛,再把要观察的物体放在放大镜下缓缓移动,直至对准放大镜的焦点。《科学和儿童》杂志 2004 年 1 月刊登的一篇文章《新视角下的花朵》(Discovering

Flower in a New Light)(McNall & Bell)很值得一读，两位作者建议使用数码显微镜来观察花朵的结构。你的学校或许正好有这种仪器，但幼儿园—2年级学生尚不能熟练使用，因此，你使用电脑投影仪演示即可。低年级学生在老师帮助下能够学会使用放大镜，而放大镜的放大倍数在这一实验活动中完全够用。

对植物进行初步观察时，六出花(俗称秘鲁百合)是个不错的选择，在超市的花卉区通常都有这种花。它的花朵很大，各个部位甚至用肉眼就能看得很清楚。最好不要用菊科植物的花，如蒲公英、雏菊或向日葵等，因为这些花朵花瓣中央的小花盘不太容易研究，会把学生弄糊涂，尤其是低年级学生。

我发现，让学生注重细节的最好办法之一是让他们把被观察的物体画出来。你可以问一问学生，是否发现了以前没注意到的花朵部位，知不知道那些部位的名称和作用。我想，对幼儿园—2年级学生而言，让他们知道花朵的几个部位、看到花药上的花粉即可，不需要学习花朵所有部位的专业术语。他们应当能够明白，花粉被昆虫送到别的花朵上面，形成种子，再长出更多同类的花。如果学生还想了解更多内容，你可以让他们到花店或花园里看看其他花朵是否具有相似的结构。

三、四年级的学生在你的指导下应当能够认出画报或示意图中花朵的部位。但是，在做这件事以前以及等他们仔细观察并把花朵画出来以后，你可以问问他们这些结构有什么目的。如果有些学生表达不出自己的观点，那确实有点令人吃惊。你可以把重点放在花朵的结构和功能上，问学生是否注意到结构的一些方面也许跟其功能存在某种联系。如果你有数码显微镜，就能够清楚地观察到花药上的花粉甚至柱头上的花粉。细心观察将有助于学生了解这些结构的功能。他们可以把子房撕开，找到卵细胞，卵细胞可以在放大镜下看到，但是数码显微镜显示得更为清晰。如果你问他们这些是什么，得到的回答可能是“种子”或“花粉”等。

这时，你可以借机给学生介绍植物学家对花朵结构的研究发现，让他们在自己的图画上进行标注，这样教学效果才会更好，因为此前他们已经经过一番观察与探索。接下来，问问学生是否认为其他花朵也具有相似的结构，让他们通过比较找出相同点和不同点。根据你从本章《内容背景》部分学到的知识，你应当能够帮助他们利用这些比较结果并提出更多的问题，可以让他们记录在笔记本上留待进一步讨论。如果学生在运用学到的花朵结构知识时，发现有些花朵各部分的位置跟所学的知识不一致，那么他们肯定会产生困惑。你应当帮助他们以开放的心态看待这些“问题”花朵，不论花朵各部分的位置如何，它们的功能和最终结果是一致的。

我认为,这个年纪的学生不必了解遗传学的具体内容,但有必要知道花朵繁殖的基本知识。重要的是,要让他们知道任何个体的变异都可能对整个种群产生影响,无论那种变异是成功还是失败。当然,这是进化的基本原则。

在 5—8 年级中使用这个故事

上一节的教学建议基本都适用于高年级学生,因为这个年龄段的学生都会使用光学显微镜或数码显微镜,他们使用数码显微镜可能比我们还在行！我认为,在高年级阶段,对花朵进行解剖观察是非常重要的,认识花朵的生殖器官和功能有助于学生理解开花植物的生命周期。同样重要的是,要让孩子们在自己的科学笔记本上把植株画出来并标注名称。如果有学生发现,有些植物的花朵跟他们解剖的简单花朵的结构不同,你应当帮助他们弄明白,所有花朵的功能都是相同的(除了那些只有雌蕊或只有雄蕊的花)。有些花朵(尤其是菊科植物的花朵)不便于观察,因为这些花的中央由大量微小的花朵组成,它们往往结出数不清的果实,如蒲公英和向日葵等。

如果可能的话,我建议你在教室里养一些威斯康辛速生植物(Wisconsin Fast Plant),让学生在实验中观察这类植物的整个生命周期,他们还可以亲自动手给花授粉,亲眼看到植物结出种子。这些速生植物恰如其名,因为它们的生命周期很短,从播种到结出种子历时四十天左右。它们在大约十四天内开花。关于如何种植与使用这些速生植物做实验,你可以从网站 www.fastplants.org 获得各种信息。种子以及使用说明书可以从卡罗莱纳生物供应公司(Carolina Biological Supply Company)购买,根据你需要的种子数量多少,价格在 10 美元到 25 美元之间不等。这些植物占据的空间相对较小,只需要把它们放在一张配备照明设备的桌子上即可。前面我们探索并弄清了花的结构和繁殖功能,而此处关于速生植物的研究可谓是对所学知识的合理拓展。由于速生植物的生命周期仅有短短四十天时间,因此,无论是对全班还是对个人而言,在一学年时间里,这种植物足以让他们开展大量实验研究。然而,如果你买不到这些植物,那么观察当地植物的花朵并做好数据记录同样也是一项有意义的活动。

做这项实验需要一些耐心,不过,你们可以借机观察蜜蜂及其他昆虫或蜂鸟,了解它们各自如何从花朵里摄取食物。蜜蜂和甲虫需要钻进花朵里面,蝴蝶和飞蛾利用长喙摄食，而长喙蜂鸟和天蛾则在花朵上方不断盘旋。学生会发现，花朵的形状与动物的摄食方式与双方都有关系。蜂鸟和那些有长嘴或长喙管的昆虫可以直接吸食花蜜，而蜂蜜因为口器较短只能钻进花朵里。花朵形状不同，摄食者的种类也就相应不同，从中我们可以看出，植物的形状和功能决定动物的摄食习惯。

学生还可以花一段时间观察花园里的花朵，看看花朵凋谢、子房膨大孕育种子时会发生什么现象。在春季学期结束以前，春天开花较早的苹果会结出小的果实，很多开花早的植物都是如此，学生可以用文字或图画记录这个过程，还可以把这些植物的小果实剖开，观察里面的种子。藏红花、水仙花、鸢尾花、郁金香、春美草以及其他很多开花早的植物在花朵的基部都会产生荚膜，学生们可以观察花朵本身以及果实的形成过程，并很容易把果实剖开。

如果你不嫌麻烦的话，可以同时使用本章故事以及上一章故事《直升机长成大树（续）》。这两个故事有不少相似之处，就上一章的故事而言，你可以使用枫树花朵的雌花和雄花作为例子。

研究花、花的功能以及花与动物的合作关系，能够让学生认识到开花植物的重要性以及它们在地方和全球生态系统中发挥的重要作用。

相关书籍和期刊文章

Ashcroft, P. 2008. First explorations in flower anatomy. *Science and Children* 45(8): 18 - 19.

Driver, R., A. Squires, P. Rushworth, and V. Wood-Robinson. 1994. *Making sense of secondary science: Research into children's ideas*. London and New York: Routledge-Falmer.

Keeley, P. 2005. *Science curriculum topic study: Bridging the gap between standards and practice*. Thousand Oaks, CA: Corwin Press.

Keeley, P., F. Eberle, and C. Dorsey. 2008. *Uncovering student ideas in science: Another 25 formative assessment probes*, volume 3. Arlington, VA: NSTA Press.

Keeley, P., F. Eberle, and L. Farrin. 2005. *Uncovering student ideas in science: 25 formative assessment probes*, volume 1. Arlington, VA: NSTA Press.

Keeley, P., F. Eberle, and J. Tugel. 2007. *Uncovering student ideas in science: 25 more formative assessment probes*, volume 2. Arlington, VA: NSTA Press.

McNall, R. L., and R. L. Bell. 2004. Discovering flowers in a new light. *Science and Children* 41 (4): 35 - 39.

参考文献

American Association for the Advancement of Science(AAAS). 1993. *Benchmarks for science literacy*. New York: Oxford University Press.

Keeley, P., F. Eberle, and J. Tugel. 2007. *Uncovering student ideas in science: 25 more formative assessment probes*, volume 2. Arlington, VA: NSTA Press.

McNall, R. L., and R. L. Bell. 2004. Discovering flowers in a new light. *Science and Children* 41 (4): 35 - 39.

National Research Council(NRC). 1996. *National science education standards*. Washington, DC: National Academies Press.

第八章
观察地衣

一天早上，里克(Rick)和珍妮(Jennie)正在树林里散步。突然，珍妮停了下来，说："里克，快来看这棵树，它的树皮是白色的！除了桦树，我真不知道还有什么树的树皮会是雪白的。但这并不是一棵桦树！"

里克凑上前去仔细看了一下："哇哦！你说得对，这的确是一棵不平常的树。"

你知道，里克和珍妮每次到林中漫步总是不忘带上放大镜，所以他们决定仔细观察这棵覆盖着白色树皮的陌生的树。

“它看上去像是一块白色的大伤疤。”里克说，“而且完全把树干遮住了。”

“如果你仔细观察，你会发现上面有一些小疙瘩和一些黑色的线条，它们看起来像是从表面突起来的！”珍妮一边透过放大镜仔细观察，一边说，“我想，我们是否可以把它剥下来，然后带一些回家，在强光下看得更清楚。”

“让我们试试吧。”里克说，“嗨，伙计，这些东西紧紧粘在树皮上，除非我们连树皮一起拿掉，否则取不下来。”

“好吧，如果我们仅仅只是取走一小块树皮的话，应该不会伤害到这棵树。”珍妮说。就这样，他们取下了一小块。

不过散步并没有结束，他们接下来又发现其他树上也长满了各种各样有趣的东西，而且各具特色！一些看上去像是小花，但全身都是绿色的；有一些看上去像是植物，却浑身长满了鳞片。很多东西都跟他们在第一棵树上看到的白色东西相像，但颜色是红色、粉色或黄色等。一旦开始留意这些东西，他们才发现森林里到处都有它们的身影，有的长在叶子上，有的长在岩石上，有的甚至长在平地上！两人取下很多作为样本，他们发现，有些绿色的东西生长在树皮较少或没有树皮的地方，比较容易从树上取下来，而有些生长在岩石上的不容易取下来，长在叶子上的也很难取下来。回到家的时候，他们发现柴房的门上也生长着一些这样的东西。现在，他们发现这些东西几乎无处不在。

“我在想，为什么我们之前没有注意到呢？”里克问，“既然现在我们注意到了，就发现似乎哪个地方都能见到它们的身影。快看呐，甚至房前台阶的栏杆这儿也有。我想知道它们到底是什么。”

珍妮和里克认识当地自然教育中心的一位生物学家丽贝卡(Rebecca)，于是跑去向她咨询。丽贝卡看了看他们的样品后脱口而出：“这些是地衣。”

“敌——意？”里克说，“这个名字真有趣，不过，我们很喜欢。”

“不，”丽贝卡说，“是地衣，‘大地披的衣服’。它们很特别，是由两种不同的生物组成。在某种意义上，它们生活在一起，相依为命。”

“我们怎样才能找到更多的地衣呢？”两位小科学家异口同声地问。

“嗯，我可以给你们一些帮助，但我认为，你们只要把它们放在显微镜下或者放大镜下仔细观察，就能学到很多东西。你们可以继续收集地衣，把它们画出来也不失为一个好办法。”

目的

地衣无处不在，然而大多数人根本没有留意，甚至对它们熟视无睹。这个故事旨在规劝教师帮助学生了解这些独特的生命形式。尽管地衣在几乎所有环境中普遍存在——包括城市中心，很多生物教师（包括我在内）都对地衣以及其他一些简单植物的研究敷衍塞责。我希望这个故事能帮助更多学生去欣赏地衣，培养对地衣的兴趣。

相关概念

- 真菌
- 藻类
- 共生关系
- 孢子
- 繁殖
- 生命周期

不要惊讶

即使你的学生从来没有注意到地衣的存在，也对其不感兴趣，你也用不着惊讶。尽管有些地衣样子很好看，颜色很艳丽，但它们通常并不显得浮华。你的学生可能没有意识到真菌与藻类之间存在关系。高年级学生可能会知道，一些植物或动物以某种相互依存的关系生活在一起（共生），如白蚁内脏中的细菌和原生动物。但是地衣中的真菌和藻类关系非常独特，值得我们去研究。

内容背景

地衣是由真菌以及一种能够通过光合作用生产食物的生物构成。这一种生物可能是绿藻或蓝细菌（蓝绿藻），也可能两者兼有。当两种生物之间存在相互依存的关系时，就被称为共生，而这两个相依为命的生物体被称为共生体。在地衣中，真菌被称为共生菌，而藻类被称为共生藻。地衣是以其中的真菌命名的，因为藻类隐藏在原植体（真菌的身体）内，所以我们很难对其进行观察或分类。直到 1867 年，才有人想到地衣可能是共生生物，在此之前，从未有人想到过两种生物有可能生活在一起。而直到1939年，地衣的真实属性才被查明，后来被科学界所接受。建议你阅读一本妙趣横生的图书《北美地衣》(*Lichen of North America*)(Brodo，Sharnoff & Sharnoff，2001)。

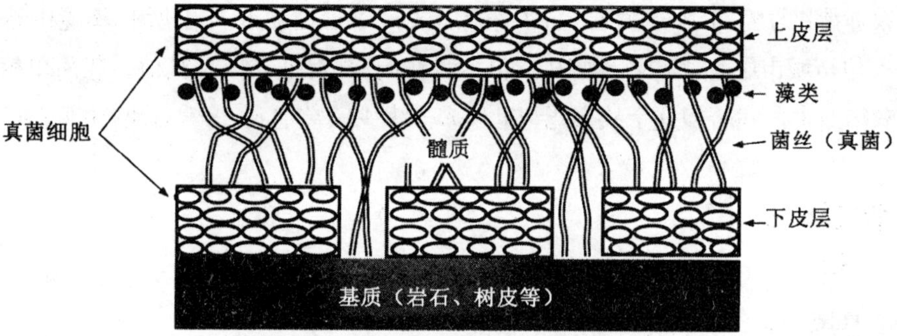

地衣结构图

真菌和两种藻类都不是植物界的成员，它们各自有自己的界：真菌属于真菌界，蓝细菌属于原核生物界，而绿藻属于原生生物界。原核生物为单细胞生物，其细胞核周围没有细胞膜。原生生物界几乎囊括了所有不属于其他界[①]的生物，既有很小的原生动物，也有长达30米的海带。我们可以看出，科学家对生物分类有些武断，因为历史上不同科学家在对生物进行分类时采取的标准不同，所以分类系统会有所不同。

地衣中的藻类为真菌提供了糖分，真菌则保护藻类不受紫外线侵害，并保护它们不被某些猎食者伤害或杀害。这些藻类生活在两到三层的真菌中间，就像花生酱果冻三明治一样，用这个比喻来描述地衣的形态非常形象。上面一层“面包”与真菌层的上皮层对应，密实的真菌细胞就像皮肤一样。这一层下面是“果冻”，这是一种被称为菌丝的真菌丝，藻类嵌生于其中。这些菌丝会长出很多“小管子”，进入藻类体内以提取藻类通过光合作用产生的糖分。再下面是“花生酱”，相当于髓质，虽然这一层真菌不像最上面一层那样密实，但是地衣的很多生物功能都源自于此处。在大多数(但不是全部)地衣中，再下面是底层的“面包”，也是一层具有保护作用的密实真菌层，被称为下皮层。这一层通常包含一些能够帮助地衣附着到宿主

① 不同学者对生物采用的分类方法不同，比较流行的是五界分类系统，分别为原核生物界、原生生物界、植物界、真菌界和动物界——译者注

身上的结构。大多数真菌只与某一种藻类共生，但是藻类并不那么“检点”，可能会与几种不同的真菌生活在一起。

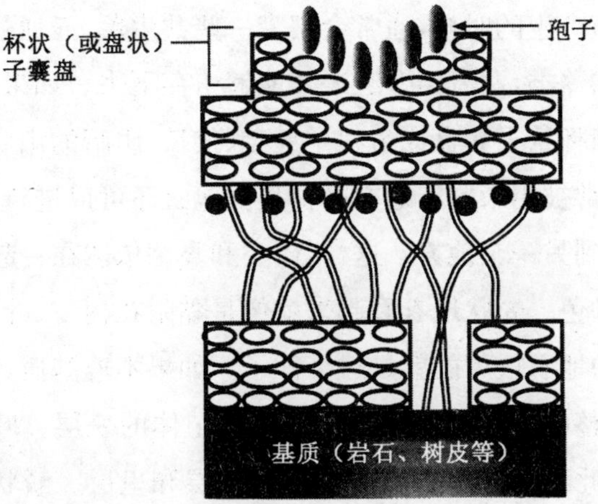

地衣孢子结构图

当地衣跟藻类“结婚”时，就会出现一种被称为“形态发生”的现象，即地衣中的两种生物都跟它们在单独生活时的情况不同。还有，两种生物在自然状态下也不能单独存活，只有在实验室里才能被分离开来，即便如此，分离后的两种生物也都没有固定形状，而且非常脆弱。因此，每一个地衣个体都是独一无二的，正如前面所言，都是根据其中的真菌而命名的。

我们在上学的时候都听老师说过地衣是互利共生的典型代表，然而，最近的研究表明，在几乎所有地衣物种中，存在共生关系的双方地位都是不平等的(Brodo, Sharnoff & Sharnoff, 2001)。互利共生是指两个或多个生物生活在一起，它们之间的相互作用对各方都有好处。你和学生可能立刻就会想到蜜蜂和花朵的例子。花朵为蜜蜂提供花蜜，而蜜蜂将花粉从一朵花传播到另一朵花。另一个互利共生的例子是生活在白蚁内脏中的原生动物。白蚁为原生动物提供食物和保护，而原生动物帮助白蚁消化摄入的纤维素(木制品)。地衣中两种生物的伙伴关系分为好几种，既有真菌对藻类略有损害的寄生关系，也有前者给后者造成毁灭的关系。有些真菌会随着时间推移杀死它们的搭档，但是，能够进行光合作用的藻类繁殖速度很快，足以抵消真菌的侵害。地衣学家特雷弗·高尔德(Trevor Goward)把地衣描述为“发现如何从事农业生产”的真菌（Brodo, Sharnoff

& Sharnoff,2001)。

在地衣中,共生藻可以进行有性繁殖,也可以进行无性繁殖(大多数为无性繁殖)。共生菌通过孢子进行繁殖,而孢子同样也有有性繁殖和无性繁殖两种形式。风媒孢子在通过无性繁殖产生的时候,通常会携带一些共生藻,而通过有性繁殖产生的孢子必须找到合适的藻类,两者结合起来才能够生存下去。如果你仔细观察,就可以发现地衣表面布满杯状子囊盘或盘状子囊盘(狭长、阴暗的山脊状物质),这两种结构都含有孢子,通常被用来鉴定地衣的种类。地衣还可以进行营养繁殖:原植体分裂成碎片,被风吹到另一个地方。这样,藻类和真菌依然在一起。

地衣有多种形态和颜色。壳状地衣看起来就像是黏附在树皮、叶子或岩石上。里克和珍妮在树上发现的地衣很可能就是这个样子。如果不连基质(如树皮)一起取下,我们不可能获得完整的地衣。我们只能看见原植体的表层。叶状地衣与基质的黏附程度差一些,因此我们能够看见原植体的表层和里层。鳞状地衣显示原植体有很多部分交叠在一起。枝状地衣最引人注目,它们从基质表面突出很高,看上去就像苔藓、灌木或藤本植物。枝状地衣中算是最有名却被命错名的是驯鹿苔藓,它其实也是一种地衣(石蕊)。

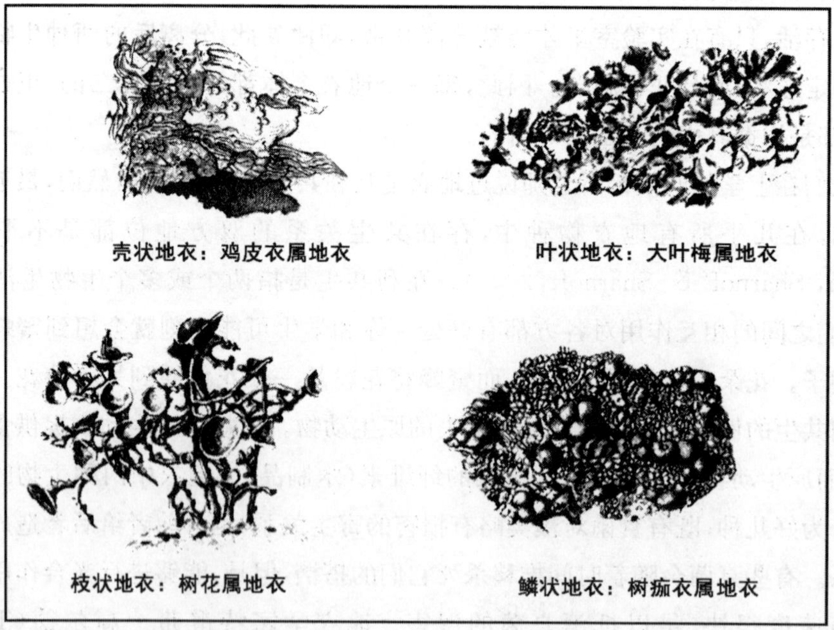

感谢里克·西维(Rick Seavey)和琼·西维(Jean Seavey)夫妇提供原始参考照片

地衣的种类很难区分,科学家使用的方法是对地衣产生的化学物质进行分析。他们通过各种化学测试,并通过层析法用溶剂把各种化学物质分离在纸上或凝胶上,从而把这些化学物质(被称为代谢物)辨认出来。辨认地衣的另一种方法是,这些化学物质在紫外线照射下也会发光,而每一种地衣在紫外光照射下发出的光的颜色都是独一无二的。

地衣不受气候条件或海拔高度限制。从海平面、山顶、热带到两极等,到处都有它们的身影。它们可以在任何一种物体表面生长,包括树皮、树叶、塑料、岩石、土壤、未清洗的车辆等,甚至在一些昆虫身上也有。

地衣为许多食草动物提供食物,并且能够将大气中的氮转化为氮化合物,供其他生物使用。它们还是"矿井里的金丝雀"①,在吸收了污染物和放射性物质以后会显出病态,甚至消失,因而可以被看成环境污染的预警工具。

地衣具有一个有趣的特点,它们可以在没有水的情况下存活很长时间,一旦遇到水分,就会迅速活跃起来。因此,它们对气候变化的适应能力很强。如果你发现干枯的地衣,只要用水一浇,几分钟之内就能看到它恢复本来的颜色。

尽管地衣经常被人无视,但是,鉴于它们具有多样性和独特性,以及它们对这个世界生态系统发挥的重要作用,我们应当花大力气对其进行研究。

《国家科学教育标准》(国家研究委员会,1996)的相关内容

幼儿园—4 年级:生物的特征

• 生物都有基本需求。

• 生物只有在其需求可以得到满足的环境下才能生存。世界上有许多不同的环境,不同环境养活的生物类型各不相同。

幼儿园—4 年级:生物的生命周期

• 生物的很多特征都是从父母那里继承而来的,但是,有些特征是该生物与环境互动的结果。

---

① 金丝雀对瓦斯等有毒气体十分敏感,17 世纪,英国人把金丝雀放入矿井检测空气质量——译者注

幼儿园—4年级:生物和环境

• 一个生物的行为模式与它所处的环境有关,其中包括生存在该环境中其他生物的种类和数量、食物和资源的多寡以及环境本身的特征等。

• 一切生物都会给它所处的环境造成变化。其中一些变化对该生物本身或其他生物有害,而有些变化则有益。

5—8年级:生物系统的结构和功能

• 处于不同层次的各个生物系统在结构和功能上具有互补性。重要的层次包括细胞、组织、器官、完整的生物个体以及生态系统等。

• 所有生物都是由生命的基本单位细胞构成。大多数生物都是单细胞生物;包括人类在内的其他生物是多细胞生物。

• 细胞承载着维持生命所需的很多功能,它们生长并分裂,从而产生更多细胞。因此,它们需要摄入养分,为自身正常工作提供能量,并制造细胞或生物所需的物质。

• 在多细胞生物体中,专门的细胞具有专门的功能。专门的细胞组合在一起形成组织,如肌肉。不同的组织又组合在一起形成更大的功能单位,即器官。每一类细胞、组织和器官都具有独特的结构和功能,并服务于整个生物体。

5—8年级:繁殖和遗传

• 繁殖是一切生物系统都具有的特征,这是因为,没有任何一个生物能够永生,繁殖对于每个物种的延续至关重要。有些生物采取无性繁殖方式,而有些生物采取有性繁殖方式。

5—8年级:种群和生态系统

• 种群由某一时间在某一地点共同生活的一个物种的所有个体组成。所有在一起生活的种群以及它们与之互动的自然环境合起来构成生态系统。

• 生态系统能够养活的生物数量取决于可利用生物资源的多寡,并取决于非生物因素,如光和水的数量多少、温度的高低范围以及土壤成分等。如果有足够的生物和非生物资源,没有疾病或猎食者,生物种群(包括人类)数量将会快速增长;

如果缺乏生物资源，再加上猎食者数量剧增以及气候变化等其他不利因素，则会限制生态系统中特定生态位的物种增长。

《科学素养基准》(美国科学发展协会，1993)的相关内容

幼儿园—2 年级：生物的多样性

• 有些动植物的外表或行为相似，有些则差别很大。

• 植物和动物都有各自不同的特征，能够帮助它们在不同环境中生存。

幼儿园—2 年级：生物的相互依存

• 世界上几乎到处都有生物存在。不同地方生活的生物种类不同。

3—5 年级：生物的多样性

• 我们可以根据不同特征对各种各样的生物进行分类，判断哪一种生物属于哪一个类别。

• 根据不同目的，我们在对生物进行分类时依据不同的特征。

3—5 年级：生物的相互依存

• 生物体之间除了提供食物以外还有各种各样的互动方式。

6—8 年级：生物的多样性

• 生物学家可以根据生物内部解剖特征判断生物之间的相关程度，从而发现它们具有哪些相似性。在对生物进行分类时，生物学家认为生物的内部结构和外部结构特征比其行为或外表更为重要。

6—8 年级：生物的相互依存

• 两种生物之间相互作用的方式有几种，它们的关系可能是生产者与消费者、猎食者与猎物或寄生虫与宿主等，或者说，一种生物能够清除或分解另一种生物。两者之间的关系可能是竞争性的，也可能是互利的。一些物种之间的关系极为亲密，如果没有其中一方，另一方便无法生存。

在幼儿园—4 年级中使用这个故事

开启这一探索旅程的最好方法是，到庭院，校园或其他有树木、岩石等地衣能够生长的地方进行实地考察。首先，你自己应当先去打探一番。如果在校园里找不到地衣，那么你可以在墓地的墓碑上找到，尤其是那些石灰岩质地的墓碑。通常，在一些老旧社区以及历史比较悠久的学校，建筑物墙上很容易滋生地衣。如果你住在山区，岩石上肯定会长有大量的地衣。

大多数儿童和成年人想必都见过地衣，不过，他们可能会认为那是岩石或树木上的污渍。如果他们仔细观察，就会发现很多所谓的“污渍”其实是地衣。每个孩子都应当准备一个放大镜和一个笔记本，可以在笔记本中把地衣画出来。你可以考虑组织学生做一个寻宝游戏，让他们分组去寻找地衣并把观察结果记录下来。对于那些能够被带回教室观察的地衣，使用数码投影显微镜就可以揭示每种地衣的独特属性。现在市面上有一些数码显微镜可以让你把图片保存到电脑上。如果你的学校有网络，你也可以通过搜索引擎在互联网上找到许多地衣的图片。

另一项活动是，你和学生可以把地衣的外皮刮掉，观察里面的绿藻层，但只有心灵手巧才能做到这一点，所以最好由教师来做，用你们现有的最佳方式（显微镜、数码显微镜或手持放大镜）向学生展示。

你的学生在当地环境中寻找地衣时，可能会想到如下有趣的问题供调查参考：

- 我们发现的地衣中最常见的颜色是什么？
- 地衣的形状有哪些？
- 地衣最喜欢在哪些树上生长？
- 地衣最讨厌在哪些树上生长？
- 我们发现了多少种不同的颜色？
- 地衣是否偏爱生长在树木的某一侧面（方向）？
- 在同一棵树或同一块岩石上会有不同种类的地衣吗？
- 已发现的最常见地衣是哪一种？
- 如果在地衣内或地衣上有动物生活，是什么种类的动物？
- 在某个特定区域内，我们发现了多少种地衣？分别是哪些？

如你所见，学生可以就地衣的位置、类型和物理属性等提出很多问题。把一些地衣带回教室进行仔细观察也是一件饶有趣味的事情。请注意，地衣生长速度缓慢，很容易遭到破坏，你们最好按照实际需要，适量带一些回去研究就可以了。你应当让学生在科学笔记本上把实地考察见到的地衣仔细画出来，并把收集到的信息认真记下来。

在5—8年级中使用这个故事

组织高年级学生到学校附近进行实地考察当然是顺理成章的事，但是你可能希望他们跟低年级学生的做法不一样。高年级学生可以把某个地衣最多的区域圈起来，然后从中找出哪种树木上的地衣最多。除了上一节列出的问题之外，他们可能还会提出如下问题：

- 哪种地衣最常见？哪种树上地衣最常见？
- 哪种树皮鲜见地衣？
- 地面或岩石上最常见的地衣颜色是鲜艳还是不起眼？
- 有没有可能两种或多种地衣争夺同一生存空间？
- 我们发现的地衣分别属于什么种类（壳状、叶状、鳞状或枝状地衣）？

如果你有显微镜，可以让学生在低放大倍数下观察地衣，如果地衣有杯状或盘状子囊盘，让学生把它们找出来。如果地衣是干的，可以让学生往地衣上洒几滴水，然后观察地衣会发生什么变化。在显微镜下观察时，学生把地衣外层刮掉，可以看到含有藻类或蓝细菌的绿色层。他们还可以寻找潜藏在地衣菌丝中的微生物。

这可能是一次令学生大开眼界的经历，对你而言可能也同样如此。大多数生物老师（可能也包括你）都不喜欢研究地衣，因此，学生难得有这样近距离观察地衣的机会。我敢保证，一旦学生看到地衣，肯定会深深迷上这种可爱的小生命。

相关书籍和期刊文章

Keeley，P，2005. *Science curriculum topic study*：*Bridging the gap between standards and practice*. Thousand Oaks，CA：Corwin Press.

Keeley，P.，F. Eberle，and C. Dorsey. 2008. *Uncovering student ideas in science*，*volume 3*：*Another 25 formative assessment probes*. Arlington，VA：NSTA Press.

Keeley，P.，F. Eberle，and L. Farrin. 2005. *Uncovering student ideas in science*，*volume 1*：*25 formative assessment probes*. Arlington，VA：NSTA Press.

Keeley，P.，F. Eberle，and J. Tugel. 2007. *Uncovering student ideas in science*，*volume 2*：*25 more formative assessment probes*. Arlington，VA：NSTA Press.

Keeley，P.，and J. Tugel. 2009. *Uncovering student ideas in science*，*volume 4*：*25 new formative assessment probes*. Arlington，VA：NSTA Press.

Konicek-Moran，R. 2008. *Everyday science mysteries*：*Stories for inquiry-based science teaching*. Arlington，VA：NSTA Press.

Konicek-Moran，R. 2009. *More everyday science mysteries*：*Stories for inquiry-based science teaching*. Arlington，VA：NSTA Press.

Konicek-Moran，R. 2010. *Even more everyday science mysteries*：*Stories for inquiry-based science teaching*. Arlington，VA：NSTA Press.

参考文献

Brodo，I. M.，S. D. Sharnoff，and S. Sharnoff. 2001. *Lichens of North America*. New Haven：Yale University Press.

Driver，R.，A. Squires，P. Rushworth，and V. Wood-Robinson. 1994. *Making sense of secondary science*：*Research into children's ideas*. London and New York：Routledge Falmer.

第九章
密封罐里的秧苗

萨拉和艾娜争论起来。其实，也算不上争论，只不过是她们对一个科学话题各执一词。艾娜和萨拉长大后都想成为科学家。她们观看了一段科学视频，内容是关于植物在成长过程中如何从空气中获得茎和叶所需的大部分物质——视频中科学家们称之为质量。萨拉想知道这是如何发生的，她不相信空气中会有植物成长所需要的东西。

萨拉想了又想。第二天，萨拉向艾娜建议，她们可以尝试做一个实验，在一个密封的罐子里种植一株植物，这样她就能证明植物并没有从空气中获得成长所需要的物质。

"如果植物生长的话，这个大泡菜罐子里的空气肯定不够整株植物的茎和叶使用，而我们知道，植物生长所需的物质来自土壤或水。"

"好吧，我不知道罐子里能不能种植物。还有，罐子里就这么一点空气，种子能不能发芽?"艾娜说。

"问题就在这里。"萨拉说，"如果它们需要空气才能长大，那么它们在罐子里肯定就不能长大了。因此，如果它们**真的**长大了，就可以证明我是对的。不过，我敢肯定它们不会的!"

"好的。但是，我想我们需要控制一下实验变量。我认为，仅仅在一个封闭罐里播种，是无法证明任何东西的。"艾娜说，"我想，我们应当对使用的每一件东西称重，这样当实验结束时，我们就能判断是否遗漏了什么。"艾娜以前做过科学实验，知道如何给各种配料称重，也知道如何在科学笔记本中做记录。

"有道理。"萨拉说，"如果你不怕麻烦，把每一样东西都称一遍，就请便吧，我无所谓。我敢打赌，土壤的重量将会变轻，因为植物的质量就是从**那里**获得的。"

她们称重的项目有罐子、盖子、放进罐子的土壤、加进土壤中的水，当然还有她们播在土壤中的种子。艾娜在科学笔记本中认真记录了她们所做的一切。一切准备完毕，罐子被密封之后，艾娜不忘把罐子的总重量也记录了下来。

几周过去了。密封罐里有点雾蒙蒙的，令她们吃惊的是，种子早已发芽，幼苗已经几乎触到罐子的顶部。

"快看呐!"萨拉说，"罐子被密封得严严实实，不可能有空气透进去或跑出来，然而植物长势很好。植物获得的质量肯定是来自土壤和水。"

"别着急。"艾娜说，"我们还没给这些东西称重呢。"

"究竟为什么啊?"萨拉说，"我们已经证明了空气与种子发芽或植物生长无关，难道不是吗?"

"对我而言，还没呢。"艾娜说，"我要把每一样东西再称一遍。"

"随你便，艾娜。"萨拉说，"你这是在浪费时间。密封罐重量肯定会减轻，因为植物使用了一些土壤和水。"

萨拉和艾娜把密封罐称了一下，两人不约而同地惊呼："我的天呐!"

她们简直不敢相信自己的眼睛。"再称一次。"萨拉说,"一定是哪里出错了!"

艾娜把密封罐又称了一次,结果还是相同。两个女孩怎么也想不明白为什么会这样。

"让我们先把每样东西单独称重,然后再加起来看看结果如何。"萨拉说。

她们一一称重,加起来的结果还是那样。她们称重的项目有:土壤——因为有水而有些潮湿,罐子,盖子,植物——现在已经长大了。

"哎呀,现在该怎么办?"萨拉说。

"我认为,我们有必要再做一次这个实验。"艾娜说。

目的

这个故事可真吊我们的胃口！它也是一次货真价实的调查研究！这个故事有两个目的，第一个目的是研究封闭系统，因为密封罐与外部世界隔绝，所以罐子里面发生的任何事情只会用到里面的材料。第二个目的是让学生了解空气具有质量，并含有植物生长发育所需的原材料。我认为这个故事还有一个目的：让学生对实验结果感到疑惑，从而带着疑问去找出问题的答案。

相关概念

- 系统
- 封闭系统
- 光合作用
- 发芽
- 大气成分
- 实验设计

不要惊讶

你的学生可能会对两人的调查结果感到非常惊讶。因为植物在密封罐里长大，当然自身也有重量，所以整个密封罐系统的重量肯定会相应增加！学生可能没有意识到至少有两件事情很重要：封闭系统意味着什么，以及空气也有质量。

内容背景

这个故事虽然也谈到了种子和植物的生长，但主要是讲"系统"的。不过，你可能需要一些关于种子和植物生长的信息，因此，我在本节内容中会向你提供。但是，首先让我们谈一谈关于"系统"这个概念。

系统是由相互作用、相互依赖的若干个体组成的一个有机整体。个体可以是物体、人、内部器官、公共汽车、植物或其他各种各样的事物。美国科学发展协会(1993)认为，系统是学习中最重要的统括性概念之一，强烈建议教育工作者把系统作为各级学校各门学科的一个中心概念。毕竟，我们被各种系统包围，我们生活在各种系统中，我们所教授或研究的任何东西都被包含在某种系统内。

学生可以把系统的概念应用到他们学习的任何主题中，最重要的是，他们可以看出各种主题之间的联系。我们经常抱怨学生“只见树木，不见森林”，他们孤立地学习各个单元的内容，却不能把整本书的内容融会贯通。我相信，如果我们把各学科内容有机地串并在一个统括性的系统之中，那么我们就能更全面地了解日常生活中各种事物之间的联系。换句话说，我们就能看出，交通运输系统或政治系统涉及的内容与生态系统或消化系统存在何种关系。系统中发生的任何变化都会影响到各个组成部分。

系统通常被分为封闭系统和开放系统。实际上还有第三种类型——孤立系统，但是，它与我们在这里讨论的内容关系不大。一个封闭系统与外界**能够进行能量交换，但是不能进行物质交换**，就像故事中的密封罐系统一样。瓶子里的物质始终是恒定不变的，不能与外界环境发生相互作用。然而，阳光可以穿透玻璃罐并为里面的植物提供光合作用所需的能量。容器里盛满滚烫的液体，如热水瓶里盛满咖啡，也是一个封闭系统。热能可以透过容器壁传递出去，最终，滚烫的液体与周围环境达到平衡，但是里面的咖啡既不能从外界吸收其他物质，也不能把自身物质释放到外界。

一个开放系统允许系统内部与外界进行物质或能量交换。我们的地球是一个开放系统，在这个系统中，一切事物都可以与其他事物发生反应。物质和能量交换每时每刻都在进行。如果故事中的罐子没有被密封，它就是一个开放系统，因为罐子里的物质和能量可以跟外界相互交换。

种子在萨拉认为不可能生长的环境中发芽并长成植株，这就给学生理解封闭系统的概念增加了一些难度。萨拉受流行的错误观念影响，认为空气没有质量，因此不可能成为植物生长所需的原材料之一并转化为植物自身的组成部分，即变成“植物质量”。她认为，植物的质量是利用根部吸收土壤和水的养分而得来的。她还认为，罐子里的空气含量不足，无法满足植物生长的需要。

17 世纪，简・巴普蒂斯塔・范・赫尔蒙特(Jan Baptista Van Helmont)在 90 千克的土壤中种植了一棵柳树苗，五年后，柳树苗的质量增加了 75 千克(很显然，他在自己的科学笔记中把重量记录了下来)。而在这五年间，土壤的质量仅减少了 57 克。他认为，土壤质量减少与柳树质量增加的值之所以相差巨大，可能是因为他给土壤补充水分的缘故。尽管他也懂得空气中含有二氧化碳，却不相信那 75 千克主要是二氧化碳造成的。这个例子说明，当时的科学家因为观念错误而得出了错误的结论。而我们现在都知道，植物能够通过光合作用把空气中二氧化碳中的碳以及利用根部吸收的水合成有机物，那 75 千克的质量就是这样得来的。植物能够利用叶绿素以及太阳能中的碳和氢制造糖，糖缩合成淀粉，然后变成纤维素，从而形成细胞的细胞壁，最终形成植物组织。这一生产过程的副产品是水和氧气，它们被释放到大气中。因此，故事中两个女孩注意到密封罐里雾蒙蒙的，这表明水因为在密封罐内壁遇冷凝结。罐子里有足够的二氧化碳来为植物生长提供必要的碳。由于密封罐是一个封闭系统，所以尽管种子发芽并长成秧苗这个变化过程很大，但是因为它们始终处于封闭系统之中，不与外界进行质量交换，因此质量还是守恒的。然而，由于密封罐是透明的，所以太阳能可以从外面进入罐子内部。如果罐子内部有多余热量的话，也可以透过玻璃释放出来，因此罐子可以与外界进行能量交换。这一实验很好地诠释了什么是封闭系统。光合作用的反应方程式(包括新产生的水分子在内)为 $6CO_2 + 12H_2O +$ 能量和叶绿素 $\rightarrow C_6H_{12}O_6 + 6O_2 + 6H_2O$。

种子需要温暖、湿润的环境才能发芽。少数一些种子(如莴苣种子)还需要光来激活发芽所涉及的各种步骤。一些枫树种子如果不发芽就只能存活几周时间；其他的种子(如莲花种子)可以存活数千年。但是，水和能量是种子发芽的必要条件。水渗入种子，把种皮软化，为种子发芽激活一些必要的化学反应。化学反应产生赤霉酸，启动一系列相当复杂的化学步骤和基因步骤，从而使处于休眠状态的种子最终变成成熟的植物，植物成熟后又能够结出更多种子，从而完成植物的生命周期。在本章故事中，两个女孩在罐子里放入水以及植物生长的介质土壤，且室内温度适宜，阳光也能够穿透玻璃罐为种子提供能量，具备了这些必要条件，密封罐子里的种子便能够发芽，然后成长为植株。你从上述光合作用反应式可以看出，在这个过程中还会产生氧气和水，而它们能够继续为植株生长提供必要的条件。植株需要氧气来呼吸(分解养分以产生有用的能量)，还需要水来生长。密封罐就是自然界的一个缩影，除非罐内发生一些变化抑制植物生长，使生命周期中断，否则，植株生长还会持续一段时间。而在开放系统中，害虫、疾病、气候变化以及许多其他问题都会影响生态系统中的植物生长过程。然而，地球这个开放系统已经存在了数百万年，各种生命兴衰更替、绵延不绝。我们现在面临的问题是，人类的所作所为可能会给地球上的生物带来灾难性的后果。

《国家科学教育标准》(国家研究委员会,1996)的相关内容

幼儿园—12 年级:统括性的概念和过程——系统

• 这个自然并被人工设计改造过的世界现在已经太大、太复杂,我们一下子很难理解它的全部内容。为了便于调查,科学家们把它分成若干小的部分,这些部分被称为系统。

• 系统是由相互作用、相互依赖的若干个体组成的一个有机整体。系统有边界、组件、资源、流动(输入和输出)和反馈等。

• 在系统内部,组件之间相互作用。

• 不同级别的系统能够显示出不同的属性和功能。

• 从系统的角度考虑问题,意味着我们应当了解构成系统的子系统,了解系统的结构和功能、反馈以及平衡等,并了解开放系统和封闭系统之间的区别。

• 掌握系统中的各种规律,有助于我们理解那些能够对这个世界做出合理解释的基本法则、理论和模型等。

幼儿园—4 年级:生物的特征

• 生物都有基本需求。例如,动物需要空气、水和食物等;植物需要空气、水、养分和光等。生物只有在其需求可以得到满足的环境下才能生存。

• 世界上有许多不同的环境,不同环境养活的生物类型各不相同。

• 每一种植物或动物都有不同的结构,它们在该植物或动物生长、生存和繁殖过程中发挥不同的作用。

幼儿园—4 年级:生物的生命周期

• 植物和动物的生命周期包括出生、成长、繁殖和死亡。生命周期的具体细节因生物种类不同而存在差异。

• 植物或动物都跟它们的父母长得很像。

5—8 年级:生物系统的结构和功能

• 处于不同层次的各个生物系统在结构和功能上具有互补性。重要的层次包

括细胞、组织、器官、完整的生物个体以及生态系统等。

5—8年级：繁殖和遗传

• 繁殖是一切生物系统都具有的特征，这是因为，没有任何一个生物能够永生，繁殖对于每个物种的延续至关重要。有些生物采取无性繁殖方式，而有些生物采取有性繁殖方式。

5—8年级：生物的多样性和适应性

• 数百万种动物、植物和微生物生活在当今这个世界。尽管不同物种外表形态各异，但是，通过分析生物身体内部结构的一致性、化学反应过程的相似性以及拥有的相同祖先，可以找出它们的共性。

《科学素养基准》(美国科学发展协会，1993)的相关内容

幼儿园—2年级：系统

• 大多数东西都是由不同部件组成的。

• 如果某些部件缺失，系统可能无法正常工作。

• 当不同部件组合在一起时，它们能够做自己单独无法做到的事情。

3—5年级：系统

• 在一个由许多部件组成的事物中，这些部件通常相互影响。

6—8年级：系统

• 一个系统能够包含很多过程和事物。

• 从系统角度看待事物，意味着我们应当观察各个系统部件之间存在什么关系。系统一个部件的输出(包括能量或信息)对其他部件而言可能会是输入。我们可以利用这种反馈控制整个系统中发生的事情。

• 每个系统通常都与其他系统存在内在或外在联系。因此，我们可以认为每个系统都包含若干子系统，也可以把它当成更大系统的子系统。

• 系统的某些输出部分可以反馈给系统的输入部分。

• 我们给一组相互关联的事物划定边界，把它们定义为一个系统，以方便对其进行研究。无论该系统的边界在何处，它仍然与它周围的环境相互作用。因此，在研究系统时，我们要注意观察有哪些东西进入或离开该系统。

幼儿园—2 年级：生物的多样性

• 有些动植物的外表或行为相似，有些则差别很大。

• 植物和动物都有各自不同的特征，能够帮助它们在不同环境中生存。

幼儿园—2 年级：物质的结构

• 一些方法可以令物质的某些属性发生变化，但同一种方法不能令所有的物质都产生同样的反应。

3—5 年级：生物的多样性

• 我们可以根据不同特征对各种各样的生物进行分类，判断哪一种生物属于哪一个类别。

• 根据不同目的，我们在对生物进行分类时依据不同的特征。

6—8 年级：生物的多样性

• 动物或植物具有多种多样的外部形状和内部结构，从而能够制造或寻觅食物并繁殖后代。

• 对有性繁殖的生物而言，一个物种包含所有能通过交配产生子孙后代的生物个体。

在幼儿园—4 年级中使用这个故事

低年级学生可以查看他们使用过或制作过的玩具及其他物品，来了解系统及其组成部分。根据两份国家标准文件，学生应该了解，玩具是由不同部件组成的，如果某些部件缺失，玩具就不能正常工作。这可以作为导入系统概念的范例。如果没有轮子，自行车就不能运转；如果没有电池或上弦用的发条，玩具就不能动起来。让学生观察玩具，辨别玩具的各个组成部分，能够培养他们对系统的意识。重要的是,低年级学生应当意识到,只有各个组成部分各司其职,整个系统才能正常运转。

小时候,我对锁着了迷,把家里房门上的大多数锁都给拆了,令父母大伤脑筋。当我想把它们重新装回去的时候,总会有一些零件多出来,当然,这些锁无法正常使用,我不得不从头再来。然而,我在这个过程中对锁的工作原理逐渐熟悉起来,这是通过其他方式无法做到的。我原以为,即使一个小部件被排除在锁这个"系统"之外,也没什么关系,然而,关系可大了。"如果想要一个系统正常运转,必须确保所有组成部分完整无缺。"帮助学生意识到这一点,是他们能学到的最重要的东西之一。把这一理念推广应用到更大的系统中,意义十分重大。

你可以使用《了解学生的科学想法》(第 4 册)(Keeley & Tugel,2009)一书中的探究案例《它是系统吗?》(Is It a System?),从中了解你的学生对系统知识的掌握情况。具体做法是,让学生从一个列表中选择那些他们认为是系统的东西,然后解释他们这么选择的原因。在这些教学活动中,重要的是要进行讨论。老师想要了解学生的学习情况如何,最好的办法不是在学生面前喋喋不休,而是应当认真倾听学生的心声。你可能会听到有些学生持有自相矛盾的观点,而他自己没意识到这一点。通过认真倾听学生的发言,你可以帮助他们看出发言中有哪些自相矛盾的地方。我以前教过一个学生,他在解释自己的观点时突然停了下来,说:"我听到了'自己刚才说的话',意识到下面要说的内容是错的。"听自己大声自言自语,这种方式往往比苦思冥想更能帮助我们理解自己的想法。此外,把你的想法写出来或者画出来也是行之有效的方法。如果你是一位作家,要把自己当成你作品的第一读者,这样才能更忠实地传达自己的心声。

你的学生可能也想做一做故事中提到的实验。一、二年级学生可能还不具备必要的技能来完成实验。三、四年级学生如果能够使用天平或电子秤,并且遵循故事提到的具体步骤,就可以做这个实验。学生在实验之前先做出预测,等到结果出来之后肯定也会大吃一惊。他们很可能想看看罐子里的微缩生态系统能够存在多久。如果你帮助他们选用那些不会长得太快、太高的植物,那么这个系统可能会存在很长一段时间。

在5—8年级中使用这个故事

高年级学生肯定会跟低年级学生一样对实验结果感到惊讶，或许你也不例外。如果你们预测密封罐系统重量最终将会增加，这似乎是在情理之中的事情。而实际结果是，密封罐中的种子从发芽到长成秧苗，不会给整个系统增加任何重量，这似乎有违我们的直觉。秘密就在于罐子系统是一个封闭系统。你应当让学生把注意力放在"封闭系统"这个概念上，让他们弄明白：没有任何东西进入罐子或者从罐子出去，因此罐子重量不会发生任何变化。

本章故事的创作灵感来源于《了解学生的科学想法》(第3册)的探究案例《密封罐里的秧苗》(Seedlings in a Jar)。由于该探究案例跟本章故事十分相近，你可能会觉得再使用该案例似乎有些多余，不过，你可以把它用作对学生的形成性评价工具。你在使用该案例时应当重点关注的地方是：对于密封罐系统重量没有增加的原因，学生是如何用自己的话来解释的。

当学生决定要做本章故事描述的实验时，你可以借机跟他们谈一谈系统的概念，让他们利用集体智慧说出尽可能多的不同系统。这是介绍科学术语的最佳时机，因为它们在具体语境中便于理解与记忆。高年级学生都能够熟练使用天平，他们可能想在实验前以及实验后对各种物质分别称重，而且会对结果反复核实。我发现，他们之所以对实验结果表示怀疑，是因为受错误的"前概念"影响太深，即使实验结果铁证如山，单凭一次这样的实验也往往很难改正。如果有些学生一时还无法摒弃错误的"前概念"，你也不用气馁。相反，你应当庆幸自己为建造科学大厦又增添了一块砖瓦，学生最终将会欣然接受科学的新概念。罐子里的空气竟然具有质量并且最终变成了秧苗自身的组成部分，这在一些学生的眼里简直是无稽之谈。而如果你讲完这个故事之后，紧接着在下一节内容讲光合作用，我相信你的学生就会比较容易接受这些概念，因为他们已经亲眼看到了结果：空气中的二氧化碳是碳的来源，通过植物的光合作用被变成淀粉和糖，最终被变成纤维素。

我向你推荐一个关于光合作用的视频，内容是节目主持人在采访一名学生时发现他对光合作用一无所知，网址为 www.learner.org/resources/series26.html，视频名称为《稀薄空气给我上一课》(Lessons From Thin Air)。你可以从中看出，想要纠正学生对空气和质量的"前概念"有多难。

相关书籍和期刊文章

Keeley, P. 2005. *Science curriculum topic study: Bridging the gap between standards and practice*. Thousand Oaks, CA: Corwin Press.

Keeley, P., E Eberle, and C. Dorsey. 2008. *Uncovering student ideas in science, volume 3: Another 25 formative assessment probes*. Arlington, VA: NSTA Press.

Keeley, P., F. Eberle, and L. Farrin. 2005. *Uncovering student ideas in science, volume 1: 25 formative assessment probes*. Arlington, VA: NSTA Press.

Keeley, P., F. Eberle, and J. Tugel. 2007. *Uncovering student ideas in science, volume 2: 25 more formative assessment probes*. Arlington, VA: NSTA Press.

Keeley, P., and J. Tugel. 2009. *Uncovering student ideas in science, volume 4: 25 new formative assessment probes*. Arlington, VA: NSTA Press.

Konicek-Moran, R. 2008. *Everyday Science Mysteries: Stories for inquiry-based science teaching*. Arlington, VA: NSTA Press.

Konicek-Moran, R. 2009. *More everyday science mysteries: Stories for inquiry-based science teaching*. Arlington, VA: NSTA Press.

Konicek-Moran, R. 2010. *Even More Everyday Science Mysteries: Stories for inquiry-based science teaching*. Arlington, VA: NSTA Press.

参考文献

Annenberg Media. 2009. Lessons from thin air. Minds of Our Own. *www.learner.org/resources/series26.html*.

Keeley, P., and J. Tugel. 2009. *Uncovering student ideas in science: 25 formative assessment probes, Volume* 4. Arlington, VA: NSTA Press.

第十章
讨价还价的种子

珍宁(Jeanine)和吉米(Jimmy)是双胞胎。然而,你仅从外貌上根本看不出来:珍宁头发是黑色的,眼睛也黑;吉米头发是金色的,眼睛是蓝色。他们俩出生时间仅相隔一分钟,珍宁先出生,她时刻提醒吉米别忘记她才是"老大"。两个孩子都上三年级,并且在同一个班,也就是在斯科特(Scott)先生的班。两人都认为斯科特老师很酷,实际上,他们认为三年级也很酷,而且他们的学习成绩很好。斯科特老师经常让全班学生自己动手做一些研究项目，他说他们是“成熟”的孩子。

斯科特老师开始讲关于植物的一个单元，吉米和他的搭档乔治(George)选择种子作为研究项目。吉米的任务是为该项目提供种子。放学后，他让妈妈开车带他去园艺店买一些“好种子”，珍宁也想一同前往，她想给家里的猫买一些猫薄荷。吉米来到陈列种子的货架前，发现一些豇豆非常好看。

“我要买这些。”吉米对妈妈说，“大约有五十粒，足够我和乔治做实验用了。”

“我看也不错。”妈妈说，“这么多只要 3.99 美元。”

他们买了种子，吉米端详着包装上颜色鲜艳的图片——绿油油的豇豆苗正在茁壮成长。“我希望我们的植物也能跟这一样。”他说。

珍宁让妈妈为她购买的猫薄荷付了款，三人离开园艺店，钻进汽车。

“我要到超市去为晚餐买点吃的。”妈妈说，“你们想跟我一起去吗?”

两个孩子决定跟妈妈一起去，希望能够说服妈妈顺便为他们买一些冰激凌。很快，他们跟着妈妈一起来到超市货架跟前。

突然，珍宁扯了扯吉米的衣领说：“喂，弟弟，你看这个。这就是你买的豆子，只是包装没那么精美。”

吉米停下来看了看珍宁拿在手上的那包豇豆，它看起来跟他在园艺店买的一样，但是包装盒大多了。“我不需要那么多。”他说。

“你刚才花了多少钱?”珍宁问。

“3.99 美元，另加税。”吉米回答。

“噢。”珍宁说，“这包看上去是你那包的两倍，却只要 99 美分。”

“500 克。”珍宁把包装标示的重量读出来，“你干嘛不买这包呢?”

“我不知道。”他回答说，“我去问一问妈妈。”

“我猜，这包便宜肯定是有原因的。”妈妈在听完两个孩子的叙述之后说，“但是我不知道原因是什么。我们把 99 美分的这包也买下来，然后回园艺店去问他们是什么原因。”

他们很快开车回到园艺店，吉米迫不及待地询问店员为什么两款包装价格差异那么大。

“哦，”店员说，“我认为我们出售的这款可能更好，因为它是专门培育用来播种的，而你那款是供食用的。否则，我们不会要价那么高，我们这款肯定更好。”

“‘更好’是多好?”吉米问，“是指你们这款生长更快，还是指别的什么？你怎么知道它更好呢?”

这位店员询问了店里其他人,大家都一致认为他们店里的种子“更好”。

“哎呀,我们甚至连什么是‘更好’也不知道。”珍宁说,“不过,我敢打赌,我肯定能想出办法来弄明白。”

“嗯。”吉米说,“也许我和乔治能够通过实验来测试这些种子。这肯定是一个很棒的研究项目!”

目的

儿童和成人通常都对讨价还价很感兴趣。“花更少的钱买更多的种子”，谁不想这样做？故事中两个孩子头脑非常清醒，知道对两个不同包装的价格提出质疑：一个贵得离谱，另一个便宜得令人难以置信。无论是成人还是儿童，都往往认为某种东西越贵质量肯定越好。故事暗含一个问题：哪一个包装性价比更高？这则故事为我们提供了一个真实场景，鼓励两位小顾客对商品提出质疑，而怀疑精神也是科学素养的一个重要组成部分。怀疑精神与犬儒主义不同，犬儒主义者采取愤世嫉俗、玩世不恭的态度，对任何东西都不信任；而怀疑精神鼓励我们对每一种观点认真考量，看它有没有证据作为支撑。就故事中购买种子而言，两个孩子的问题直指要害：为什么两个包装价格差异那么大？如果两包种子不同，不同之处究竟在哪里？这就等于质问园艺店店员：“为什么你们的种子卖得那么贵？”也就等于说：“你说的‘更好’是什么意思？你能不能具体说一说好在哪里？”故事最后指出，如果两包种子有差异的话，那么两个孩子也能想办法找到不同之处在哪里。此外，故事还让两个孩子自己判断“更好”究竟是什么意思。他们需要自己制定标准，并根据标准设计实验方案以及做出预测。

相关概念

- 发芽
- 植物
- 生命周期和种子
- 生物
- 生物的需求
- 实验设计

不要惊讶

尽管学生都见过农民播种，也见过作物生长，但是很少有人把这两者联系在一起。农民伯伯播种后，对它们进行精心照料，直到种子发芽，能够为自己制造食物（光合作用）。你可以把利马豆（洋扁豆）充分浸泡后剖开，让学生观察其内部的胚胎结构。由于本故事的重点是谈实验设计的，因此你可能会吃惊地发现，学生为了在实验中做到公平、公正，是多么严肃认真、一丝不苟。由于学生需要弄明白“更好”是什么意思，你就应当在实验过程中帮助他们辨别各种变量，并提醒他们注意种子发芽率有什么不同。

内容背景

收获后用来播种的农作物种子一般需要精挑细选，供农民或园丁等在田野或花园里播种。种子生产商为了避免交叉授粉，通常要把专门用来育种的农作物与普通农作物隔离开来，通过人工方式进行授粉。他们使用隔离网或者在温室内育种，以此防止昆虫进行交叉授粉。或者，他们把育种用的农作物与普通农作物隔开，间隔距离至少 1.6 千米以上，昆虫一般飞不了这么远的距离。用于食用的种子则可以广泛种植，这类种子如果用来繁育下一代，就无法保证基因纯正。用来播种的种子在培育过程中主要是增强它们抗病、耐寒等特性，这类种子的基因受到严格控制，因此种子及其繁育的后代很少出现变异现象，即使有，也可以忽略不计。

学生除了能够学习提问技巧、实验设计方案以及调查方法之外，还有机会学习种子发芽、幼苗生长以及植株长势等知识。另外，作物从播种、出苗到成熟的生长过程中，还会遇到很多意想不到的问题，由此产生的结果可能会大相径庭。有时候，园艺店出售的种子发芽率反而比超市出售的种子更低，而有时候，两者发芽率相差无几；有时候，园艺店出售的种子破损情况反而更加严重，而有时候则完好无损。这表明你的学生是在做货真价实的调查研究，因为他们得出的结果可能是独一无二的。这方面的二手信息很少，所以，学生通过实验得出的数据都是原始数据，而你也很难找到现成的教学经验供你在指导学生时参考。由于你没有“秘密武器”可以用来预先得知实验结果，所以，除了亲身参与调查研究之外别无他法。

当作物破土而出的时候，我们看到的第一片叶或第一对叶就是子叶，也就是种子的叶。子叶从此开始为幼苗进行光合作用。种子含有一种名叫胚乳的物质，能够为植物发芽提供营养。众所周知，植物是生产者，因为它们是唯一能够生产食物的生物，植物能够利用空气中的二氧化碳和阳光里的能量，在叶绿素的帮助下生产食物。以植物和其他动物为食的动物被称为消费者。这个世界上存在的所有能量来源绝大多数都可以追溯到太阳以及太阳光与绿色植物的相互作用。

《国家科学教育标准》(国家研究委员会,1996)的相关内容

幼儿园—4 年级:生物的特征

• 生物都有基本需求。例如,植物需要空气、水、养分和光等。

• 每一种植物或动物都有不同的结构,它们在该植物或动物生长、生存和繁殖过程中发挥不同的作用。

幼儿园—4 年级:生物的生命周期

• 植物和动物的生命周期包括出生、成长、繁殖和死亡。生命周期的具体细节因生物种类不同而存在差异。

• 植物或动物都跟它们的父母长得很像。

5—8 年级:生物的生命周期

• 为了在一个不断变化的外部环境中生存,一切生物都必须能够获得并使用资源、生长以及繁殖,并且保持身体内部状况的平衡。

《科学素养基准》(美国科学发展协会,1993)的相关内容

幼儿园—2 年级:细胞

• 大多数生物都需要水、食物和空气等。

幼儿园—2 年级:物质和能量的流动

• 植物和动物都需要吸收水分,动物需要食用食物;此外,植物需要光。

幼儿园—2 年级:设计的世界

• 大多数来自农场的食物要么是直接来源于农作物,要么是来源于以农作物为食的动物。为了正常生长,植物需要充足的热量、光照和水。

3—5 年级:物质和能量的流动

• 一切生物都需要某种形式的能量,用以满足生存和成长需要。

3—5 年级:设计的世界

• 一些植物或动物品种的特征比其他品种更符合我们的需要,然而,想要培育这些特征有时候非常困难或成本太高。

6—8 年级:物质和能量的流动

• 食物为所有生物提供"燃料"和"建筑材料"。植物利用光能把二氧化碳和水合成糖。这种食物可以被立即食用或者被贮存起来留待以后食用。

6—8 年级:设计的世界

• 人们有选择性地培育与保存不同种类的种子(新品种或旧品种),并根据生长条件不同而使用不同的种子,通过这种方式控制其所繁育植物的特征。

在幼儿园—4 年级中使用这个故事

一个较好的导入方法是使用《了解学生的科学想法》(第 2 册)一书中的探究案例《种子的需求》。你可以从中了解学生会把什么样的"前概念"带到课堂上来。

我们在课堂上使用这则故事进行教学的时候,通常会把两包种子展示给学生看。此外,我们还准备了牛奶盒、杯子或其他容器以及盆栽土壤,供即将开始的实验使用。重要的是,容器的形状、大小和材质应当相同。同样重要的是,如果你购买的盆栽土壤有好几袋,那么应当购买同一个品牌。如果你想让学生关注变量问题,可以故意使用一些不同的材料,这样,学生就能够有机会就如何控制变量以及控制哪些变量展开讨论。如果他们在讨论中没有提到或遗漏了某些重要的变量,你可以通过提问方式巧妙地给予适当的提示。

根据我们在三、四年级的教学实践,学生马上就能想到可以利用实验这个机会进行一场比赛——种子比赛。比赛就必须做到公平,而玩过游戏的孩子都知道什么是公平。你可以帮助学生认识到,种子比赛跟他们平时玩的游戏一样需要公平,种子与种子之间不能有优劣之分。你会欣喜地看到,学生将会要求种子比赛所用的各种材料与设备都完全相同,这表明他们确实是在严肃认真地做科学研究。

实验过程中肯定会出现很多意想不到的问题,或者,你应当指出一些需要学生注意的问题,例如,种子说明书上建议播种的深度为多深?如果你把深度增加会怎样?减少又会怎样?能不能把种子上下颠倒?有时候,你可以在花园里用塑料袋进行测试。如何利用塑料袋装种子进行发芽率测试,请参考以下网址的文章:www.iit.edu/~smile/bi9404.html。利用这种方法进行测试,你可能需要处理很多变量。关于七年级学生如何学习植物和种子知识,请参阅2004年4月号《科学视野》(*Science Scope*)的文章《豆科植物:成长经历》(Bean Plants:A Growth Experience)。堂娜·韦斯特(Donna West)的这篇佳作虽然主要针对七年级教学,但是其他年级师生同样能够从中学到很多东西。

打开两种不同包装的种子,你的学生应当能够发现它们存在明显差异。超市销售的种子主要用来煲汤或炖肉等,它们往往颗粒破碎、包装比较粗糙,人们当初在收获种子时也不是特别上心。很多种子的种皮已经破损或者没有种皮,甚至不能用来播种。学生恐怕不得不从这些价格便宜的"劣质"种子中精挑细选可以播种的种子。与此同时,一个问题浮现出来:究竟哪一包性价比更高?园艺店销售的种子是不是每一粒都完好无损?两包种子中可以用来播种的种子比例是多少?它们的发芽率是多少?最后这个问题需要学生亲自实验以后才能做出判断,也就是给它们下操作性定义。例如,学生需要回答下列问题:种子什么时候发芽?什么时候破土而出?什么时候长出绿色的茎秆?如果学生想要收集不同阶段的数据,就需要回答这些问题。其他问题可能还包括:我们能否根据发芽时间早晚判断种子的优劣?我们需要等多久才能扒开土壤看一看种子是否发芽?

以豆科植物为例,当种子破土而出时,我们将会看到幼苗长出两片叶子,它们被称为子叶。它们是什么?它们能干什么?它们在植物生长过程中会出现什么变化?在我们播种以前,它们是不是就已经存在于种子之中?你可以问一问学生如何才能查看种子的内部结构,或者,你可以直接建议学生先把种子浸泡一段时间,然后剖开来查看内部结构。这些问题可以通过查阅二手资料加以解决,当然也可以通过实验获得的第一手资料加以解决。

我们可以根据生长率来衡量植物的长势,根据它们是健壮还是孱弱来打分,例如,哪一包种子首先开花?每一天的观察都会发现新问题。学生应当把这些观察和问题记录在科学笔记本上，并用海报张贴在学校醒目的位置，展开热烈讨论。最终，学生可能会发现两包种子育出的植株差别并不是很大，得出的结论可能是：根据种子育苗结果，超市的种子跟园艺店的种子相差无几。如果你拿消费商品来做实验，比较不同品牌的纸巾、爆米花、擦窗器或其他商品，通常会发现它们并非如广告吹嘘的那样。这就是你发现的结果，它有确凿的实验数据做支撑。

在5—8年级中使用这个故事

作为导入方法，你可能也想使用《了解学生的科学想法》(第2册)一书中的探究案例《种子的需求》。你可以从中了解学生对种子以及种子发芽需要哪些条件的知识已经掌握了多少。

上一节幼儿园—4年级的教学建议同样适用于高年级学生。我强烈推荐你阅读堂娜·韦斯特的那篇文章，根据文中方法对种子进行跟踪研究。对高年级学生而言，你可能想让他们重点研究植物的生长状况，例如，什么样的介质适合植物生长？植物生长需要的光照条件如何？植物如何适应周围的环境？你可能还想向学生介绍光合作用的神奇过程。我推荐你观看安能伯格频道(Annenberg Channel)一个富有教育意义的节目，讲的是主持人就光合作用问题采访一名学生，网址：www.learner.org/resources/series29.html。向下滚动鼠标，找到“第二研究室”关于光合作用的视频，你需要免费注册一下。该网站还有很多关于各种话题的有趣视频，这些精彩视频非常值得教师在进行探究教学时参考，以帮助他们破除学生的诸多错误观念。

相关书籍和期刊文章

Driver, R., A. Squires, P. Rushworth, and V. Wood-Robinson. 1994. *Making sense of secondary science: Research into children's ideas*. London and New York: Routledge Falmer.

Keeley, P. 2005. *Science curriculum topic study: Bridging the gap between standards and practice*. Thousand Oaks, CA: Corwin Press.

Keeley, P., F. Eberle, and L. Farrin. 2005. *Uncovering student ideas in sci-*

ence: *25 formative assessment probes*, volume 1. Arlington, VA: NSTA Press.

Keeley, P., F. Eberle, and J. Tugel. 2007. *Uncovering student ideas in science*: *25 more formative assessment probes*, volume 2. Arlington, VA: NSTA Press.

West, D. 2004. Bean plants: A growth experience. *Science Scope* 27 (7): 44－47.

参考文献

American Association for the Advancement of Science (AAAS). 1993. *Benchmarks for science literacy*. New York: Oxford University Press.

Annenberg Foundation. Photosynthesis video. *www. learner. org/resources/series29*. html.

Keeley, P., F. Eberle, and J. Tugel. 2007. *Uncovering student ideas in science*: *25 more formative assessment probes*, volume 2. Arlington, VA: NSTA Press.

National Research Council (NRC). 1996. *National science education standards*. Washington, DC: National Academies Press.

West, D. 2004. Bean plants: A growth experience. Science Scope 27 (7): 44－47.

第十一章
温室里的春天

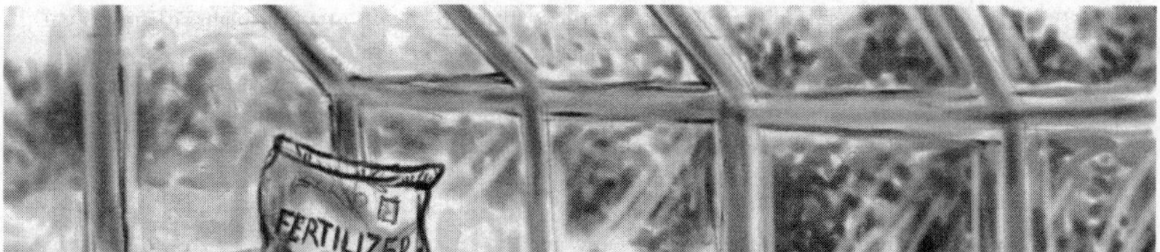

又到春天了。埃迪(Eddie)和克里(Kerry)又回到了建成已经一年的温室里,在妈妈身边跑前跑后。妈妈是一名园艺大师,她喜欢为家里的菜园和花园播种。尽管室外依然春寒料峭,但是温室内白天的环境非常宜人,妈妈可以播下种子,然后把培育出的秧苗移植到自家的花园或客户家的花园里。她原本可以到苗圃基地去买现成的植株，但是那样只会增加成本。“从零开始”种植植物，可以让妈妈在园艺生意中多赚一些钱。温室在白天只有阳光给室内增温，而一到晚上室内温度就会降下来。因此，妈妈买了一个很大的电热垫，夜间可以为放置在其上的播种盘提供热量。

三个人站在温室里，已经准备好了种子、播种盘、土壤、水和肥料。

“喂，”妈妈说，“你们愿意帮我种今年的新作物吗？”

“当然啦，”两个孩子回答，他们都喜欢看这些幼苗从土壤里冒出来，“但是，我们需要怎么做才能让这些种子冒芽？”

妈妈喜欢教他们学习新的科技词汇，便纠正说应当使用“发芽”一词。“你们认为，除了在播种盘里播撒种子之外，还应当放些什么东西，以便让种子尽快发芽并健康成长？”

“噢，肯定要有土壤。肥料似乎对植物的生长很重要，所以我想肥料也是要的。”克里说，“但是我拿不准，因为我听说种子里面已经含有它冒……呃……发芽所需的一切。”

“我敢肯定，它们需要阳光帮助自己发芽，但是种子被埋在土壤里，阳光是如何进去的呢？”埃迪问。

“问得好。”妈妈说。

“也许阳光照到土壤上面就行了。”克里说，“不过，种子发芽肯定需要水。”

“你为什么这样认为呢？”埃迪问。

“我们在学校里用种子做过很多实验，我们总是先把种子浸泡一下，否则很难剖开，无法看见里面有什么东西。”

“好吧……听起来似乎有道理。但是，我们不需要给种子保暖吗？我觉得应该这样。”克里问。

“温室里白天太阳会给种子加热，而晚上电热垫可以做到这一点。”埃迪说。

“嗯，我想，我们还有一些问题要回答。”妈妈说，“我们可以做个小实验，看看种子发芽需要哪些条件以及不需要哪些条件，你们认为怎么样？”

目的

孩子们往往认为，就像人和动物需要维生素一样，植物也需要肥料。然而，种子和植物完全是两码事。重要的是，我们应当帮助学生认识到，大多数种子本身都已经具备发芽所需的各种营养物质，基本上只需要温度、氧气和水分即可发芽。

相关概念

- 营养
- 发芽
- 生命周期
- 光合作用

不要惊讶

儿童和成人往往都认为，如果一样东西很好，那就多多益善。就本章故事而言，你的学生可能会认为，如果肥料对植物生长有好处，那么它对种子发芽肯定也有好处。之所以有这种想法，可能是因为他们见过园丁在施过肥的苗床上播下种子，然而，给苗床施肥只是为种子发芽后健康成长提供肥沃的基质，它跟种子能不能发芽没有任何关系。你自己也可能会惊奇地发现，有些种子发芽还需要阳光，这一理论已经经过最新科学研究证明。

内容背景

种子是我们可以拎着就走的小包装“植物”。它们具有一层保护性的外膜（种皮），内含发芽所需的各种营养物质，能够冲破种皮开启新生活。如果种子是健康的，就肯定具有生命力。很多人却不这样认为，因为种子给人的印象往往是僵死不动的，就像岩石一样，然而它们的确具有一切生物都具有的各种特征。种子在等待被播种的过程中，始终在不停地呼吸并耗用储存在体内的食物（胚乳），待到条件适合就会发芽。种子发芽至少需要三个条件：水分、氧气和温度。种子通过吸收水分（吸胀作用）能够使种皮软化，并且使种子内部的细胞膨胀，从而启动由植物基因指令控制的生长过程。跟所有生物一样，种子也需要氧气进行细胞呼吸。这些过程在比较温暖的环境中能够顺利进行。在上述条件得到满足之前，种子始终处于休眠状态。有些种子发芽还需要阳光，但这些只是例外。一些莴苣种子或大麦种子需要光照激活体内的赤霉酸，由此启动一系列复杂的生物化学步骤，以帮助种子发芽。

水通常经由一个叫作“种脐”(种子借助种脐附着在子房壁上)的开口进入种子内部。吸胀作用使种子不断膨胀，最终冲破种皮，与周围环境取得联系。水还有助于种子释放必要的酶，把种子内储存的食物(胚乳)分解成油、淀粉和蛋白质等可用成分。这种食物将会一直帮助种子维持生命，直到胚种长出几个部分(根、茎和叶的原始形态)，最终使它成为一个能够进行光合作用、独立生存的植株。

在这段时间里，种子需要进行细胞呼吸来消耗其储存的食物。这意味着胚种利用氧气消耗食物并使用由此产生的副产品。当种皮破裂后，种子就会从土壤中获得这种元素。

在萌芽过程中，胚根开始出现，不久后胚轴出现，胚轴是植株的原始茎，其上的子叶(种子的叶)从此开始进行光合作用，这样，新出的幼苗就可以独立生存了。上述各个部分早在种子发芽前的胚胎期就已经存在。种子发芽、幼苗独立生活后不久，随着植株充分发育，子叶将会脱落，然后长出新的叶子(真叶)。如果你想观看一部关于种子发芽的精彩小动画，可以登录网站 www.botanical-online.com/animation4.htm。你也可以通过互联网搜索“种子发芽动画”寻找其他动画。

种子发芽过程完成后，新植株肯定会从土壤中的肥料中受益，但这并不是故事中所提的问题。妈妈的问题很明确：种子发芽需要具备哪些条件？我相信，你的学生通过做实验了解种子发芽需要哪些条件以及不需要哪些条件，最终将会学到他们应当学到的知识。

《国家科学教育标准》(国家研究委员会，1996)的相关内容

幼儿园—4 年级：从事科学研究需要具备的能力

- 就环境中的物体、生物或事件提出一个问题。
- 制订简单的调查计划并付诸实施。
- 利用简单的设备和工具收集数据并拓展感官能力。

• 根据数据做出合理解释。

• 把自己的调查结果和科学解释拿出来与他人分享。

幼儿园—4 年级：生物的特征

• 生物都有基本需求。例如，动物需要空气、水和食物等；植物需要空气、水、养分和光等。生物只有在其需求可以得到满足的环境下才能生存。

• 世界上有许多不同的环境，不同环境养活的生物类型各不相同。

• 每一种植物或动物都有不同的结构，它们在该植物或动物生长、生存和繁殖过程中发挥不同的作用。

幼儿园—4 年级：生物的生命周期

• 植物和动物的生命周期包括出生、成长、繁殖和死亡。生命周期的具体细节因生物种类不同而存在差异。

• 植物或动物都跟它们的父母长得很像。

5—8 年级：从事科学研究需要具备的能力

• 通过科学调查确定研究课题。

• 制订科学调查计划并付诸实施。

• 利用适当的工具和技巧对数据进行收集、分析并解释。

• 运用批判思维和逻辑思维建立证据和解释之间的关系。

5—8 年级：生物系统的结构和功能

• 处于不同层次的各个生物系统在结构和功能上具有互补性。重要的层次包括细胞、组织、器官、完整的生物个体以及生态系统等。

5—8 年级：繁殖和遗传

• 繁殖是一切生物系统都具有的特征，这是因为，没有任何一个生物能够永生，繁殖对于每个物种的延续至关重要。有些生物采取无性繁殖方式，而有些生物采取有性繁殖方式。

6—8 年级:生物的多样性和适应性

• 数百万种动物、植物和微生物生活在当今这个世界。尽管不同物种外表形态各异,但是,通过分析生物身体内部结构的一致性、化学反应过程的相似性以及拥有的相同祖先,可以找出它们的共性。

《科学素养基准》(美国科学发展协会,1993)的相关内容

幼儿园—2 年级:科学研究

• 人们往往单凭仔细观察周围的事物就能够学到一些东西,不过有时候,人们在对那些事物做些什么之后再进行观察,能够学到更多东西。

• 能够尽量准确地描述事物在科学研究中非常重要,因为它能够让你把自己观察到的结果与他人观察到的结果进行比较。

• 当人们对同一个事物的描述大相径庭的时候,比较好的做法是,重新进行观察,而不是进行无谓的争论。

幼儿园—2 年级:生物的多样性

• 有些动植物的外表或行为相似,有些则差别很大。

• 植物和动物都有各自不同的特征,能够帮助它们在不同环境中生存。

幼儿园—2 年级:物质的结构

• 一些方法可以令物质的某些属性发生变化,但同一种方法不能令所有的物质都产生同样的反应。

3—5 年级:生物的多样性

• 我们可以根据不同特征对各种各样的生物进行分类,判断哪一种生物属于哪一个类别。

• 根据不同目的,我们在对生物进行分类时依据不同的特征。

3—5 年级：科学研究

• 科学研究的结果很少会一模一样，但如果差异过大的话，就有必要弄明白其中的原因。在研究过程中必须严格按照指令去做并认真做好记录，好处之一就在于，一旦结果出现差异，便于查找哪一个环节出了问题。

• 如果有人声称自己知道某种东西的工作原理，科学家们往往会不屑一顾，除非他能够提供充分的证据，而且他的推理过程符合逻辑。

6—8 年级：科学研究

• 如果在实验中同时发生变化的变量不止一个，那么我们就很难弄清楚影响实验结果的是哪一个变量。虽然我们并非一定能杜绝外部变量对实验产生的干扰，但是，只要研究人员在实验过程中齐心合力，通常能够解决这类问题。

6—8 年级：生物的多样性

• 动物或植物具有多种多样的外部形状和内部结构，从而能够制造或寻觅食物并繁殖后代。

• 对有性繁殖的生物而言，一个物种包含所有能通过交配产生子孙后代的生物个体。

在幼儿园—4 年级中使用这个故事

一个较好的导入方法是，使用《了解学生的科学想法》(第 2 册)一书中的探究案例《种子的需求》。这一探究案例要求学生从种子发芽所需条件的几个选项中选出正确答案，并要求他们用自己的话来解释那样选择的原因。这种形成性评价包含了你可以立即使用的信息。

你可以让学生列出他们认为种子发芽所需要的条件。即使面对低年级学生，我也建议你使用规范的术语并确保学生弄明白它们的意思，关于种子发芽的动画有助于他们理解这些术语。你可以把列表中的每句话都改成问句，这样，学生的陈述就变成一个个可供调查的问题。例如，学生通常会说：

- 种子发芽需要阳光。
- 种子发芽需要肥料。
- 种子发芽需要热量。
- 种子发芽需要空气。
- 种子发芽需要水分。
- 种子发芽需要土壤。

将第一句陈述改成问题：种子发芽需要阳光吗？以此类推。在整个教学过程中，你可以把这些问题放在显眼的地方，以便学生对照问题进行调查，并根据调查结果对这些问题或删或留。

你也可以在《日常科学之谜（一）》中的故事《讨价还价的种子》（Seed Bargains），或者在《日常科学之谜（二）》（*More Everyday Science Mysteries*）（Konicek-Moran，2009）之《新建的温室》（The New Greenhouse）——我们这则故事的前传——中找到一些有用的信息。

你可以选择一些发芽速度较快的种子，如百日菊、金盏花、绿豆或紫苜蓿等，这样，几天之后就能够得到结果。如果播撒的种子靠近透明塑料杯边缘的土壤，就能看到土壤表层下的根逐渐发育成熟。为了回答列表中的最后一个问题——种子发芽需要土壤吗？我建议你把种子装入一个密封的塑料袋里，里面再放入一些湿纸巾，实验结果将会表明，土壤不是种子发芽的必要条件。如果学生还没有弄明白种子发芽与植株生长的区别，这个实验可以帮助他们。

你可以让学生自己动手播种、控制各种变量、实施实验方案，不过，你应当给他们提供必要的帮助。学生需要弄清楚如何管理容器中的种子，以便控制其他各种变量。如果学生不知道如何控制变量，你可以向他们提出如下问题：你如何知道种子发芽是否需要________？

在没有水分或适宜温度的容器内种子不可能发芽，而其他容器内的种子都会发芽。这些结果将会表明种子发芽需要具备哪些基本条件。显然，在容器中使用肥料的种子不会比不使用肥料的种子发芽更快。这至少会让学生对肥料的必要性提出质疑。我之所以这样说，是因为有些学生依然会固执己见，找出某些牵强的理由来说明肥料的确起了作用。毕竟，对很多人而言，“眼见为实”。

这也表明，如果我们想要取得成功，必须利用批判性思维制定相应的实验标准。有些学生可能会认为，时间是区分成功（发芽速度最快）与否的变量。你应当提醒他们注意，他们测试的重点是种子需要具备哪些条件**才能**发芽，而不是测试它们发芽的速度**有多快**。你应当特别强调，不是所有的种子都能发芽，因为有些种子并不健康。这意味着，学生要在每个容器中播下几颗种子。当然，我们也不能根据发芽种子的数量**多少**来判断容器是否满足种子发芽的必要条件。如果你使用的是当年的新种子并且播种方法恰当，发芽种子的比例应当是一个常量。如果你想了解如何利用科普读物来讨论这个话题，国家科学教师协会会员可以查阅《利用科普读物进行教学：种子会发生什么变化？》（*Teaching Through Trade Books：What Happens to Seeds*？, Ashbrook, 2005）和《利用植物进行循环》（*Cycling Through Plants*, Cavallo, 2005）。两篇文章都可以在网上找到。

对于一、二年级的学生，只要求他们关注实验中的一两个变量即可。例如，你可以在播种用的杯子里装太多的水、装适量的水或者不装水，这样，实验结果就会明显不同。学生还可以在这种简单的实验中学会控制变量。

在 5—8 年级中使用这个故事

在高年级学生中，我同样建议你使用之前提到的探究案例《种子的需求》。形成性评价非常重要，在讲授某个知识点之前，如果你不事先了解学生的"前概念"水平如何，就会如同乘坐小船出海却没有带桨、地图和指南针一样。如果学生持有的观点大相径庭，他们肯定会展开热烈讨论，而你可以根据他们的讨论情况对症下药。

上一节的大部分教学建议同样适用于高年级学生。为了弄清种子发芽需要哪些条件而设计实验方案，学生应该能够辨别实验涉及的一些变量。对教师而言比较明智的做法是，你不要过高估计高年级学生的实验设计能力，他们可能还是需要你来帮助辨别哪些变量应当保持恒定，哪些变量应当做出改变。他们可能还需要对实验设计进行修改，其中包括修改控制变量。你可以让学生分组设计实验方案，然后拿到全班学生面前集中讨论。

我认为很重要的一点是，教师应当帮助学生学会向他人提出建设性的批评，而不是对他人进行人身攻击。我常用的做法是，鼓励学生首先把小组设计方案的优点提出来，然后委婉地这样说："然而，我有一个问题，实验设计中没有提到如何记录所用水分/土壤/肥料数量的方法。"这种说话技巧不会让批评充满火药味，避免使对方产生抵触情绪，从而使你的观点比较容易被接受。正如我在本书开头几章提到的那样，我们需要帮助学生学会彼此之间有效沟通、共同进步。而在教学实践中，我们没有花足够的时间和精力教学生把科学"说"给他人听以及"听"他人"说"科学。

国家科学教师协会会员可以在 www.nsta.org 网上免费访问一篇期刊文章《豆科植物：成长经历》。看一看别人是如何教授同样的科学内容总会使我们自己受益匪浅。在这篇文章中，韦斯特描述了她如何指导学生对豆科植物进行调查研究，以及如何纠正学生的错误观念。她还设计了一个非常实用的评估标准，用来评估学生在调查研究过程中每一步掌握了哪些知识。

高年级学生可能会想到更多关于实验材料的问题，并把实验结果用图表呈现出来，从而使这项研究变得更复杂一些。例如：

- 如果只需要一点水就好，那么水多了会不会更好？
- 种子是不是需要深埋在土壤里才能发芽？
- 种子需要多少热量？
- 种子在发芽过程中是否会用到土壤？

跟其他旨在纠正学生错误"前概念"的实验活动一样，你的实验结果可谓相当有说服力，种子发芽只需要三样东西，肥料对种子发芽不起作用。即使实验结果铁证如山，而有些学生还是固执己见，你也不用气馁。相反，你应当庆幸自己为建造科学大厦又增添了一块砖瓦，将来总有一天学生会理解"种子的需求"。

相关书籍和期刊文章

Keeley, P. 2005. *Science curriculum topic study: Bridging the gap between standards and practice*. Thousand Oaks, CA: Corwin Press.

Keeley, P., F. Eberle, and C. Dorsey. 2008. *Uncovering student ideas in science, volume 3: Another 25 formative assessment probes*. Arlington, VA: NSTA Press.

Keeley, P., F. Eberle, and J. Tugel. 2007. *Uncovering student ideas in science, volume 2: 25 more formative assessment probes*. Arlington, VA: NSTA Press.

Keeley, P., and J. Tugel. 2009. *Uncovering student ideas in science, volume 4: 25 new formative assessment probes*. Arlington, VA: NSTA Press.

Konicek-Moran, R. 2008. *Everyday Science Mysteries: Stories for inquiry-based science teaching*. Arlington, VA: NSTA Press.

Konicek-Moran, R. 2009. *More everyday science mysteries: Stories for inquiry-based science teaching*. Arlington, VA: NSTA Press.

Konicek-Moran, R. 2010. *Even More Everyday Science Mysteries: Stories for inquiry-based science teaching*. Arlington, VA: NSTA Press.

参考文献

American Association for the Advancement of Science (AAAS). 1993. *Benchmarks for science literacy*. New York: Oxford University Press.

Ashbrook, P. 2005. Teaching through trade books: What happens to seeds? Science & *Children* 42 (8): 18 - 20.

Botanical Online SL. 2010. The germination of the bean. *www.botanical-online.com/animation4.htm*.

Cavallo, A. 2005. Cycling through plants. *Science & Children* 42 (8): 22 -27.

Driver, R., A. Squires, P. Rushworth, and V. Wood-Robinson. 1994. *Making sense of secondary science: Research into children's ideas*. London and New York: Routledge Falmer.

Keeley, P., F. Eberle, and J. Tugel. 2007. *Uncovering student ideas in science, volume 2: 25 more formative assessment probes*. Arlington, VA: NSTA Press.

Konicek-Moran, R. 2008. *Everyday Science Mysteries: Stories for inquiry-based science teaching*. Arlington, VA: NSTA Press.

Konicek-Moran, R. 2009. *More everyday science mysteries: Stories for inquiry-based science teaching*. Arlington, VA: NSTA Press.

National Research Council (NRC). 1996. *National science education standards*. Washington, DC: National Academies Press.

West, D. 2004. Bean Plants: A growth experience. *Science Scope* 27 (7): 44 - 47.

第十二章
干枯的苹果

乔斯(Jose)今年七岁，他跟妹妹玛丽亚(Maria)、妈妈以及外祖母住在城市里。乔斯现在上二年级，他很喜欢学校，因为那里有很多朋友，亚历克斯(Alex)是他最好的朋友。

乔斯一家人不常出远门，因此，当老师洛佩斯(Lopez)夫人通知全班同学要到乡下游玩的时候，乔斯感到非常兴奋。他们将要去参观一个苹果农场，用老师的话说是“果园”。

旅行当天是星期四，乔斯心情非常激动。全班同学坐上公共汽车，经过一番长途跋涉终于来到了果园。这里遍地都是苹果树，树上挂满了苹果，有青色的，有红色的，还有黄色的。孩子们从树上摘下苹果，然后放进箱子里。真有趣！孩子们临走时，果园主人送给他们一个大箱子，里面装满了各种各样的苹果，有麦金托什、君袖、科特兰、澳洲青苹、蛇果等。

第二天是星期五。洛佩斯老师端来一些盘子，每个盘子上有不同品种苹果的切片，她让孩子们品尝这些苹果，看一看它们味道是不是相同。孩子们分别从每个盘子上拿了一片。

各种苹果乔斯都喜欢。他又尝了尝澳洲青苹果。“哎呀，太酸了。”他说，乔斯顿时没了胃口，他把装有青苹果片的盘子放在课桌后面的窗台上。“过一会儿我会把盘子放回到讲桌上。”他心里想，也确实打算这样做。然而，他很快就把这件事忘记了，三点钟放学的时候，孩子们都兴冲冲地准备回家，想着如何去度过一个愉快的周末。乔斯把那一盘苹果片忘得一干二净。

星期一，乔斯和同学们回到学校，开始了新的一天。吃课间餐的时候，乔斯突然记起他放在窗台上的苹果片。苹果片还在那里原封未动，样子却跟原来不同：它们都变成了褐色。不仅如此，它们还变得皱皱巴巴。乔斯拿起了一片，感觉既轻又薄，几乎变干了。

“怎么回事？”乔斯问他最好的伙伴亚历克斯。“肯定是被老鼠咬了。”亚历克斯说。“但是没有老鼠的牙印啊。”乔斯说。“我不清楚。它们干了。问问洛佩斯老师吧。”亚历克斯说。

乔斯知道，他需要把整个事情经过原原本本地告诉洛佩斯老师。也许洛佩斯老师会很生气，不过她是一个好老师，肯定会原谅他的。乔斯把事情原委告诉了老师，并问她是怎么回事。

洛佩斯老师对这件事很感兴趣，她把全班同学召集在一起。乔斯向同学们讲述了自己的经历，洛佩斯老师让他们说一说那些苹果片到底怎么了，然后把他们的想法写在了一张大纸上。

目的

水在生物体中占有的比例非常高。这个故事旨在鼓励学生测量水果中令人吃惊的含水量，教师也可以借机强调水在我们日常生活中的重要作用。然而，这个故事具有多重目的，它充分利用儿童对不同口感和味道的苹果的好奇心，鼓励他们用平时不习惯吃的食物来做实验。故事涉及苹果这种常见水果具有很多不同品种的概念，可能还涉及植物结出果子的目的是什么以及它是如何实现这一目的。

相关概念

- 生物的需求
- 水
- 蒸发
- 感觉
- 生物的多样性

不要惊讶

本章故事的构思经过是这样的：有一次，我在一个二年级班级听课，授课教师利用学生对苹果的偏好把文学、数学和科学巧妙地结合起来。这位教师首先向学生朗读“苹果佬”约翰尼(Johnny Appleseed)[①]的故事，然后让他们品尝不同种类的苹果，并让他们把自己喜欢的苹果画出来。一些学生注意到，有些苹果的汁液似乎比其他苹果多。我意识到，这节课不仅仅是老师请学生品尝苹果，更主要的是让他们研究关于苹果的科学。我根据上述经历编写了这则故事，然后拿到另一个二年级班级试用。很多孩子都有做鬼脸的经验，他们在去了皮的苹果上雕刻鬼脸，然后挂起来晾干。“鬼脸”晾干以后面目狰狞，这成了孩子们非常喜欢的一项万圣节活动。苹果晾干后尺寸急剧缩小，这种现象表明苹果中的含水量是多么大，而各种生物体内含水量同样惊人。

---

① “苹果佬”约翰尼，原名约翰·查普曼(John Chapman)，美国西进运动中的传奇人物，对苹果的种植与传播起过重要作用——译者注

然而，对很多学生而言，苹果就是苹果，苹果或其他水果不可能含有水分。在他们看来，植物和动物（包括人类）体内几乎都是水的想法似乎同样荒谬。然而，有些学生见过苹果酒的酿造过程，他们知道那些汁液肯定来自苹果。很多人都没有意识到葡萄干是风干的葡萄，西梅脯是晒干的李子。既然在实验过程中肯定会用到大量数学知识，那么老师完全可以把实验与数学有机结合起来。

内容背景

如果你拿不同种类的苹果做实验，就会发现它们在外观和味道等方面很不一样。一些苹果汁液比其他苹果多，这就引出一个问题：这些苹果是否比其他苹果含水量多？如果你能够找到一台精确度为 0.1 克的电子秤，就能发现不同类型苹果的含水量确实存在差异。即使你使用比较原始、精确度为 1 克的天平，也能发现苹果在变干前后含水量差异巨大。这里的重点是，苹果变干后失去的水分通常占其自身重量的 80％以上。把一个苹果切成大致相等的八份后放在阳光下暴晒，它们在几天至一周时间内就会被晒干。苹果跟其他所有生物一样，需要通过各种途径补充它们在生存环境中失去的水分。苹果有蜡状表皮防止内部柔软果肉的水分散失，如果表皮被削掉，果肉中的水分马上就会散失到空气中。

生命离不开水。天文学家及其他科学家想要在太阳系其他行星上找到存在过水的证据，原因之一即在于此。一个人几个星期不吃东西也不会产生致命后果，几天不喝水却会丧命。据估计，人的身体 66％是由水构成的。苹果在变干过程中会失去大量水分，多数学生都会对此感到惊讶。细胞的构成部分主要是水，而生物是由细胞构成的。生活在沙漠等地的动植物已经适应了那里的干燥气候环境，能够尽量减少自身水分流失：植物叶子肥厚多水，外表呈蜡状，能够防止水分蒸发到干燥的空气中；动物尽可能减少排尿量，并学会从食物中补充水分。一些动物在干旱季节甚至会进入休眠期。一些植物的种子会蛰伏数年，等到水分充足时才发芽。鱼及其他水生动物会在干旱季节到来前把卵产在能够保水的水藻中，因此它们的卵可以挨到下一个雨季到来。亚热带地区一般有干季和雨季，落羽杉等树木的叶子在漫长干季会凋落，直到下一个雨季来临之后才重新长出叶子。

由于果实内含有孕育下一代的种子，所以植物会拼命保护自己的种子不因脱水而死。我们完全可以说，所有成功的动物或植物都练就了适应自己生存环境的本领，能够保护体内珍贵的水分不被恶劣环境偷走。

当然，苹果树为了保护与传播繁衍下一代所需的种子，便利用苹果果实这种形式。令我们感到幸运的是，苹果树的这种方式也附带给我们提供了美味的食物。这对苹果树而言是一种高明的生存技巧，因为人或动物喜欢吃这种食物，从而能够把种子传播到各个地方。植物利用美味多汁的果实把种子包住，这种现象并非偶然，而是它们为了生存而采取的最佳策略，因为这样可以吸引众多动物（包括人类）帮助其传播种子。之所以提供这些信息，是因为你和学生的讨论有可能涉及植物开花、结果以及播种等内容。

《国家科学教育标准》（国家研究委员会，1996）的相关内容

幼儿园—4 年级：生物的特征

• 生物都有基本需求。例如，动物需要空气、水和食物等；植物需要空气、水、养分和光等。

5—8 年级：生物的多样性和适应性

• 数百万种动物、植物和微生物生活在当今这个世界。尽管不同物种外表形态各异，但是，通过分析生物身体内部结构的一致性、化学反应过程的相似性以及拥有的相同祖先，可以找出它们的共性。

《科学素养基准》（美国科学发展协会，1993）的相关内容

幼儿园—2 年级：细胞

• 大多数生物都需要水、食物和空气等。

6—8 年级：细胞

• 水的重量占细胞重量的三分之二，水赋予细胞很多不同的属性。

在幼儿园—4 年级中使用这个故事

在你给学生读完这个故事之后，他们肯定会对苹果为什么变皱、变干、变轻发表自己的看法。你把学生的看法写在“我们的最佳思维榜”上之后，通常会有两个问题变得比较突出：苹果的汁液去了哪里？苹果品种不同，失去的汁液数量是否不同？我们发现，最好的办法是重现故事中描述的情节，让学生亲自品尝不同种类的苹果。学生可能会就苹果汁液的去向讨论一番。

接下来，学生应当设计实验方案来找出不同种类的苹果片变干后重量是否存在差异。尽管学生需要你帮助他们弄清各种变量，但是他们可能会一致认为首先应当保证苹果片的重量相同。你可以让学生用刀在苹果片边缘一点点裁切，直到它们大小一样、重量相等为止。学生可能还想知道，半个苹果跟一小片苹果变干的速度是否相同，或者，一个苹果去皮与不去皮变干的速度是否相同。请记住，学生在进行预测时，你应当让他们拿出理由。所有这些内容都应当记录到科学笔记本上。我们发现，让低年级学生采取绘画方式把实验记录下来，效果非常好。你应当教学生给他们画出的图贴上不同的标签，这样，他们将来就不会把记录的内容弄混淆。如果学生通过实验发现不同种类苹果变干以后失去的重量相差无几，因此感到非常失望，那么你应当告诫他们，他们已经为自己的问题找到了答案，只不过有时候答案并不一定像他们预想的那样。最重要的是，你应当让学生从总体着眼，明白所有苹果变干后失去的重量加起来非常惊人。这样，学生才能明白生物体内水分所占的比例有多大。有些学生可能会想起自己曾经看见过青蛙或蟾蜍等动物死后变干的尸体，这些经历也有助于他们理解所有生物主要都是由水构成的。

学生可以把学到的知识应用于实践，例如，自己动手制作苹果酱。他们也会懂得，水果店货架之所以整天湿漉漉的，是因为沾满了各种果汁。你可以帮助他们弄明白，果汁实际上是水果的精华与水混合而成的。很多学生都曾经使用橘子精兑水制作橘子汁，这种经历有助于他们理解水果与水的关系。

在 5—8 年级中使用这个故事

在高年级学生中使用这个故事的时候，你可以对乔斯的年龄及其所在年级进行适当修改,使其对你的学生更有吸引力。品尝不同种类苹果的活动同样会受到高年级学生欢迎。然而,尽管他们比低年级学生经验丰富,苹果变干以后重量减轻的现象依然会令他们迷惑不解。不过,高年级学生在对苹果变干后的重量进行测量的过程中,一般不会遇到太大问题。我建议你还是从"我们的最佳思维榜"入手,以便学生公开表达自己的观点。把学生陈述的观点变成问句,然后再变成预测,这是本书所有故事教学的标准程序。无论学生做出什么预测,你都应当让他拿出理由,这样,他们就会意识到预测绝不是胡乱猜测。学生在利用实验来验证预测时需要小心谨慎,各个小组应当分工协作,设计的实验方案须经全班同学讨论取得一致意见后方可实施。

这个年龄段的学生往往会想得更多:如果苹果变干后重量会减轻,那么梨、橘子、香蕉以及樱桃等水果是否同样如此?很多学生都曾见过或尝过什锦果仁麦片,里面含有各种各样晒干的水果。如果你没有专门的设备,只好等待水果晒干之后再进行比较;如果你能找到水果烘干机,就可以加快水果变干的过程。在冰箱没有问世之前,人类一直利用晒干方式对水果进行长期贮存。由此可见,只要你和学生兴趣不减,在这个领域的科学探索就没有止境。这些实验研究属于"如果……会怎样"或"我想知道……"类型的问题,能够结出累累硕果。鼓励你的学生直面问题,积极探索。你还可以利用测量不同水果含水量的机会,把数学与科学巧妙结合起来,这也符合《国家科学教育标准》对 5—8 年级的探究教学要求。

相关书籍和期刊文章

Driver, R., A. Squires, P. Rushworth, and V. Wood-Robinson. 1994. *Making sense of secondary science: Research into children's ideas*. London and New York: Routledge Falmer.

Keeley, P. 2005. *Science curriculum topic study: Bridging the gap between standards and practice*. Thousand Oaks, CA: Corwin Press.

Keeley, P., F. Eberle, and L. Farrin. 2005. *Uncovering student ideas in science: 25 formative assessment probes*, volume 1. Arlington, VA: NSTA Press.

Keeley, P., F. Eberle, and J. Tugel. 2007. *Uncovering student ideas in science: 25 more formative assessment probes*, volume 2. Arlington, VA: NSTA Press.

参考文献

American Association for the advancement of Science (AAAS). 1993. *Benchmarks for science literacy*. New York: Oxford University Press.

National Research Council (NRC). 1996. *National science education standards*. Washington, DC: National Academies Press.

第十三章
啪，啪

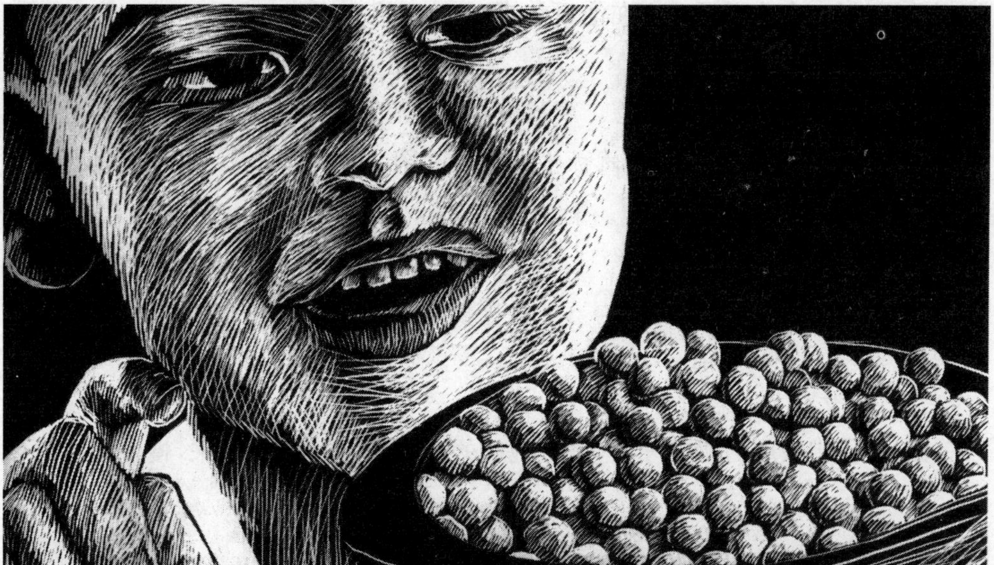

啪……啪。

“什么声音？”萨姆(Sam)想，他正坐在餐厅里做数学作业，爸爸正在准备晚饭，妈妈开会还没回来。

啪。

又来了。是小鸟？还是有人在拿石子砸窗户？

萨姆偷偷地溜到窗前，悄悄地向窗外张望——外面没有人。

爸爸在厨房里。他听到了吗？不，他一边听电台的音乐，一边跟着哼唱。每当这时候，他甚至连电话铃响都听不见。

啪……啪。啪……啪！

“究竟是谁？”萨姆大喊。真烦人！

萨姆又听了听。没有声音。终于消停了。继续写作业。

啪！！

“可恶！真是受够了！”萨姆嚷道。

他发现声音是从厨房传出来的，便蹑手蹑脚地朝厨房走去，就在他冲进门的一刹那，又听到“啪”的一声。什么东西也没有，什么人也没有，只有爸爸在用刨丝器把奶酪刨成丝，小狗温顺地坐在他面前，眼巴巴地望着奶酪。

啪。

“总算抓到你了。”他心里想。声音是从岛台上传来的，正在他疑惑不解地望着那里时，一颗豌豆，从岛台上一碗被水浸泡着的豌豆顶部滚落下来，砸到碗下垫着的托盘上。

啪。

萨姆蹲下身，双手搭在岛台上，目不转睛地盯着那只碗。“来吧，”他用挑衅的口吻说，“再来一次！”

什么都没发生。萨姆耐心等待。

然后，仿佛被魔力驱使一般，靠近碗边的一颗豌豆开始动起来，慢慢地滚过碗边，然后掉了下来。

啪！

“那里有什么？”萨姆问，“老鼠吗？”

又一颗豌豆掉了下来。啪。

“哇！真奇怪。快看这里，爸爸。你没听到什么吗？”

爸爸停止哼唱并放下了手中的活计走了过来。“你想让我看什么？”爸爸问。

“看这些豌豆。”萨姆指着豌豆说。时间一分一秒地过去，果然，另一颗豌豆掉了下来。啪！

“我在碗里装满了豌豆，然后加上水浸泡，准备今晚做豌豆汤用，就是这么回事。瞧，从碗里蹦出来的豌豆已经有二十多颗了，肯定还会蹦出更多。碗里一定有什么东西在吃它们或者把它们顶出来了。”爸爸说。

他们小心翼翼地把碗倒空，想看看里面究竟是什么样的小动物。没有小动物，只有水和豌豆。

“这就奇怪了。”萨姆喃喃地说，“你认为我们能让这种情景再现一次吗？”

目的

种子在水中浸泡时会出现什么情况？这个故事让学生看到了种子不可思议的神奇力量：它们吸收水分，让种皮软化，为发芽做好准备。这些变化过程属于物理变化，然而，其结果使得种子能够启动一系列化学变化过程，最终导致新苗诞生。这项实验能够让学生调查不同种子吸收水分的数量有什么不同，并且能够提高他们的探究能力以及数学能力。

我们能够记录被浸泡过的种子的播种和生长过程吗？当然能。英语语言学习者来自不同国家，豆类是他们那里的主食之一，对这个研究课题他们自然有很多话要说。英语语言学习者能够积极参与课堂讨论，而以英语为母语的学生也能够从中学到异域文化。

我要感谢"融合数学和科学的活动"(Activities for Integrating Math and Science，AIMS)教育基金会，多年以来，我在教学中一直借用他们的一项活动"豆子发胀了"，并取得了很大成功。这项活动内容现在已经修订再版，更名为"吸水的种子"，参见《植物常识》(*Primarily Plants*)(AIMS，2005)一书。

相关概念

- 发芽
- 探究能力
- 面积和变化百分比计算

不要惊讶

你或许会发现，你的学生没有想到种子竟然能够吸收那么多水分，他们可能会认为种子吸水能力跟海绵差不多。他们可能也不明白，隐藏在种子里的植株正是利用水来为自己"破壳而出"做好准备。超市销售的种子(豌豆和黄豆等)主要是被用来当作食物，而不是用来播种。看到种子经过浸泡后体积和重量急剧增加，你也可能会感到非常惊讶。

内容背景

烹饪中充满了类似本故事所描述的日常科学奥秘。豆子经过浸泡后会急剧膨胀。本故事中萨姆的父亲浸泡后用来做晚餐的豆子是豌豆，当然他也可以使用利马豆、豇豆、芸豆、鹰嘴豆、扁豆或其他任何一种豆子。有些豆子经过浸泡后体积能够膨胀到原来的三倍。

大多数供出售的种子通常都要经过晒干处理才能在园艺店或超市货架上长期存放，否则，种子就会发酵、发霉或发芽，而一旦出现这种情况，它们就无法再被食用或播种。大多数厨师(就像萨姆的父亲一样)往往要把干燥的豆子放在水里浸泡四个小时左右，以便它们充分吸收水分，做菜时熟得更快、更均匀。此外，由于豆子通常都带有“田野的泥土”，里面可能藏有昆虫的肢体、碎石、污泥或啮齿动物的粪便，因此，豆子经过浸泡后应当再多冲洗几次。还有，豆子含有一种叫做植酸的物质，它能够抑制人体吸收铁、镁、钙和锌等矿物质。烹饪前把豆子放在水中浸泡一段时间，能够去除大部分植酸。

根据厨师的经验，一杯干燥的豆子煮熟后大约能装满三杯。简单的数学计算告诉我们，要浸泡一杯干豆子，需要用三杯水。

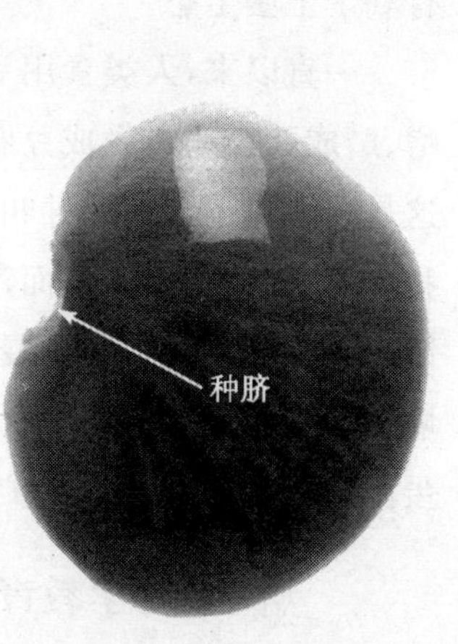

关于食品的科学就到此为止吧。我们还是继续探讨种子如何吸收水分，以及水分能对豆子膨胀后的体积和重量造成多大影响。

豌豆或其他豆科植物的种子表皮有一处凹陷的地方，那里有一小块被称为种脐的伤疤，这个伤疤是在种子从果实表面脱离时形成的(记住，在植物学术语中，甚至蔬菜也被称为果实！只要内部含有种子的东西都被称为果实)，你剥开一个新采摘的豌豆荚就能看到，如果你想把豌豆从豆荚里取出来，就必须把它与豆荚之间的一个脐带状的微型桥接物扯断。种脐给种子留下一个开口，水从这里可以轻易进入种子内部。豆子膨胀后增加的体积通常大于它所吸收水分的体积。这一过程被称为吸胀作用。

水进入种子后，种子内的聚合物吸附水分子并迅速膨胀。聚合物的定义为“特定的结构单元通过共价键多次重复连接而成的相对分子量在1万以上的化合物”。很多人把聚合物等同于塑料，事实上，聚合物在自然界普遍存在。在豆科植物的种子内，聚合物使种子膨胀增加的体积超过其吸收水分的体积。科学家对这种放大效应还不完全了解，但是，对初中生而言，他们可以做一做本章《在5—8年级中使用这个故事》一节提到的实验，比较一下种子膨胀后增加的体积与其吸收水分的体积，就能明显看出这种异常现象。

如果你指导学生把浸泡过的种子剖开，他们就会发现，未来的植株在种子里已经初具雏形。在豌豆或黄豆等豆科植物的种子里，他们能够看到两片种子的叶（子叶）以及原始的根（胚根）。我们吃黄豆，实际上等于是在吃子叶，可以从中摄取大量的纤维和碳水化合物，而不用担心脂肪含量高。

豆科植物栽培已经有近万年的历史。印第安人在豆地旁边又培育出两种作物——玉米和南瓜，组成了“食物三姐妹”，这一均衡食谱能够提供我们每日所需的蛋白质。玉米生长需要耗费大量的氮，而豆科植物都是固氮能手，它们能够吸收大气中的氮，并把氮转化为可被其他植物利用的形式归还给土壤。因此，这种做法也有利于土壤生态。

一直以来，人类食用豆类种子的方法多种多样：生吃、煮熟、发酵制成酱油或味噌、磨成面粉或者做成豆腐等。然而，豆子在被人体消化过程中会产生大量气体。这是因为豆子含有一种叫做低聚糖的糖，人体不具备分解这种糖的酶。豆子到达我们的小肠后，因发酵而产生并释放气体，如果周围有他人在场的话，往往会令我们感到很尴尬！把豆子浸泡一段时间能够除去大量糖分，有助于解决这个令人难堪的小问题。富含豆类食品的食谱有益于人体健康：降低有害的胆固醇（高密度脂蛋白），提供大量有益的矿物质、维生素和纤维，降低体重。

《国家科学教育标准》（国家研究委员会，1996）的相关内容

幼儿园—4年级：从事科学研究需要具备的能力

- 就环境中的物体、生物或事件提出一个问题。
- 制订简单的调查计划并付诸实施。
- 利用简单的设备和工具收集数据并拓展感官能力。
- 根据数据做出合理解释。

• 把自己的调查结果和科学解释拿出来与他人分享。

幼儿园—4 年级：生物的特征

• 生物都有基本需求。例如，动物需要空气、水和食物等；植物需要空气、水、养分和光等。生物只有在其需求可以得到满足的环境下才能生存。

• 世界上有许多不同的环境，不同环境养活的生物类型各不相同。

• 每一种植物或动物都有不同的结构，它们在该植物或动物生长、生存和繁殖过程中发挥不同的作用。

幼儿园—4 年级：生物的生命周期

• 植物和动物的生命周期包括出生、成长、繁殖和死亡。生命周期的具体细节因生物种类不同而存在差异。

• 植物或动物都跟它们的父母长得很像。

5—8 年级：从事科学研究需要具备的能力

• 通过科学调查确定研究课题。

• 制订科学调查计划并付诸实施。

• 利用适当的工具和技巧对数据进行收集、分析并解释。

• 运用批判思维和逻辑思维建立证据和解释之间的关系。

5—8 年级：生物系统的结构和功能

• 处于不同层次的各个生物系统在结构和功能上具有互补性。重要的层次包括细胞、组织、器官、完整的生物个体以及生态系统等。

5—8 年级：繁殖和遗传

• 繁殖是一切生物系统都具有的特征，这是因为，没有任何一个生物能够永生，繁殖对于每个物种的延续至关重要。有些生物采取无性繁殖方式，而有些生物采取有性繁殖方式。

6—8 年级:生物的多样性和适应性

• 数百万种动物、植物和微生物生活在当今这个世界。尽管不同物种外表形态各异,但是,通过分析生物身体内部结构的一致性、化学反应过程的相似性以及拥有的相同祖先,可以找出它们的共性。

《科学素养基准》(美国科学发展协会,1993)的相关内容

幼儿园—2 年级:科学研究

• 人们往往单凭仔细观察周围的事物就能够学到一些东西,不过有时候,人们在对那些事物做些什么之后再进行观察,能够学到更多东西。

• 能够尽量准确地描述事物在科学研究中非常重要,因为它能够让你把自己观察到的结果与他人观察到的结果进行比较。

• 当人们对同一个事物的描述大相径庭的时候,比较好的做法是,重新进行观察,而不是进行无谓的争论。

幼儿园—2 年级:生物的多样性

• 有些动植物的外表或行为相似,有些则差别很大。

• 植物和动物都有各自不同的特征,能够帮助它们在不同环境中生存。

幼儿园—2 年级:物质的结构

• 一些方法可以令物质的某些属性发生变化,但同一种方法不能令所有的物质都产生同样的反应。

3—5 年级:生物的多样性

• 我们可以根据不同特征对各种各样的生物进行分类,判断哪一种生物属于哪一个类别。

• 根据不同目的,我们在对生物进行分类时依据不同的特征。

3—5 年级:科学研究

• 科学研究的结果很少会一模一样,但如果差异过大的话,就有必要弄明白其中的原因。在研究过程中必须严格按照指令去做并认真做好记录,好处之一就在于,一旦结果出现差异,便于查找哪一个环节出了问题。

• 如果有人声称自己知道某种东西的工作原理,科学家们往往会不屑一顾,除非他能够提供充分的证据,而且他的推理过程符合逻辑。

6—8 年级:科学研究

• 如果在实验中同时发生变化的变量不止一个,那么我们就很难弄清楚影响实验结果的是哪一个变量。虽然我们并非一定能杜绝外部变量对实验产生的干扰,但是,只要研究人员在实验过程中齐心合力,通常能够解决这类问题。

6—8 年级:生物的多样性

• 动物或植物具有多种多样的外部形状和内部结构,从而能够制造或寻觅食物并繁殖后代。

• 对有性繁殖的生物而言,一个物种包含所有能通过交配产生子孙后代的生物个体。

在幼儿园—4 年级中使用这个故事

学生肯定想把故事中的情景再现一遍,不过,你应当让他们首先预测一下,给装有不同类型种子的杯子倒入水之后,会发生什么现象。你可以把学生每四至五人分成一组,每组共用一个大约 30 毫升的杯子。最好使用透明的塑料杯,这样他们就能看到杯子里发生了什么。在每一组中,每一种种子都应当使用两个杯子,一个杯子里装水,另一个不装水,以进行对比。

我建议你至少要使用两种不同的豆子。我喜欢使用利马豆,因为它们能够吸收大量水分,当然,豇豆、鹰嘴豆或豌豆都可以。你还可以拿玉米(单子叶植物)种子跟黄豆(双子叶植物)种子进行比较,肯定很有趣。总之,你最好让学生至少拿两种或两种以上的种子进行比较。

首先，让学生用手持放大镜仔细检查种子。你还应当让他们在科学笔记本中把种子画出来。然后问一问学生，他们认为给杯子加入水之后种子会怎样。让他们把答案记录在一张大纸上，以备将来参考。你可以利用这些信息帮助学生整理出需要调查的内容，然后看一看哪些内容可以通过实验验证，帮助他们设计一个公平实验方案。学生可能不会想到使用对照组（杯里没有水的种子），你可以通过问题的形式提醒他们：如果不给杯子加水，种子会发生什么变化？

你可以提出如下问题：

• 你如何才能知道种子是否已经发生了变化？
• 你如何才能知道你看到的各种变化都是由水造成的？
• 你认为需要多长时间才能让种子发生变化？
• 如果我们在实验之后把种子播种到土壤里，它们能发芽、出苗吗？
• 把浸泡过的种子和干燥的种子同时播种到土壤里，前者的发芽速度会不会比后者快？

除非你有能力熟练指导学生同时进行几项不同的实验研究，否则就让全班同学商定一个统一的实验方案，这样大家都在同一时间做同一个实验。需要强调的是，如果你要求学生调查种子体积在某一段时间内发生的变化，他们就应当在同一时刻开始，并在同一时刻结束。我建议你从早上开始这个活动，把豆子浸泡大约四个小时。务必让学生在浸泡之前测量种子的重量和大小。学生可以把浸泡前的种子放在每小格边长为 1 厘米的坐标纸上，观察种子覆盖几个方格，然后，再把浸泡过的种子放在坐标纸上，观察种子覆盖几个方格。还有一种比较好的记录方法：你可以让学生在浸泡前和浸泡后分别沿着种子轮廓在纸上画出来。你应当让学生把这些种子与其他种子分开，或者以某种方式做出标记，方便以后识别。一般而言，小学使用的电子秤精度不高，无法衡量出单个豆子的重量差异，但是，如果把浸泡前的豆子放在一起称，浸泡后也放在一起称，那么学生就能看出两者存在明显差别。

为了在实验中获得最佳效果，你可以让学生首先用杯子装满豆子，也就是上面的豆子跟杯口齐平，然后倒入一定数量的水（测量并记录下来），也跟杯口齐平。学生可以每隔一小时查看一下豆子出现了什么情况。杯里的水肯定会逐渐变少，因此需要添加更多的水，如果出现这种情况，让学生把每次添加的水量都记录下来。

正如故事里描述的那样，第一粒豆子开始从杯中掉出来时，让学生把时间记录下来，然后观察每小时有多少豆子掉出来。此时，你最好改用滴管给杯子加水，这样水就不会溢出来，造成实验数据不准。杯里的豆子不断吸收水分，并继续膨胀下去。让学生把自己观察到的现象记录下来，并给出合理的解释，从而为本章故事续写结局。他们还可以观察每一种种子耗尽杯里的水各需多长时间，或者从开始浸泡到第一粒种子掉出来各需多长时间。规定时间一到，就让学生把杯里的豆子取出来，测量杯里剩下的水量，并将其与添加的水量进行比较。

如果你想把实验再推进一步，可以让学生把软化了的种皮剥掉，然后把种子剖开，看看里面是什么。他们可以从中了解植株是如何突破坚硬种皮的。你可以让他们把观察到的现象画出来，帮助他们找出种子里面已经初具雏形的幼苗，尤其是子叶和胚根。双子叶植物（黄豆）有两片子叶，而单子叶植物（玉米）只有一片子叶。

把种子连同湿纸巾一起放入塑料袋后密封起来，用胶带把塑料袋固定在窗户上，这样学生就能看到休眠的种子一旦被水唤醒将会发生什么变化。注意，过了一段时间以后塑料袋里的种子可能会发霉，变得无法观察。

当然，你们也可以把种子播撒在土壤里，只要学生热情不减，你们就可以一直调查下去。即使这样做已经超出了本章教学内容的范围，却是调查研究的合理延伸，值得一试。

在 5—8 年级中使用这个故事

跟低年级学生一样，高年级学生也会对这个故事很感兴趣。事实上，他们会非常急切地想要“情景再现”。当然，你应当让学生首先谈一谈他们对种子和浸泡的看法，并把各人的观点记录下来。接下来，你可以组织学生就如何开展调查进行讨论，注意要把对照组和实验组等内容都包括进去，他们会就实验的具体方案达成一致意见。我发现，高年级学生喜欢使用更多不同种类的种子。这可能是因为他们比低年级学生知道的种子种类更多，也可能是因为他们更好奇。高年级学生完全有能力分组，同时进行不同项目的实验研究并记录实验数据，事实上，这对他们而言可谓小菜一碟。你可以让他们做一项更有挑战性的研究，下面一则故事描述了他们需要研究的内容。

《啪，啪》的延伸故事

玛丽(Mary)、吉姆(Jim)和海伦(Helen)正在争论关于豆子的事情。他们都知道,如果把利马豆放在水里浸泡,浸泡后膨胀的豆子在重量和体积两方面都比浸泡前有显著增加。三个人的意见分歧体现在如下方面:

玛丽说:“这些豆子膨胀后,体积比重量增幅更大。你只要看一看就能明显看出来!豆子膨胀后的体积是原来的两倍,但是重量不可能是原来的两倍。”

吉姆说:“膨胀后的重量比体积增幅更大。你只要把它们拿在手里掂一掂,就能明显感觉出来!它们吸收了那么多水,重量比体积增幅肯定大得多。我敢打赌,它们的重量是原来的三倍,体积却只有原来的两倍。”

海伦说:“质量和体积的增幅应当相同。膨胀是由于豆子吸收了水,体积的增加部分是由水造成的,因此,这部分重量就等于豆子吸收的水的重量。”

三个人应该通过什么样的实验来解决这个问题?你们可以每四人一组进行实验,在实验之前首先提出一个或几个假设,然后通过实验加以验证。教室内有可以测量体积的工具。请展开讨论并就实验设计方案达成共识。

延伸故事的内容背景

说也奇怪,玛丽是对的。这就是我前面提到的放大效应,即,黄豆种子中的聚合物导致种子体积膨胀幅度异常大。然而,这并不是本故事的重点。重点是让学生设计一项难度比较大的实验方案。海伦的解释似乎最符合逻辑,却没有考虑到种子的异常行为。

实验的难点在于,学生如何收集关于豆子体积变化的数据。豆子在水中会下沉,因此,最好的办法是测量豆子的排水量。学生应当使用多种豆子来获得可读的结果,然后把这些豆子与其他未测试的豆子分开,以便在调查结束前重新测试。

上述关于豆子膨胀后体积异常增大的信息来源于《植物生理学》(*Plant Physiology*)杂志上的一篇论文《种子吸胀作用的体积构成》(Volumetric Components of Seed Imbibition, 1983)(www.plantphysiol.org/cgi/reprint/73/3/677.pdf),作者为博伊斯汤普森研究所(Boyce Thompson Institute)的卡尔·利奥波德(Carl Leopold)。这篇论文浅显易懂,如果你告诉学生这些研究内容,他们会觉得他们的活动更有意义。

毕竟，一个真正的科学家真心关注了这个问题，并真诚地撰写了一篇论文，而一本声望颇高的杂志真就把它刊登出来了。你与科学家的距离还有比这更近的吗？

相关书籍和期刊文章

Driver, R., A. Squires, P. Rushworth, and V. Wood-Robinson. 1994. *Making sense of secondary science: Research into children's ideas*. London and New York: Routledge Falmer.

Keeley, P. 2005. *Science curriculum topic study: Bridging the gap between standards and practice*. Thousand Oaks, CA: Corwin Press.

Keeley, P., F. Eberle, and C. Dorsey. 2008. *Uncovering student ideas in science: Another 25 formative assessment probes, volume 3*. Arlington, VA: NSTA Press.

Keeley, P., F. Eberle, and L. Farrin. 2005. *Uncovering student ideas in science: 25 formative assessment probes, volume 1*. Arlington, VA: NSTA Press.

Keeley, P., F. Eberle, and J. Tugel. 2007. *Uncovering student ideas in science: 25 more formative assessment probes, volume 2*. Arlington, VA: NSTA Press.

Konicek-Moran, R. 2008. *Everyday science mysteries*. Arlington, VA: NSTA Press.

Konicek-Moran, R. 2009. *More everyday science mysteries*. Arlington, VA: NSTA Press.

参考文献

AIMS Education Foundation. 2005. Seed soakers. In *Primarily plants*, 57-65. Fresno, CA: AIMS.

American Association for the Advancement of Science (AAAS). 1993. *Benchmarks for science literacy*. New York: Oxford University Press.

Leopold, A. C. 1983. Volumetric components of seed imbibition. *Plant Physiology* 73: 677-680.

National Research Council (NRC). 1996. *National science education standards*. Washington, DC: National Academies Press.

第十四章
搭便车

秋高气爽的一天晚上，四岁的金毛犬安妮(Annie)盼着饭后出去散步。凯尔西(Kelsey)很喜欢带着安妮散步，因为她一向乖巧听话。但是，今天晚上，安妮挣脱了凯尔西手中牵着的狗绳，把住在院子里的那只土拨鼠从院里赶到了院外附近的空地上。凯尔西在安妮后面一路小跑，担心她可能会跑到附近一条交通繁忙的马路上，万一碰到超速的汽车容易发生危险。她循着狗叫声追过去，最后发现安妮正对着地上一个洞口吠叫，而土拨鼠早已钻进洞里。

“来吧，安妮，你没办法把它从洞里弄出来。即使你能做到，它的牙齿那么尖利，你也未必能占上风!” 这一次，凯尔西紧紧抓住狗绳，把安妮从洞口拽开。当她们从田野里一片齐腰深的杂草丛中穿过，回到院子里时，凯尔西的衣服上以及狗的身上到处都沾满了一些小东西。

凯尔西必须帮安妮重新彻底梳理一番，因为她开始不停地乱咬自己的皮毛，试图将那些东西从身上弄掉。凯尔西的裤子和毛衣也都沾满了那些东西，很难弄下来。凯尔西牵着小狗走进屋里，大家都警告她说不要把家里弄得乱七八糟。

“别担心!”凯尔西回答，“它们很难被扯下来，肯定也不会掉在地板上。有些还带着刺，我想把它们摘掉的时候，还被扎伤了手指。它们都是种子，对吧?”

“我是这样认为的。”爸爸说。

“我想知道，如果我拿一些播种的话，它们会不会长出来?”

“它们要到春天或夏天才能长出来，你得等很长时间哦。”

“这些种子是想让我和安妮带着它们兜风吗?”

“嗯，它们是想到处走走，所以就搭乘你和安妮的‘便车’。”凯尔西妹妹贝丝(Beth)说。

“如果今晚我和安妮不去那里，它们又该怎么办? 除了像这样沾到我身上之外，它们肯定还有别的办法。”凯尔西抱怨道。

爸爸想到一个好主意:“凯尔西，我认为种子旅行的方式多种多样。我们为什么不去搜寻一番，看看能否找出它们是通过哪些手段离开父母的?”

说做就做。他们搜罗了各种各样的种子，而一旦静下心来仔细观察，就不难发现它们各自的出行方式。

目的

种子植物的很多特征都是经过亿万年进化而来的。这个故事探讨了植物进化的一个重要特征：种子通过广泛传播，可以避免在同一地方跟父母争夺阳光、水和养分等自然资源。我们已经在《直升机长成大树》（第五章）这个故事中探讨了橡树和枫树的种子，它们能像直升机一样飞行。这里，我们将要探讨的是，一旦种子准备好发芽，它们还有哪些方式可以“离开家”。我需要补充说明一下：我们通常所说的“种子”其实应该被称为“果实”。大多数植物传播的都是含有种子的果实。这个故事鼓励学生细心观察常见植物传播其种子和果实的几种方法，并帮助他们拓宽植物学的知识视野。

相关概念

- 植物
- 繁殖
- 生命周期
- 果实和种子
- 适应
- 形式和功能
- 种子传播

不要惊讶

学生通常没有意识到，种子植物通过进化出一些机制把种子传播到其他地方，以此避免过度拥挤的环境。大多数孩子在田间地头行走的时候都曾碰到过衣服被植物果实沾上的情景，尽管如此，他们也并没有意识到这对植物有什么价值，也没有意识到他们正在把含有种子的果实带走。开花植物的种子几乎没有裸露的，它们要么附着在果实上，要么属于果实的一部分。很多儿童和成人都把果实错当成种子。

内容背景

在地球历史上，当低等植物进化为高等植物（包括开花植物）时，有些植物能够把种子传播到远离自己的地方，它们产生的下一代往往更健康、生命力更强。幼苗不需要跟父母争夺阳光、水和养分，存活下去的可能性就更大，与此同时，它们也不会影响父母的生活和繁殖能力。因此，自然选择偏爱那些能够把种子传播到远处的植物。

植物传播种子的媒介主要有以下几种：动物、风、重力、水和火等。下面我们来逐一讨论。

借助动物传播：本章故事里提到的植物是苍耳，它的果实表面上有很多小钩子，能够附着到从它旁边经过的动物身上。但是，并非所有依赖动物的果实都有"搭便车"行为。有些种子被包裹在果实里，而果实被动物吃掉。松鼠采集橡子（橡树的果实）后往往把它们埋起来，其中被松鼠遗忘的或没被找到的橡子就会在土壤中生根发芽。还有一些果实味道鲜美，会被动物当场吃掉，然后，果实内的种子经过动物消化道，被排泄到远离父母的地方。你还记得你在吃苹果的时候，会把含有种子的果核扔掉吗？这也是植物种子得以传播到远处的一种方式。

一个值得注意的有趣现象是，牛蒡是一种"搭便车"旅行的植物，瑞士发明家乔治·德·梅斯特拉尔(George de Mestral)从牛蒡果实芒刺上的"钩与环"结构中获得灵感，发明了尼龙搭扣。鬼针草也会附着在人的衣服或动物的皮毛上面，从而得以传播。

借助风传播：有些植物借助风把种子带走。榆树、梧桐、枫树以及其他树木的果实都带有"翅膀"，它们能像直升机一样飞到远处。马利筋、蒲公英以及一些紫菀属植物结出的果实宛如降落伞。你们谁没用嘴吹过蒲公英成熟的果实，让它随风飘荡？"降落伞"的主体是果实，种子附在降落伞柄底部。柳树和杨树等树木也会结出降落伞状的果实，随风飘向远方。

借助重力传播：地球重力和物体形状也会结合在一起，把植物的果实从父母身边带走。栗树和七叶树等树木的果实成熟后掉落到地上，由于它们是圆的，就会滚出一段距离。

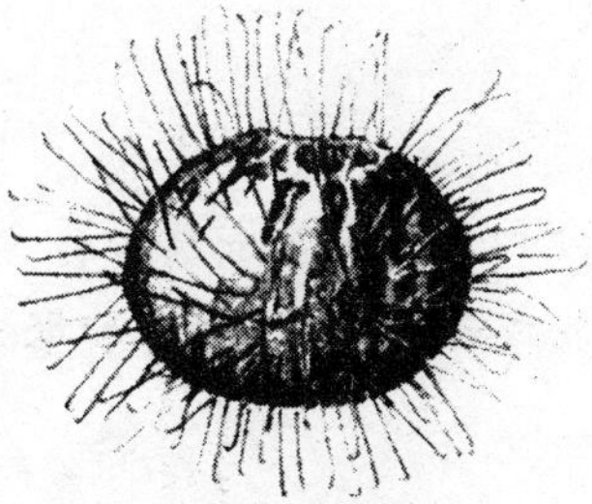

牛蒡果实

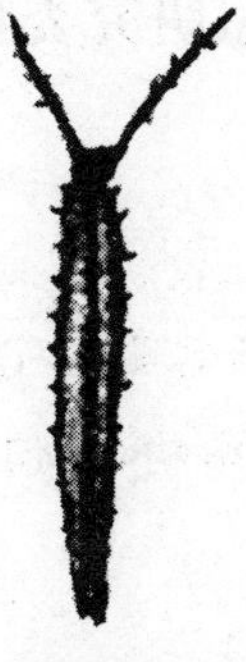

鬼针草

借助风传播的果实

借助水传播：植物的果实和种子挣脱父母束缚的另一种方法是借助水漂流到远处。水生植物（生活在溪流、湖泊或海洋中的植物）的果实成熟后掉落到水里，让水流把它们带走。红树种子成熟后在树上发芽，发芽后长成的雪茄状植株掉落到浅海水域，然后在那里茁壮成长。繁殖芽，正如它的名字一样，垂直漂浮在水中，一旦接触到合适的基质（植物生存所需的特定土壤环境），就会伸出锚状根固着在基质上，开启新生活。热带的椰子树果实也会掉落到水中，随着水流漂流到远方，甚至能够从一个岛屿漂到另一个岛屿。

红树繁殖芽

借助火传播：有些植物需要借助火传播种子。例如，短叶松的种子由具有保护作用的蜡质固着在球果上，只有借助火的热量才能把蜡质熔化，否则，种子不会自动脱落。种子还需要在被烧过的基质中才能发芽。因此，在很多森林里，较小的植物想要开启新生命，火的重要性不言而喻。在一些国家公园里，工作人员在火情可控的情况下主动烧除林区积累的可燃物（计划烧除），这样，新诞生的植物长势更好，而且与之争夺自然资源的对手也较少。森林大火有可能是天然发生的，如果某些地区没有天然火，我们就需要定期进行计划烧除，以保持该地的生态完整性。

《国家科学教育标准》(国家研究委员会,1996)的相关内容

幼儿园—4 年级:生物的特征

• 生物都有基本需求。例如,植物需要空气、水、养分和光等。

• 每一种植物或动物都有不同的结构,它们在该植物或动物生长、生存和繁殖过程中发挥不同的作用。

幼儿园—4 年级:生物的生命周期

• 植物和动物的生命周期包括出生、成长、繁殖和死亡。生命周期的具体细节因生物种类不同而存在差异。

• 植物或动物都跟它们的父母长得很像。

幼儿园—4 年级:生物和环境

• 一切生物都依赖植物。一些动物以植物为食,其他动物以这些动物为食。

• 一切生物都会给它所处的环境带来变化。其中一些变化对该生物本身或其他生物有害,而有些变化则有益。

• 人类需要依赖自然环境以及人为改变的环境。人类给自然环境带来的变化对其自身或其他生物既可能有益,也可能有害。

5—8 年级:生物系统的结构和功能

• 处于不同层次的各个生物系统在结构和功能上具有互补性。重要的层次包括细胞、组织、器官、完整的生物个体以及生态系统等。

• 在多细胞生物体中,专门的细胞具有专门的功能。专门的细胞组合在一起形成组织,如肌肉。不同的组织又组合在一起形成更大的功能单位,即器官。每一类细胞、组织和器官都具有独特的结构和功能,并服务于整个生物体。

6—8 年级:繁殖和遗传

• 繁殖是一切生物系统都具有的特征,这是因为,没有任何一个生物能够永生,繁殖对于每个物种的延续至关重要。有些生物采取无性繁殖方式,而有些生物

采取有性繁殖方式。

6—8 年级:调节和行为

• 为了在一个不断变化的外部环境中生存,一切生物都必须能够获得并使用资源、生长以及繁殖,并且保持身体内部状况的平衡。

• 生物的行为在适应环境的过程中不断进化。一个物种如何行动、如何获取食物、如何繁殖以及如何应对危险等,都是建立在该物种进化历史基础之上的。

6—8 年级:种群和生态系统

• 生态系统能够养活的生物数量取决于可利用生物资源的多寡,并取决于非生物因素,如光和水的数量多少、温度的高低范围以及土壤成分等。如有足够的生物和非生物资源,没有疾病或猎食者,生物种群(包括人类)数量将会快速增长。如果缺乏生物资源,再加上猎食者数量剧增以及气候变化等其他不利因素,则会限制生态系统中特定生态位的物种增长。

《科学素养基准》(美国科学发展协会,1993)的相关内容

幼儿园—2 年级:生物的进化

• 植物和动物都有各自不同的外部特征,能够帮助它们在不同环境中生存。

幼儿园—2 年级:生物的多样性

• 有些动植物的外表或行为相似,有些则差别很大。

幼儿园—2 年级:遗传

• 在同一种群中,同一种生物的不同个体之间会发生变异。

• 后代与父母之间以及后代彼此之间都很相似,但是不完全相同。

3—5 年级:生物的多样性

• 我们可以根据不同特征对各种各样的生物进行分类,判断哪一种生物属于哪一个类别。

3—5 年级：生物的进化

• 同类生物的个体之间在特征方面存在差异，有时候这些差异能为个体带来生存和繁殖上的优势。

6—8 年级：生物的多样性

• 动物或植物具有多种多样的外部形状和内部结构，从而能够制造或寻觅食物并繁殖后代。

6—8 年级：生物的进化

• 具备某些特征的生物个体比其他个体存活与繁衍后代的可能性更大。环境条件的变化会影响生物个体乃至整个物种的生存。

在幼儿园—4 年级中使用这个故事

面对低年级学生，你可能需要解释"搭便车"的含义。你可以让他们列出动物与植物之间的区别，或者使用《了解学生的科学想法》(第 2 册）中的探究案例《它是植物吗?》。他们通常都会提到一个区别：植物不能移动，而动物能移动。

学生可能还不懂花朵在有性繁殖中发挥的作用，你可以让他们观察一下，从花园直接采摘下来的果实上面可能还残留一些花朵，而果实实际上就是由花朵变成的。商店里果实上的花朵在出售前已经被去掉了。尽管学生经常把某些植物的果实错当成种子(如蒲公英、浆果、马利筋、榆树、梧桐、枫树和橡树等)，我还是强烈建议你在使用该"果实"的时候就使用这个词。

春天是把学生带出去玩的好时机，可以让他们看一看植物从开花到结果的过程。如果你让学生参加"认养一棵树"或认养其他植物的活动，他们就每天都能观察到植物发生变化：蓓蕾初绽，残花凋谢，硕果累累。你可以在 10 月份使用《万圣节科学》(第十五章)，该故事主要讲述南瓜及其种子的知识；到了来年春天接着使用本章故事，那时正是观察花朵和果实的最佳时机。

跟其他章节一样，我喜欢以"我们的最佳思维榜"开场，让学生把他们所了解的种子知识逐条列举出来。大多数学生都熟悉苹果、橘子、葡萄种子以及樱桃核等。

也许他们都见过小鸟啄食树上的果实，但是并没有意识到种子被鸟吃下去之后会在其他地方排出体外。然而，在春夏时节，学生可能都会看到蒲公英、马利筋或柳树的果实漫天飞舞。他们还会注意到榆树、梧桐或枫树的果实宛如小直升机一般。一个值得学生讨论的问题是：种子和果实成熟后就会从它们的父母身边飞走，你认为它们这样做是为什么？

接下来，你可以再提出一个问题：你们有没有发现，如果很多植物都挤在一个地方生活，会出现什么情况？每年，当我们准备把室内植物放到户外给它们"放暑假"的时候，往往需要把它们移植到更大的容器中，因为它们经过一冬时间变得枝繁叶茂。有些植物在其他植物陪伴下长势更好，多数植物则不然。你可以问一问学生：如果兄弟姐妹侵入它们的私人空间，它们会有何感想？有些植物也需要自己的"私人"空间，但是可能出于不同的原因。

你可以帮助学生设计一个调查方案，让他们研究某些植物在生存空间过度拥挤时是否依然长势良好。一种方法是，参考种子包装背面的说明书（芥菜或萝卜种子就行），看它是否建议播种时种子之间需要间隔一定距离。你可以提出如下问题：

- 说明书提出这条建议的原因是什么？
- 如果你不按照说明书的使用说明播种，而是让种子间距较窄，会导致什么后果？
- 如果我们把播种的数量增加到说明书建议数量的十倍，你认为会导致什么后果？
- 我们如何把按照上述方式播种得到的结果跟按照使用说明播种得到的结果进行比较？
- 在植物生长过程中，我们需要测量什么？
- 我们需要让播种盘里的哪些东西保持不变？
- 我们在照料植株时，需要让哪些东西保持不变？

调查结束后，学生应当能够看出植物需要一定的空间、适量的水和充足的阳光。拥挤环境中的植物通常细长、羸弱。学生由此应当能够明白，为什么说种子远离父母对它们而言是一种优势，因为这样它们可以避免跟父母争夺生存所需的各种资源，从而能够茁壮成长。

这件事做完以后，接下来你最好带学生出门去搜寻各种种子，以便让他们看看植物如何利用果实的形状和结构帮助自身避开拥挤不堪的环境。如果你真打算外出搜寻种子，那么秋天是安排这一活动的大好时机：橡子已经掉落，牛蒡正在“搭便车”旅行，马利筋在空中飞舞。植物的果实大小不等，有的很大，有的很小，还有的藏在瓜和葫芦里。当然不要忘记还有苹果、樱桃和树莓之类的果实。你可能会错过枫树和桤木的果实，因为它们老早就已经掉落，不过此时地上可能还会残留一些（或者，你可以在春天收集这些翅果，以便秋天向学生展示）。秋季还是讲授《万圣节科学》的好时机，因为南瓜的果实和种子里装满了科学奥秘。

你可以借此机会向学生展示植物的“形式”和功能之间存在什么关系。这个年龄段的学生应当能够认识到每一种植物的“形式”都与它发挥的功能相关。能够飞行的小“直升机”、带钩子的“搭便车”旅行者以及被动物吃掉的美味果实等，这些例子充分说明了“形式”和功能的关系——一个非常重要的概念。你可以让学生制作一些海报，描绘不同植物的形状（形式）以及它们传播种子的方式。一旦学生仔细观察不同植物的果实，就不难发现种子是如何传播出去的，因为果实的结构在种子传播过程中发挥着重要作用。

在 5—8 年级中使用这个故事

听完本章故事，这个年龄段的学生已经迫不及待地想要出去搜寻种子了。如果你在他们出门前先讲一讲“形式”和功能的概念，肯定会对搜寻活动大有帮助。第一步，让学生把他们所了解的种子传播知识逐条列举出来，填入“我们的最佳思维榜”。如果他们错把果实当成种子，你应当及时予以纠正。其实很简单，植物学家对“果实”的定义是：被子植物的雌蕊经过传粉受精，由子房或花的其他部分参与发育而成的器官。你可以让学生回顾一下关于植物器官的知识，找出花朵的雌蕊和柱头，这样就能看到雌蕊受精后膨大的子房。

你可以让学生列出他们所认为的种子传播的各种方式，问一问他们为什么种子与父母隔开一段距离很重要。你还可以向学生提出上一节关于植物生存空间拥挤会造成什么后果的系列问题。有些植物（如莴苣）生活在拥挤的环境中似乎不会受到不良影响，但是，其他一些植物（如芥菜、萝卜或豌豆）的生存实践充分证明，它们在拥挤的环境中不得不与其他植物争夺各种有限的资源，结果它们变得细长、羸弱。

当你认为学生已经充分掌握了关于果实和种子的知识，可以利用果实的“形式”和功能来分辨植物传播的方法，就可以组织学生开展户外活动了。如果你可以带领学生到学校附近搜罗果实，就会给学生提供一个绝佳的实地考察机会。如果你出于某种原因不能亲自带领学生外出活动，也可以给他们布置一项家庭作业，让他们把果实样本以及相关观察记录带到学校。面对众多不同的样本，学生可以进行深入细致的观察，把每种果实或种子画出来，并根据“形式”和功能对它们逐一归类。这样，你和学生既解决了本章故事提出的各种问题，也完成了两份国家标准文件规定的教学任务。

相关书籍和期刊文章

Driver, R., A. Squires, P. Rushworth, and V. Wood-Robinson. 1994. *Making sense of secondary science: Research into children's ideas*. London and New York: Routledge Falmer.

Keeley, P. 2005. *Science curriculum topic study: Bridging the gap between standards and practice*. Thousand Oaks, CA: Corwin Press.

Keeley, P., F. Eberle, and C. Dorsey. 2008. *Uncovering student ideas in science: Another 25 formative assessment probes, volume 3*. Arlington, VA: NSTA Press.

Keeley, P., F. Eberle, and L. Farrin. 2005. *Uncovering student ideas in science: 25 formative assessment probes, volume 1*. Arlington, VA: NSTA Press.

Keeley, P., F. Eberle, and J. Tugel. 2007. *Uncovering student ideas in science: 25 more formative assessment probes, volume 2*. Arlington, VA: NSTA Press.

Konicek-Moran, R. 2009. *More everyday science mysteries*. Arlington, VA: NSTA Press.

参考文献

American Association for the Advancement of Science（AAAS）. 1993. *Benchmarks for science literacy*. New York：Oxford University Press.

Keeley，P.，F. Eberle，and J. Tugel. 2007. *Uncovering student ideas in science：25 more formative assessment probes，volume 2*. Arlington，VA：NSTA Press.

Konicek-Moran，R. 2008. *Everyday science mysteries*. Arlington，VA：NSTA Press.

National Research Council（NRC）. 1996. *National science education standards*. Washington，DC：National Academies Press.

第十五章
万圣节科学

十月凉意袭人的一天，塞拉(Sella)和父母一起前往农贸市场，准备挑一个南瓜做南瓜灯。他们已经确定好了几个目标。首先，找一个最好看的南瓜刻成南瓜灯用来装点万圣节，其次，找一个种子最多的南瓜用来做腌南瓜子当零食吃。塞拉一家都很喜欢吃南瓜子，并且有一个腌南瓜子的美味秘方。他们来到农贸市场，遍地都是大小不同、形状各异的南瓜，看得他们眼花缭乱。他们究竟如何才能找到心目中那个完美的南瓜呢？还有，怎么才能知道哪个南瓜的子是最多的？

“我觉得，最大的那个南瓜肯定有最多的南瓜子。很显然，南瓜越大，子就越多。”塞拉说。

“看看南瓜表皮的棱纹是多还是少，它们能告诉你哪个南瓜的子最多。”爸爸说道。

“我觉得最重的南瓜的子最多。”妈妈说，“因为南瓜越重，里面的东西越多。”

“可是，妈妈，最重的南瓜肯定也最大，对吧？而且里面的东西也不只是南瓜子，对吧？”

“不一定。我们挑几个大的和小的掂掂看。”爸爸说，“至于南瓜里面的瓜瓤，让我们好好想想它有什么用。也许我们把南瓜切开，就能看出它的用途。”

最后，他们买了好几个南瓜带回家去寻找上述问题的答案。等到他们着手认真研究南瓜时，反而遇到了更多问题。

目的

南瓜是学生进行科学研究的完美对象,因为这种秋收果实虽然品种繁多,却具备果实的一些共同特征,这些特征不会随个体差异而变化。南瓜不仅给儿童和成人带来乐趣,而且可能是秋收果实中最受人们喜爱却又容易被误解的一种。这篇故事将为学生提供大量的机会,让他们参与科学调查并通过直接观察来解答他们提出的大部分问题,他们的科学研究技能也将得到提高。

这篇故事与历史、文化和节假日有着诸多联系。许多人都承认,他们万圣节在挑选南瓜上花的时间远远多于在圣诞节挑选圣诞树的时间。在我班就读的本科生年龄都在二十一岁左右,其中至少 20%的学生说他们从来没有雕刻过南瓜灯。文化缺失竟然达到这种程度?

相关概念

- 果实和种子
- 变异
- 测量
- 估算
- 密度
- 科学研究

不要惊讶

学生在比较不同东西的时候往往会认为越大越好。他们很自然地认为,南瓜越大里面的子越多,表面的棱纹也越多。这一点也许是对的,但是需要具体数据来支撑。学生通过实验研究将会取得确凿的证据。

内容背景

南瓜往往被认为是一种带有神秘色彩的葫芦科果实。实际上,南瓜与黄瓜、西葫芦和西瓜等是近亲关系,同属于葫芦科。南瓜的拉丁文名字是 Cucurbita pepo,它实际上是一种独特的果实,一种叫做瓠果(pepo)的特殊浆果。

如果你仔细想想,就会发现上面提到的所有果实的果肉中都含有大量种子,并具有坚硬的外皮(记住,在植物学术语中,很多我们称为蔬菜的东西实际上都是果实)。南瓜内部是一团黏糊糊的瓜瓤,里面密布着大量南瓜子。瓜瓤对南瓜灯制作者而言是最难以处理的地方,它是内果皮的一部分,即被称为果皮的肉质部分内层,而果皮也就是人们食用的那部分。这团绵软的瓜瓤富含水分,如果你用手把它掏出来,会觉得它很黏滑。不过,这是必需的步骤,回报就是得到美味可口的南瓜子。把南瓜子从内果皮里剥离出来,烘焙熟后就可以食用。这也是制作南瓜灯乐趣之余的额外犒赏。

你也许能看见每个南瓜子的尖头那端连着很细的丝。这可能是花粉管,南瓜花的胚珠需要通过它受精。这些细丝不太容易被发现,我们似乎也没必要去费那个劲儿。

南瓜子营养丰富,含有镁、磷、锌、铁、铜、蛋白质和维生素 K 等。有一些证据表明,食用南瓜子有益于健康,如减轻前列腺肿大,但这还没有得到科学证实。此外,南瓜子经烘焙箱烘焙熟后还是一道美味零食。

南瓜子具有繁殖能力,可以晾干后播种。南瓜里面含有的种子数量各不相同,较大的南瓜通常含有的子较多,子的个头也较大。有人专门培育巨型南瓜,在展览会上展出,有的甚至重达 450 千克以上。但是,对本地种植者而言,平均重量为0.5 千克—9 千克的小南瓜在万圣节期间更有利可图,在此期间,许多北美家庭的门廊下和草坪上到处点缀着刻有脸谱并内置蜡烛的空心南瓜灯。

很多食谱都建议使用南瓜罐头来做南瓜甜品,其实,我们可以直接使用南瓜,把南瓜去掉外皮之后,切开果皮(果肉)就可以制作美味佳肴。如今,南瓜派显然是美国感恩节餐桌上的一道标志性菜肴,据说,1621 年在普利茅斯举办的第一届感恩节活动,其甜品就是用南瓜做的,但是这一说法尚未得到证实。有趣的是,多数南瓜罐头其实是用哈伯德南瓜(Hubbard squash)做的,这种南瓜比普通南瓜更甜一些。

南瓜花是雌雄同株的(一株植物上分别长有雄花和雌花),由大黄蜂或蜜蜂进行授粉。由于南瓜的一朵花不同时具备雄性和雌性器官,所以被称为不完全花。而一朵花同时具备雄性和雌性器官,则被称为完全花。通常雄花比雌花出现得稍微早一些。如果雌花没有授粉,则花朵凋谢,不结果实。已经授粉的花朵容易被辨别出来,因为雌花在受粉之后,其花柄底部会膨胀。花朵在白天开放的时间很短,也许下午就会闭合。它们只会为了授粉盛开一到两天，所以蜜蜂往往来不及完成传粉任务。由于南瓜花不是自花授粉，因此下一代的果实可能会出现较多变异。

南瓜花可以食用。互联网上有不少相关的美味食谱，如烘焙南瓜花馅饼或蒜炒南瓜花等。这样可以为全班学生带来一道美餐，增加科学研究的趣味。

说一句跟历史有关的题外话，据说是爱尔兰人把万圣节那天用果实雕刻鬼脸以及制作灯的风俗带到新大陆的，但是，因为爱尔兰当时还没有种植南瓜，所以他们只能使用萝卜。他们来到美国以后，惊喜地发现使用南瓜更合适。

《国家科学教育标准》(国家研究委员会，1996)的相关内容

幼儿园—4年级：从事科学研究需要具备的能力

- 就环境中的物体、生物或事件提出一个问题。
- 制订简单的调查计划并付诸实施。
- 利用简单的设备和工具收集数据并拓展感官能力。
- 根据数据做出合理解释。
- 把自己的调查结果和科学解释拿出来与他人分享。

幼儿园—4年级：生物的特征

- 生物都有基本需求。例如，动物需要空气、水和食物等；植物需要空气、水、养分和光等。生物只有在其需求可以得到满足的环境下才能生存。
- 世界上有许多不同的环境，不同环境养活的生物类型各不相同。
- 每一种植物或动物都有不同的结构，它们在该植物或动物生长、生存和繁殖过程中发挥不同的作用。

幼儿园—4年级：生物的生命周期

- 植物和动物的生命周期包括出生、成长、繁殖和死亡。生命周期的具体细节因生物种类不同而存在差异。
- 植物或动物都跟它们的父母长得很像。

5—8 年级：从事科学研究需要具备的能力

• 通过科学调查确定研究课题。

• 制订科学调查计划并付诸实施。

• 利用适当的工具和技巧对数据进行收集、分析并解释。

• 运用批判思维和逻辑思维建立证据和解释之间的关系。

5—8 年级：生物系统的结构和功能

• 处于不同层次的各个生物系统在结构和功能上具有互补性。重要的层次包括细胞、组织、器官、完整的生物个体以及生态系统等。

5—8 年级：繁殖和遗传

• 繁殖是一切生物系统都具有的特征，这是因为，没有任何一个生物能够永生，繁殖对于每个物种的延续至关重要。有些生物采取无性繁殖方式，而有些生物采取有性繁殖方式。

6—8 年级：生物的多样性和适应性

• 数百万种动物、植物和微生物生活在当今这个世界。尽管不同物种外表形态各异，但是，通过分析生物身体内部结构的一致性、化学反应过程的相似性以及拥有的相同祖先，可以找出它们的共性。

《科学素养基准》（美国科学发展协会，1993）的相关内容

幼儿园—2 年级：科学研究

• 人们往往单凭仔细观察周围的事物就能够学到一些东西，不过有时候，人们在对那些事物做些什么之后再进行观察，能够学到更多东西。

• 能够尽量准确地描述事物在科学研究中非常重要，因为它能够让你把自己观察到的结果与他人观察到的结果进行比较。

• 当人们对同一个事物的描述大相径庭的时候，比较好的做法是，重新进行观察，而不是进行无谓的争论。

幼儿园—2 年级:生物的多样性

• 有些动植物的外表或行为相似,有些则差别很大。

• 植物和动物都有各自不同的特征,能够帮助它们在不同环境中生存。

3—5 年级:科学研究

• 科学研究的结果很少会一模一样,但如果差异过大的话,就有必要弄明白其中的原因。在研究过程中必须严格按照指令去做并认真做好记录,好处之一就在于,一旦结果出现差异,便于查找哪一个环节出了问题。

• 如果有人声称自己知道某种东西的工作原理,科学家们往往会不屑一顾,除非他能够提供充分的证据,而且他的推理过程符合逻辑。

3—5 年级:生物的多样性

• 我们可以根据不同特征对各种各样的生物进行分类,判断哪一种生物属于哪一个类别。

• 根据目的不同,我们在对生物进行分类时依据不同的特征。

6—8 年级:科学研究

• 如果在实验中同时发生变化的变量不止一个,那么我们就很难弄清楚影响实验结果的是哪一个变量。虽然我们并非一定能杜绝外部变量对实验产生的干扰,但是,只要研究人员在实验过程中齐心合力,通常能够解决这类问题。

6—8 年级:生物的多样性

• 动物或植物具有多种多样的外部形状和内部结构,从而能够制造或寻觅食物并繁殖后代。

• 对有性繁殖的生物而言,一个物种包含所有能通过交配产生子孙后代的生物个体。

在幼儿园—4 年级中使用这个故事

如果你想把科学与阅读结合起来，我推荐卡伦·安斯伯里（Karen Ansberry）和埃米莉·摩根（Emily Morgan）（2008）在《科学和儿童》杂志上发表的一篇文章《南瓜》（Pumpkins）。他们提到了几本面向低年级学生的内容浅显、妙趣横生的科普读物，这些读物着重探讨了本章故事所涉及的一些概念。

对那些具有探索精神的教师而言，南瓜可谓是最佳研究对象，因为它就像一个实验室，里面充满了各种各样可供研究的问题。而对低年级孩子而言，南瓜也是他们非常熟悉的东西。事先准备几个大小不同的南瓜供学生研究，这一点很重要，但是，你们也应当注意节约。我们往往以为南瓜越大越好，然而较小的南瓜（大约有你的头那么大或者再小一点）更便于课堂操作，它们与大南瓜在属性等方面是一样的，不仅花费较少，而且容易管理。你可以准备一个大南瓜供学生比较大小时使用，而做实验时使用小南瓜就行了。

你还可以准备几套物有所值的雕刻南瓜的工具，其中的安全小刀不会伤害到孩子们的手。做漂浮实验时，较小的南瓜引起的问题较少，并且在三、四年级学生做密度和体积研究时也更容易操作。

作为开场白，我通常会首先问问学生对南瓜已经了解了哪些知识以及他们还想了解什么。由于他们在家里通常都参加过跟万圣节南瓜有关的活动，因此肯定会有很多话要说。如果你班上有具备其他文化背景的学生，你可以调查一下，看看他们的文化传统是否与我们有相类似的地方，例如，在节日期间也使用南瓜或其他果实以示庆祝。如果你班上有英语语言学习者，这一点就尤其重要，因为他们可以借此机会用英语表达自己的亲身经历。

一些学生可能从来没有接触过南瓜。你可以借此机会让所有学生一起观察南瓜并列举出一切值得记录的信息，包括尺寸、重量、种子数目、棱纹数目以及南瓜茎的尺寸和特征等。此外，你可以问问他们南瓜是怎样形成的。你最好准备一个电子体重秤，因为大多数南瓜不适合用普通的天平来称量。

学生列举了自己的观察结果后，你可以引导他们提出如下问题：

- 我们如何才能挑出最大的那个南瓜？

- 我们用重量还是尺寸来判断哪个南瓜最大？
- 每个南瓜有多少粒种子？
- 南瓜越大，种子越多吗？
- 南瓜越大，种子越大吗？
- 大南瓜表皮的棱纹数量会比小南瓜多吗？
- 南瓜能在水中漂浮吗？
- 如果能漂浮，它是直立的、侧着的还是倒立的？
- 南瓜内的细丝与南瓜子是相连的吗？
- 南瓜子位于南瓜内部的什么位置？
- 每个南瓜的重量是多少？

以上每个问题都可以让学生分组进行直接调查。学生把南瓜子掏出来放在桌上以后，你可以让他们猜猜自己的南瓜里有多少个种子，这样做主要是为了活跃气氛。然而，在学生回答其他问题的时候，你应当让他们给出自己的理由。

你也可以借此机会给学生讲一讲"估算"的知识。等学生把南瓜子掏出洗净，摘去细丝，放在铺在桌面的报纸上后，你可以问一问他们是否有办法估算南瓜子的数量，而不是一个一个地去数。你可以教学生用十个、五个、两个一组来计数。南瓜子被分成若干组后，你就可以帮助他们计算出南瓜子的总数。也许有些学生能想出你都想不到的方法来估算种子的数量。

如果学生对结果有所怀疑，你也可以让他们一个一个地数一遍，以此验证估算的准确度。在科学实验中，这种技巧被称为质量控制。在细菌实验室，技术人员利用这种技巧检查培养皿上微生物种群的数量是否精确。实验室的技术人员常常采用不同的方法来估算种群数量，然后通过质量控制检查估算的精确度。

把南瓜子洗净晾干以后，你可以利用各种食谱制作不同风味的南瓜子。你应当事先了解一下学生是否存在饮食禁忌，然后选用最适宜的食谱。你们不妨留一些南瓜子用来播种。这些种子会长出两片子叶，因为它们是双子叶植物。对学生而言，观察一株幼苗开始新的生命周期是一种令人兴奋的体验，尤其是这时候他们已经与南瓜建立了充满友爱的持久关系。

在5—8年级中使用这个故事

面对高年级学生，我往往以我最喜欢的一个南瓜活动作为开场，我称之为“南瓜π”[①]。把学生分成若干小组，每组一个南瓜，首先让他们测量南瓜的周长，并想办法测量直径。在教室黑板上或者在画架纸上画一个图表，然后在其上划分出不同区域，分别记录南瓜的周长、直径以及周长与直径之比。每组学生对自己的南瓜进行测量和计算，然后把结果展示给全班同学看。最终的计算结果都会约等于数值π。

许多学生都在数学公式中用到π，却不知道这个数值是如何得来的。甚至一些成年人曾经对我说，他们认为π是个神奇的数字。圆圈、纸盘、自行车轮胎或垃圾桶等圆形的东西，如果我们用其周长除以直径的话，都能得出数值π。“南瓜π”这个活动将帮助学生在很长一段时间内铭记圆周与直径的关系。

初中生能够在这个活动中用到大量数学知识。他们可以用排水量计算南瓜的体积。我发现，把南瓜置于盛满水的垃圾桶中是用来测量南瓜体积的好办法。从垃圾桶溢出来的水正是南瓜排出的水量，也就是南瓜的体积。因为南瓜会浮起来，你可能需要用叉子或其他工具把南瓜按到水里，然后把溢出的水倒入量器中。同样，学生也想如法炮制，把南瓜掏空看看里面能装多少水，如果这样，他们可以直接将水倒入被掏空的南瓜里，然后把水倒入量器测量水量。

在接下来进行密度和浮力研究之前，你应当提醒他们注意，已经打开并掏空的南瓜与完整的南瓜密度大不一样。以掏空的南瓜为例，一旦把南瓜放入盛满水的垃圾桶中，水就会首先装满南瓜的空心部分，所以南瓜排出的水量将会大为减少，这样测量出来的只是南瓜果皮部分的体积。告诫学生务必要小心翼翼地把南瓜侧着放入水中，以免南瓜在整体没入水中之前有任何水溅出容器。他们会发现从垃圾桶溢出来的水少了很多，而南瓜果皮的密度也变小了。怎么会是这样？这可能会引发一场讨论，学生也会在这次实践中进一步加深对密度概念的理解。你可以问一问学生，他们在把完整的南瓜和掏空的南瓜分别按入水中时，感受到的向上的力量是否有所不同。让他们注意观察比较掏空的南瓜与完整的南瓜在水中漂浮的

---

① 此处作者利用了“南瓜π”与“南瓜派”读音相同的谐音修辞手法——译者注

高度有什么不同。学生有可能需要用到公式“密度＝质量/体积”来查看南瓜各个部分的密度是否相同。

此外还有其他一些可供研究的问题，即使学生没有提出来，你也可以问他们：

- 南瓜子是任意排列还是有序排列？
- 连接南瓜子的细丝是否与南瓜内壁相连？
- 南瓜表面的棱纹与南瓜子之间有关系吗？
- 较大的南瓜是否比较小的南瓜棱纹更多？
- 棱纹较多的南瓜，子也较多吗？
- 棱纹越多意味着南瓜子越多吗？
- 一个南瓜里的所有南瓜子大小都一样吗？
- 如果大小不一样，你有没有发现哪个位置的子较大或较小？
- 把南瓜各个部分切开，看看哪个部分在水中会漂浮，哪个部分下沉。
- 如果南瓜能够在水中漂浮，小南瓜与大南瓜漂浮的高度哪个较高或较低？
- 如果把一粒南瓜子浸泡一夜，它里面能否长出一小株植物？如果浸泡两个晚上呢？

如果你想了解更多关于南瓜研究的信息，请查阅埃琳·赛克斯(Erin Sykes)和唐娜·斯特林(Donna Sterling)(2006)在《科学视野》杂志发表的一篇文章《对南瓜的评价》(Assessment With Pumpkins)，该文主要探讨如何在初中生中开展南瓜测量与观察活动。

相关书籍和期刊文章

Driver, R., A. Squires, P. Rushworth, and V. Wood-Robinson. 1994. *Making sense of secondary science: Research into children's ideas*. London and New York: Routledge Falmer.

Keeley, P. 2005. *Science curriculum topic study: Bridging the gap between standards and practice*. Thousand Oaks, CA: Corwin Press.

Keeley, P., F. Eberle, and C. Dorsey. 2008. *Uncovering student ideas in sci-*

ence: Another 25 formative assessment probes, volume 3. Arlington, VA: NSTA Press.

Keeley, P., F. Eberle, and L. Farrin. 2005. *Uncovering student ideas in science: 25 formative assessment probes, volume 1*. Arlington, VA: NSTA Press.

Keeley, P., F. Eberle, and J. Tugel. 2007. *Uncovering student ideas in science: 25 more formative assessment probes, volume 2*. Arlington, VA: NSTA Press.

Konicek-Moran, R. 2008. *Everyday science mysteries*. Arlington, VA: NSTA Press.

Konicek-Moran, R. 2009. *More everyday science mysteries*. Arlington, VA: NSTA Press.

参考文献

American Association for the Advancement of Science (AAAS). 1993. *Benchmarks for science literacy*. New York: Oxford University Press.

Ansberry, K., and E. Morgan. 2008. Pumpkins. *Science and Children* 46 (2): 18-20.

National Research Council (NRC). 1996. *National science education standards*. Washington, DC: National Academies Press.

Sykes, E., and D. Sterling. 2006. Assessment with pumpkins. *Science Scope* 30 (2): 25-29.

第十六章

心跳感觉

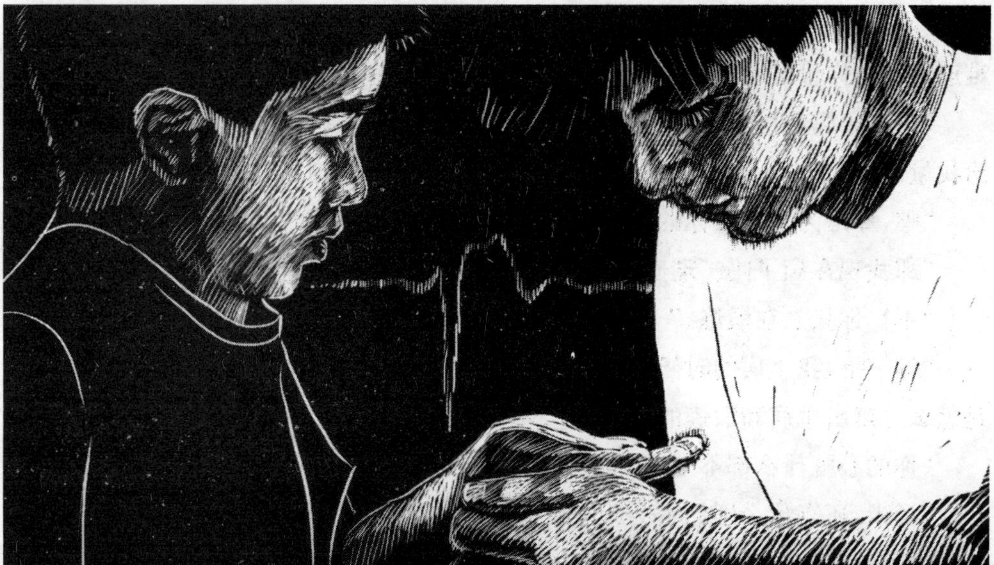

怦！怦！怦！

瑞安（Ryan）感觉自己的心脏快要在胸口爆炸了。他刚和哥哥汤姆（Tom）一起沿着市区跑完 2 千米。哥哥每天早晨都要跑步。

“嘿，小弟弟，”汤姆说，“你的身体素质真差！我觉得你是缺乏锻炼。每天早上跟我一起跑步吧，要不了多久你就能参加马拉松跑了。”

瑞安喘着粗气，一屁股坐在马路牙子上，好让自己的心脏缓一缓。

“来，让我摸摸你的脉搏。”汤姆说着抓起了瑞安的胳膊。

“别动我！”瑞安一边说一边试图挣脱。他不想被哥哥看扁，可是已经累得不能动弹，只好任由汤姆把手指放在自己手腕上。

“你的心脏跳得确实太快！”汤姆说。

“什么？你能在我胳膊上数出我的心跳？”瑞安有气无力地惊呼道。

“当然，你的心脏搏动时，会把血液送到血管，你全身很多地方都可以感觉到那种跳动。你没去过医院吗？”

“当然去过，但医生老是在我身上弄来弄去，我根本不知道他们是在干嘛。那么，我身体其他地方的心跳次数都是相同的吗？”

“当然。我想是的，不然呢？管它呢，我又不是医生。也可能不是。爸爸妈妈难道没有给你量过脉搏？”

“也许妈妈量过，但只是在我生病的时候。”瑞安回答，“然后她摸摸我的额头，给我量体温。”

“嗯，那是为了看看你的心率是不是加快了，据此判断你有没有生病。”

“那我现在病了吗？”瑞安问。

“不！你只是在锻炼。”

“等一下，我生病的时候心跳加快，锻炼的时候**也这样**？太奇怪了。我的心脏是怎么分辨出生病和锻炼的？”

“你的心脏什么都不知道。”汤姆说，“它只知道做你身体需要它做的事。”

“汤米，还有什么别的事会让心跳加快或减慢吗？”

“不清楚。”汤姆说着便走开了，“不要叫我汤米！”

“好吧，我怎么才能让心脏跳得更快或更慢？白天的时候它有变化吗？等我长大以后呢？”瑞安兴奋地跟在哥哥后面喊道。

“噢，小弟弟，冷静点！我想我们能找到答案。过来，让我教你怎么测脉搏，然后你自己去寻找答案吧。别忘了把答案告诉我。”

目的

所有孩子都对自己身体的运转原理感兴趣。这个故事旨在帮助他们发现哪些活动会改变心率，也为他们进一步了解循环系统及其在人体内发挥的作用奠定基础。

相关概念

- 血液
- 血细胞
- 健康和锻炼
- 肺
- 呼吸
- 循环系统

不要惊讶

大多数孩子都曾经有过被父母、医生或护士测量脉搏的经历。他们也许并不明白发生了什么或者为什么那个东西那么重要。他们知道，如果他们说自己感到不舒服，照看他们的人往往会首先给他们测量脉搏。他们可能不知道，测量的其实不仅仅是心率，还有心脏跳动的力度和节奏。很多孩子都不了解由心脏、静脉、动脉和毛细血管构成的循环系统以及该系统与身体机能的关系。

爱情故事和歌曲经常描述某个人心如刀割或者心里充满爱意等，而有些学生竟然信以为真，他们以为心脏的形状就像“爱心”那样。

内容背景

循环系统对很多动物至关重要，因为它把气体、激素和营养运送到身体各个器官，并把细胞呼吸产生的废弃物运送到排泄器官排出体外。脊椎动物具有所谓的封闭型循环系统，这就意味着，除非动物身体受伤，否则体内循环的血液不会离开动脉、静脉和毛细血管。一些无脊椎动物拥有开放型循环系统，血液从心脏泵出，经过开放的体腔之后再流回心脏。多毛类环虫（多为海生蠕虫）是唯一的例外。

关于系统需要说一句：我们经常用到"系统"这个词，但有必要搞清楚它的意思。系统是由相互作用、相互依赖的若干个体组成的一个有机整体。系统可以是一辆自行车（机器），也可以是某个环境中的一群生物（生态系统）。我们有太阳系统、天气系统以及本章故事中由一组器官组成的循环系统。政府是由各种系统构成的，数学也有诸如定理或方程式之类的系统。有些系统太大，于是我们把它们分成子系统。例如，自行车就由齿轮系统、转向系统以及推进系统等子系统构成。

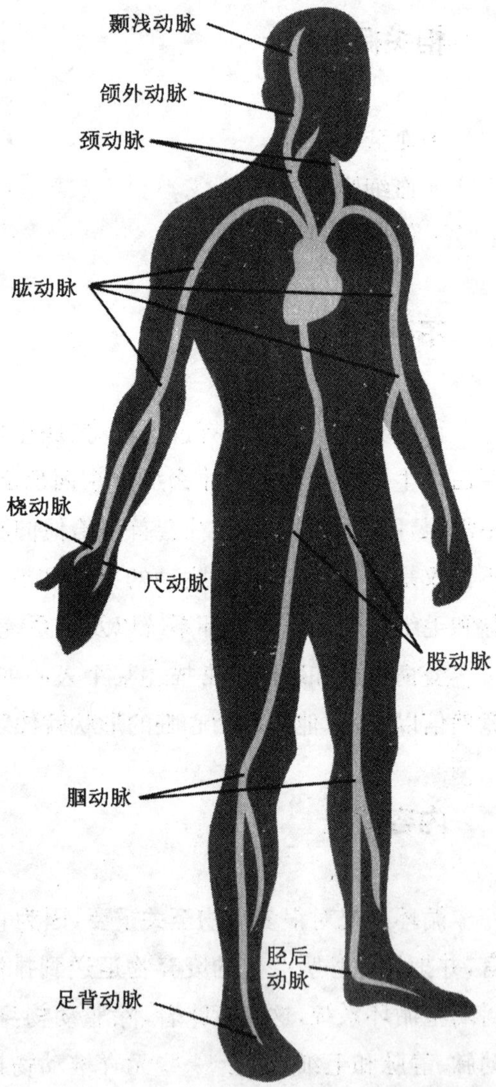

如果你改变一个系统或子系统的某一部分，整个系统以及相关的系统都会受到影响。我们应当把循环系统等子系统看成整个人体系统的组成部分，当焦虑症或传染病影响身体某一部分时，不仅循环系统受影响，而且人体其他各个系统都会受影响。简而言之，凡是一个大的系统下面的子系统都不是彼此孤立的。系统知识对我们学习故事中提到的脉搏和心率等概念尤为重要。如果你想开展一次针对系统及其重要性的讨论，可以使用《了解学生的科学想法》（第 4 册）的探究案例《它是系统吗？》。

我们在这则故事中探讨的人体循环系统由心脏（泵）、动脉、静脉以及毛细血管构成，它们控制血液在全身循环流动。一般而言，一个成年人的心脏每次泵出大约 6 公升血液，这些血液通过一系列弹性管道（静脉、动脉和毛细血管）输送到人体各个部位。心脏大约有一个人的拳头那么大，位于胸腔左侧。血液是一种液体（血浆），包含红细胞、白细胞、血小板、溶解氧、二氧化碳、营养以及废物等。血浆大部分是由水和少量溶解盐构成。红细胞携带氧和二氧化碳；白细胞抗感染；身体受伤时，血小板会促进血液凝结。人体内不同部位的血液携带哪些物质，主要取决于血液是从心脏和肺向外流出还是正在返回。

我们可以摸到自己的脉搏，因为心脏有节奏地把血液泵入动脉。如果动脉贴近皮肤，它在扩张时能够被我们感觉到。通常，成年人心脏每分钟跳动 60—100 次（被称为心率），新生儿为 120 次。人的心率与其健康状况、年纪和遗传有关。确定一个人的心率是否正常的唯一方法是，是当他处于静息状态且没有任何疾病感染时对心率进行测量，我们称之为基准心率。其他时间测量的心率都可以与基准心率进行对比。长跑运动员的基准心率大约为每分钟 40 次。

焦虑、脱水、锻炼、进食以及疾病感染等都可能引起心率加快。20 世纪 30 年代，人们普遍对脊髓灰质炎感到恐慌。当时我还是个孩子，父母经常给我测脉搏。他们把温度计放在我舌头下面，原本只有三分钟，我却感觉仿佛过了几个小时。如果我发烧而且心率加快的话，就会有医生登门拜访（是的，以前的医生可以登门诊断疾病）。通常，医生做的第一件事就是摸我的脉搏。

心脏是一个由四个腔室构成的肌肉泵，肌肉泵在人的一生中搏动数十亿次，从不停歇。经过自然进化，人的心脏能够高效地使血液在周身循环流动。心脏的肌肉组织被称为心肌，在人体中独一无二，它有自身的“起搏器”，通过接受大脑发出的信息来设定心律和心率。如果这个“起搏器”无法正常工作，我们可以用人工起搏器代替。

心脏把那些向身体各处输送营养并从各处回收废物的血液吸收进来，然后把它们送到肺部，在那里把二氧化碳（废气）交换成氧气，这些携带氧气的血液返回心脏，再从心脏泵送到身体各处，氧气被输送到身体细胞用于细胞呼吸。血液在体内流动，通过毛细血管（管壁最薄、口径最小的血管，可以让营养慢慢渗透到周围组织）输送人体所需的营养和氧气。同时，血液也会带走废物，把废物输送到肾（然后到膀胱），在那里集中并排出体外。另外，血液还收集细胞呼吸产生的二氧化碳，在肺部交换成氧气。如此周而复始。

心脏的四个腔室如下图所示。请注意，含有二氧化碳的血液进入右心房，然后泵入右心室，从那里离开再进入肺部。血液中的二氧化碳与氧气交换后进入左心房，然后进入左心室，再经由最大的动脉（主动脉）抵达全身。左心室以异常强大的动力泵出血液，这就是人体许多部位的脉搏来源。心脏的左侧负责泵出含氧的血液，右侧泵入含二氧化碳的血液。由于左侧负责泵出血液供给全身，所以左侧的心肌更发达。

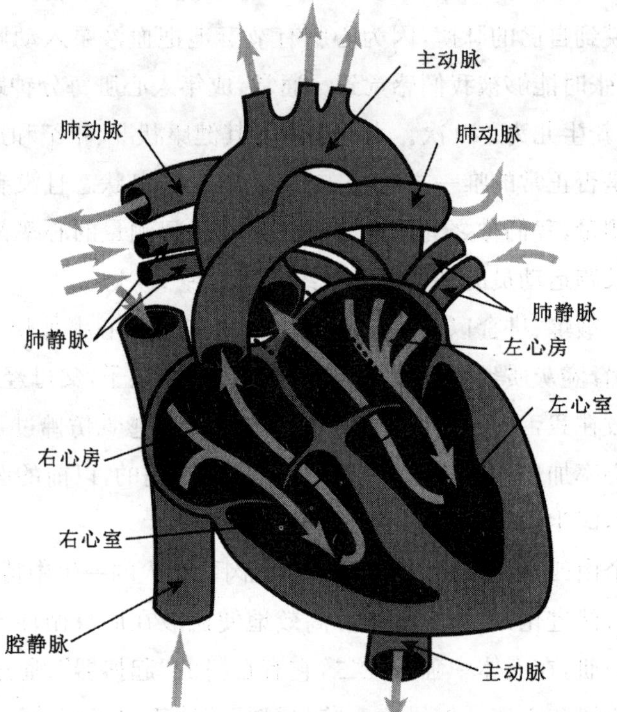

腔室之间有单向瓣膜，防止血液倒流。当你通过听诊器听到心跳时，你听到的其实是瓣膜关闭的声音。有时，由于先天缺陷或受伤，这些瓣膜无法正常工作，出现泄漏现象，甚至可能对人体造成伤害，这时就必须通过手术加以修补。

心肌通过自身的血管供给血液，这些血管必须保持健康，心脏才能正常工作。这些血管和心脏合起来被称为冠状动脉系统。饮食不当，包括摄入过多饱和脂肪，可能会引起血管里的血液凝结。而由这些血管供血的那部分心脏就可能会因为缺血而受到损伤，甚至造成心肌细胞坏死，这就是人们常说的心脏病。如果我们知道肥胖、吸毒、抽烟以及身体染病而不及时治疗都有可能影响心脏健康，就应当杜绝这类恶习。由于心脏病已成为全国第一大致命疾病，我们应当及早帮助学生了解促进身体健康以及预防心脏病的知识。危害心脏健康的不良习惯可能从小就出现苗头，所以我们应当教育学生养成健康的好习惯。

《国家科学教育标准》(国家研究委员会,1996)的相关内容

幼儿园—4 年级:生物的特征

• 生物都有基本需求。例如,动物需要空气、水和食物等;植物需要空气、水、养分和光等。

• 生物只有在其需求可以得到满足的环境下才能生存。

5—8 年级:生物系统的结构和功能

• 处于不同层次的各个生物系统在结构和功能上具有互补性。重要的层次包括细胞、组织、器官、完整的生物个体以及生态系统等。

• 所有的生物体都由细胞构成生命的基本单位。大多数生物都是单细胞,包括人类在内的其他生物是多细胞生物。

• 在多细胞生物体中,专门的细胞具有专门的功能。专门的细胞组合在一起形成组织,如肌肉。不同的组织又组合在一起形成更大的功能单位,即器官。每一类细胞、组织和器官都具有独特的结构和功能,并服务于整个生物体。

• 人体的系统有消化系统、呼吸系统、生殖系统、循环系统、排泄系统、运动系统、协调与控制系统以及免疫系统等。这些系统之间相互作用。

《科学素养基准》(美国科学发展协会,1993)的相关内容

幼儿园—2 年级:基本功能

• 人具有在感到饥饿时寻觅食物、发现食物并摄入食物的身体结构:人用眼和鼻寻找食物,用腿得到食物,用手拿取食物,用嘴吃掉食物。

• 大脑使得人类能够进行思考,并向身体其他部位发出信号,指挥它们正常运转。

3—5 年级:基本功能

• 人类从食物中获得身体修复和生长所需的能量及物质。不能消化的食物部分则被排出体外。

• 人体通过呼吸摄入生存所需的氧气。

• 大脑接收身体各个组成部分发出的信号。大脑也向各个组成部分发送信号来指挥它们运转。

6—8 年级:基本功能

• 器官和器官系统由细胞构成,并为细胞提供基本的需求。

• 人体为了从食物中获取能量以及成长所需的物质,必须首先把食物消化变成分子,然后输送给细胞并被细胞吸收。

• 人体为了让食物"燃烧"从而释放其储存的能量,必须给细胞提供氧气并清除二氧化碳。肺吸入氧气使食物得以"燃烧",并呼出"燃烧"产生的二氧化碳。泌尿系统清理溶解的废物分子,肠道清除固体废物,皮肤和肺排出身体热量。循环系统根据人体的需求,把细胞所需的上述物质输送给细胞,并把废物从细胞那里带走。

在幼儿园—4 年级中使用这个故事

即使年纪最小的孩子也肯定有过被测量脉搏的经历。他们也许不明所以,但知道每当自己说感觉不舒服的时候,常常有人给他测脉搏。正如本章故事所说的那样,学生有必要知道,心率发生变化未必就是因为生病,心脏是一个更大系统的组成部分,而这个系统也是人体的众多系统之一。

按照老习惯,首先,我要了解学生对心脏知识懂得多少:心脏在哪里?心脏有什么作用?如何知道心跳速度快慢?等等。然后,我把这些问题写在一张大纸上。如果可能的话,我把这些陈述句都改成可供调查研究的问题。我教学生测量脖子上颈动脉脉搏的方法,那里是最容易摸到脉搏的地方。我让学生先摸一摸我的脖子,然后在他们自己的脖子上找一找。如果学生能够数出 20 以内的数字,你就可以让他们测量 15 秒内的脉搏。如果他们会做加法,就可以把这个脉搏数量相加 4 次;如果他们会做乘法,就乘以 4,因为 15 秒是 1 分钟的 1/4。

我们需要给学生解释,标准做法是测量每分钟的心跳次数。这是一个把数学和科学相结合的好机会,尤其是如果大纲设置合理的话。我发现,如果学生真心想为数学问题找到答案,他们就会学得更好。

我让他们预测（一定要给出理由）做什么事情能让自己的心跳加快或减慢。他们通常会这样说：

- 锻炼能让你的心跳加快。
- 进食能让你的心跳加快。
- 拍手或原地跑步能让你的心跳加快。
- 起立能让你的心跳加快。
- 躺下能让你的心跳变慢。
- 受惊能让你的心跳加快。

你把这些预测改成问题之后，可以让学生选一个身体部位来测量自己的脉搏，或者给搭档测量脉搏。通常，我让他们从手腕处的桡动脉或者脖子上的颈动脉着手。

学生学会测量桡动脉脉搏之后，让他们寻找能摸到脉搏的身体其他部位。我自己找到了一个不常被提及的地方，它位于手掌大拇指根部。主要动脉有：脖子上的颈动脉、太阳穴的颞浅动脉、上臂或肘窝处的肱动脉、手腕上的桡动脉、手腕内侧的尺动脉、腹股沟的股动脉、膝盖后面的腘动脉、脚背上的足背动脉以及踝骨后面的胫后动脉等。显然，有些动脉脉搏不便测量，并且跳动不明显。很多医护人员偏爱颈动脉和桡动脉。医护人员给你量血压时，通常会把听诊器缚在你的肱动脉上，它位于肘部的皮肤内。

注意！如果你的学生选择研究人体处于运动状态下的脉搏状况，你务必要搞清楚是否有学生因为自身健康问题而不宜参加某项运动。学生们的实验结果会不尽相同，但是有一点你可以肯定，只要持续运动一段时间，就会导致脉搏加快。进食通常也会如此，你可以分别测量饭前和饭后静息状态下的脉搏。你这些数据可以制作成图表，张贴在公告栏上。根据实验结果，学生可以对原先那些关于心跳的预测进行适当修改。

在 5—8 年级中使用这个故事

你大概以为高年级学生应该对心脏和脉搏知识懂得不少，然而，结果可能会令你大吃一惊。最好还是像上一节那样,先了解一下学生对心脏和循环系统知识的掌握情况。他们的研究问题可能比低年级学生复杂一些,例如:

- 身体末梢部位的脉搏与心脏附近部位的脉搏跳动是否同步?
- 身体不同位置的脉搏跳动速度一样吗?
- 跑步的时候,腿上的脉搏比其他地方的脉搏更快吗?
- 你能否在静脉上摸到脉搏?为什么?
- 冥想能用来改变心跳速度吗?
- 什么是生物反馈?
- 生物反馈有效吗?
- 生物反馈的工作原理是什么?
- 其他拥有心脏的动物如何进行血液循环?
- 外界温度会影响心率吗?
- 心率会随着年龄增长而变化吗?

有时候,我们会遇到这样的问题:那些能量饮料真的有效果吗?这也许是一个关于能量饮料能否提高心率的问题。显然,这个实验不适合在学校进行,不过,如果有学生认识喜欢喝这类饮料的人,他们就可以在校外做这个实验。同样,喝咖啡也是如此。

据我所知,有一所学校鼓励这种探究式学习,并尝试在全校范围内开展一些关于重要课题的研究。这种做法可能会激起全校师生的兴趣,其中包括行政人员和家长教师协会成员。你的学生也可以到各间教室去开展研究,看看每一个年级学生的平均心率是否有所不同。研究结果可以张贴在学校公告栏或学生容易看到的地方。许多低年级的教师都很欢迎这种跨年龄的研究。虽然你需要花一些时间指导学生去教低年级孩子测脉搏,或者指导他们亲自去做研究,但是从长远来看,这项活动很值得一试。

无论你的学生决定研究哪一个问题或哪一些问题,都会加深他们对循环系统、人体以及科学本质的认识。

相关书籍和期刊文章

Driver, R., A. Squires, P. Rushworth, and V. Wood-Robinson. 1994. *Making sense of secondary science: Research into children's ideas*. London and New York: Routledge Falmer.

Keeley, P. 2005. *Science curriculum topic study: Bridging the gap between standards and practice*. Thousand Oaks, CA: Corwin Press.

Keeley, P., F. Eberle, and C. Dorsey. 2008. *Uncovering student ideas in science: Another 25 formative assessment probes, volume 3*. Arlington, VA: NSTA Press.

Keeley, P., F. Eberle, and L. Farrin. 2005. *Uncovering student ideas in science: 25 formative assessment probes, volume 1*. Arlington, VA: NSTA Press.

Keeley, P., F. Eberle, and J. Tugel. 2007. *Uncovering student ideas in science: 25 more formative assessment probes, volume 2*. Arlington, VA: NSTA Press.

Konicek-Moran, R. 2008. *Everyday science mysteries*. Arlington, VA: NSTA Press.

Konicek-Moran, R. 2009. *More everyday science mysteries*. Arlington, VA: NSTA Press.

参考文献

American Association for the Advancement of Science (AAAS). 1993. *Benchmarks for science literacy*. New York: Oxford University Press.

Keeley, P., and J. Tugel. 2009. *Uncovering student ideas in science: 25 new formative assessment probes, volume 4*. Arlington, VA: NSTA Press.

National Research Council (NRC). 1996. *National science education standards*. Washington, DC: National Academies Press.

第十七章
泡泡糖带来的麻烦

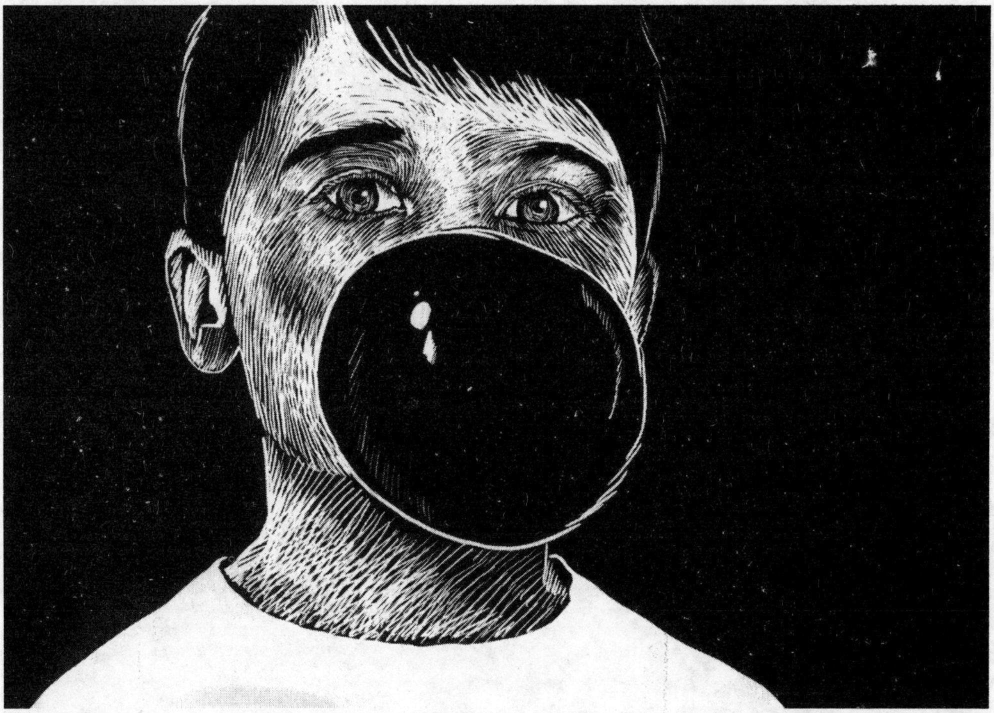

尚蒂(Shanti)爱嚼泡泡糖。他知道很多场合都不允许,但自己还是很喜欢。他妈妈叮嘱他嚼无糖的那种,牙医也这么说,但他偶尔不那么听话,实际上,已经不只是偶尔了。说到泡泡糖,尚蒂酷爱有糖的那种,不仅喜欢它的味道,而且享受吹泡泡的乐趣,他喜欢把泡泡吹爆得满脸都是。

偶尔嚼一嚼也不要紧吧?“泡泡糖能有什么坏处?”尚蒂想。

有些孩子会把三四片泡泡糖放在一起咀嚼。他想不通他们是怎么做到的。他要是嚼那么多,感觉就会像一口吞下整个汉堡包,简直能把嘴巴撑破。如果泡泡糖的味道嚼没了,泡泡也吹烦了,他就吐掉。泡泡糖被咀嚼过以后似乎比原来大多了。

“泡泡糖被咀嚼过以后肯定更重了。一定有唾液或者其他东西跑进去了。”尚蒂想。

“你们嚼泡泡糖的时候,它的重量会增加吗?”尚蒂问他的几个朋友,他们一个个嘴鼓得像花栗鼠。

“当然啰!”一个人说,他嘴里塞得满满的,几乎听不清他在说什么。他嘴里有三片泡泡糖。

“不会。”另一个人说道。很明显他只嚼了一块。

“不变。”其他人一边说一边仔细查看他们咀嚼过的泡泡糖。

“有一个办法可以知道。”尚蒂说。

他们照着尚蒂的办法做了。结果令每个人都大吃一惊。

“哇,谁能想到会是这样呢?”尚蒂说,“我想知道是否所有的泡泡糖都是如此。”

目的

泡泡糖(同理还有口香糖)已经成为让老师和家长都很头痛的东西,更别提牙医了,尽管牙医都认为,在饭后咀嚼不粘牙的无糖口香糖有助于预防蛀牙。但我们这里是对泡泡糖进行研究,跟他们关注的焦点不是一回事。我们的目的是:查明泡泡糖被咀嚼以后,其重量是否发生了变化,这涉及食物吸收和营养的概念;帮助学生认识泡泡糖的坏处,注意口腔卫生。这个故事还有一个目的,即设计一个好的研究方案来调查泡泡糖被咀嚼以后的重量是增加、减少还是保持不变。

我要感谢 AIMS 教育基金会的人员,因为是他们给了我编写这个故事的灵感,多年来,我在与众多孩子一起开展这项活动时得到了无穷的乐趣(AIMS,2006)。

相关概念

- 糖
- 口腔卫生
- 蛀牙和细菌
- 实验设计和科学研究

不要惊讶

大多数学生根本不知道泡泡糖里含有多少糖,也不知道自己嚼泡泡糖实际上等于在摄入大量糖分。他们一般认为泡泡糖由于混入了唾液所以重量会增加。此外,他们可能不知道糖会给口腔内的细菌提供养料,大大增加了他们患蛀牙的概率!他们还很难设计出一个公平实验方案来解决谜题,这可能需要你的帮助。

内容背景

放在床头的口香糖一夜之后是否风味依旧?
你是否不顾妈妈劝阻依然要嚼个够?

以上两句歌词摘自 1958 年的一首流行歌曲,表明这种令人愉悦有时却又令人烦恼的习惯已经存在很长时间了。新石器时代的祖先就曾咀嚼松树的树脂，近代的拓荒者咀嚼的也是这个。也就是说，直到19世纪后期，美国从墨西哥进口糖胶树胶(一种来自热带常青树的天然树胶)作为橡胶替代品——因为其质地较软，而且能更持久地保留味道，口香糖才宣告诞生。

是什么味道让泡泡糖如此令人着迷？当然是糖。糖有各种各样：玉米糖浆、蔗糖、大米糖以及糖类调味剂等。大多数无糖泡泡糖是用代糖(糖精、阿斯巴甜或山梨醇等)来调味的。北美的孩子每年花在泡泡糖上的钱高达5亿美元！一个有趣的事实是，泡泡糖被嚼得没有糖以后，吹出来的泡泡最大。那么，糖去了哪儿？我想，你自己就能找出答案。

然而，这个答案太笼统。学生通过实验将会发现，泡泡糖被咀嚼十分钟以后，失去的60%—75%重量(无糖泡泡糖损失得较少)都进入了人的体内。我敢保证，他们肯定会大吃一惊！

《国家科学教育标准》(国家研究委员会，1996)的相关内容

幼儿园—4年级：从事科学研究需要具备的能力

- 就环境中的物体、生物或事件提出一个问题。
- 制订简单的调查计划并付诸实施。
- 利用简单的设备和工具收集数据并拓展感官能力。
- 根据数据做出合理解释。
- 把自己的调查结果和科学解释拿出来与他人分享。

5—8年级：从事科学研究需要具备的能力

- 通过科学调查确定研究课题。
- 制订科学调查计划并付诸实施。
- 利用适当的工具和技巧对数据进行收集、分析并解释。
- 运用批判思维和逻辑思维建立证据和解释之间的关系。

幼儿园—4年级：个人卫生

- 每个人都应当对自己的健康负责。学生应当注重个人卫生，如勤刷牙、勤换

衣物以及锻炼身体等，以保持健康的体魄。学生应当了解感冒等疾病是如何传播的，了解身体内某些能够预防和战胜疾病的防御机制，等等。

• 营养是人体保持健康必不可少的。学生应当了解身体如何利用食物，以及各种食物如何促进身体健康。健康饮食的原则是食物多样化，少吃糖、少吃脂肪。

• 有些物质可能会对身体及其功能造成伤害。

6—8 年级：个人卫生

• 食物为人的生长和发育提供能量和营养。营养需求随体重、年龄、性别、活动量以及身体机能等的变化而变化。

《科学素养基准》（美国科学发展协会，1993）的相关内容

幼儿园—2 年级：科学研究

• 人们往往单凭仔细观察周围的事物就能够学到一些东西，不过有时候，人们在对那些事物做些什么之后再进行观察，能够学到更多东西。

• 能够尽量准确地描述事物在科学研究中非常重要，因为它能够让你把自己观察到的结果与他人观察到的结果进行比较。

• 当人们对同一个事物的描述大相径庭的时候，比较好的做法是，重新进行观察，而不是进行无谓的争论。

3—5 年级：科学研究

• 科学研究的结果很少会一模一样，但如果差异过大的话，就有必要弄明白其中的原因。在研究过程中必须严格按照指令去做并认真做好记录，好处之一就在于，一旦结果出现差异，便于查找哪一个环节出了问题。

6—8 年级：科学研究

• 如果在实验中同时发生变化的变量不止一个，那么我们就很难弄清楚影响实验结果的是哪一个变量。虽然我们并非一定能杜绝外部变量对实验产生的干扰，但是，只要研究人员在实验过程中齐心合力，通常能够解决这类问题。

幼儿园—2 年级:身体健康

• 多吃不同种类的健康食品、充分锻炼身体、适当休息,这些做法都有助于人们保持健康。

• 人们从环境中摄入的某些东西有可能对身体造成伤害。

3—5 年级:身体健康

• 人类从食物中获得身体修复和生长所需的能量及物质。食物中微量的维生素和矿物质对维持人体正常运转至关重要。人在成长期间,身体所需要的食物和运动的数量及种类都可能发生变化。

6—8 年级:身体健康

• 一个人需要的食物能量(卡路里)随体重、年龄、性别、活动量和身体机能等的变化而变化。

• 有毒物质、饮食习惯和个人行为可能对人体健康有害。有些影响会立竿见影,而有些影响可能很多年后才会显现。避开有毒物质(如烟草)、改变饮食习惯以减少动物脂肪等物质的摄入量,这些做法都可以使人延年益寿。

在幼儿园—4 年级中使用这个故事

儿童都很喜欢这个活动。他们不仅可以在学校里嚼泡泡糖,而且竟然还是老师让他们这么做的!根本不用找什么借口!其实,你用不着费心引导,学生很快就会意识到只有一个办法才能解决故事中提出的问题。然而,你需要帮助他们决定选择一种还是几种泡泡糖。你还需要向家长征求意见,问一问他们的孩子是否因健康或其他原因而无法参加该项活动。你应当告知家长,你使用的是无糖泡泡糖,因此,如果仅仅是糖的问题,可以放心让他们参加。

你可以把这项活动与数学和绘图(尤其是柱状图)结合起来。我让每个孩子做出自己的预测,三选一:重量减少,重量增加,还是重量不变。每个孩子都有一小块可以贴在图表上的方纸片。你可以在一张较大的图纸上画一幅图,图底部的横线(x 轴)标出三个选择,左侧竖线(y 轴)标出数字,让学生把自己的方纸片贴在这三个选择上方。每个孩子站起来做预测并解释，然后把自己的方纸片贴上去，如此形成一个柱状统计图。这样也保证了每个孩子都能参与到预测和实验活动中。

二年级以上的学生可以先设计实验方案（幼儿园—1年级的孩子还太小，不知道如何设计方案，但是，或许他们可以在你的指导下完成。他们只要知道怎么数数就行）。如果你让学生分组设计，然后让他们把设计方案提交给全班讨论，这样你就有充分时间帮助他们控制变量，并把设计方案修改完善。团队合作还有一个好处：一整包（一包通常五片装）的泡泡糖更便于测量。一包泡泡糖的重量变化比单片泡泡糖要显著得多，测量误差也较小。务必让每个小组保留包装纸，以便你查看泡泡糖的成分。

我建议你使用天平和质量为1克的砝码，这也是使用五片装泡泡糖而不是一片泡泡糖的一个原因，因为课堂使用的简易天平精确度较差。如果你们使用那种像魔方一样可以扣在一起的塑料立方砝码，那么在测量泡泡糖重量之后把砝码都扣接在一起，这些砝码就变成一个三维立体实物图，可以跟你在黑板上画的柱状图互为补充。这对低年级学生而言尤为重要，因为他们可以把这个三维实物与黑板上的平面图进行比较，从而完成从具体到抽象的思维过程。

出于卫生原因，孩子们通常会把泡泡糖放在包装纸里一起称重，然后把称出的重量同时记录在自己的科学笔记本上以及班级总表上。如果你们使用不同品牌的泡泡糖，每种品牌都应该单独记录数据。让每个小组派一名学生把方纸片（每张方纸片代表1克重量）贴在班级总表上。

学生也许会问：泡泡糖和包装纸一起称重会不会影响实验结果？这个问题问得好，因为对低年级学生而言，这样的讨论越多，他们就越能更好地理解皮重测定的概念，所谓皮重，主要是指商品外包装材料的重量。学生们也许会很快意识到，只要前后都使用同一包装纸，实验结果就不受影响。他们也许有过这样的经历，在市场上看到售货员称东西时，想知道放在物品下面的纸或盘子多重（注意，要么皮重可以忽略不计，要么售货员在设置电子秤时已经扣除了皮重）。

孩子们通常会想到，每个人咀嚼泡泡糖的时间都应该相同。这段时间可长可短，你可以设定为十分钟。你需要强调，他们必须同时开始，因为根据我的经验，很多学生在完成测重之后就迫不及待地开始嚼了。你可以让他们一边咀嚼泡泡糖一边做点别的事，以便打发时间。时间一到，每个学生都应当把自己的泡泡糖放入之前称重时的包装纸里，五片一起称，并记录数据。

当学生把数据和图表结果加以比较时，就会吃惊地发现泡泡糖重量竟然减少了那么多。如果你们使用的是塑料立方砝码，那么比较的虽然不是数字，但差别同样非常明显。对于三、四年级的学生，你可以让他们适当运用数学知识来分析实验结果。

接下来，学生可能会问：重量去哪儿了？你可以问问他们，泡泡糖的味道是不是没了或者变淡了。让学生看一看泡泡糖标签上的成分表，他们就知道里面含有哪些东西。你可以借此机会给学生讲一讲玉米糖浆或其他糖类对人体有哪些危害。我记得活动结束之后很多学生对我说："现在我知道为什么不能多嚼泡泡糖了。"你会注意到，尽管学生不可能保证今后一片泡泡糖都不嚼，但是至少他们知道了糖的危害。

在5—8年级中使用这个故事

这几个年级的教学与上一节提到的内容差不多，不过，高年级学生也许能比较熟练地使用普通天平、三梁天平或电子秤，他们也可以毫不费力地设计出研究方案。然而，面对实验结果，他们会跟低年级学生一样感到震惊。我曾在大学四年级学生中开展这项活动，结果，大学生的兴奋劲儿一点也不亚于中小学生。请阅读上一节针对低年级学生的教学建议，思考一下你如何阻止学生去做实验。

对5—8年级学生而言，计算泡泡糖质量损失的百分比不成问题，你也可以借此机会让他们练习数学。一位女生曾经对我说，数学就是"一页又一页别人提出的问题"。而在我们这类活动中，问题都是由学生自己提出的，而且由他们自己通过计算找到答案，这样学习起来才有意义。如果你想了解更多关于科学与数学相结合的实验活动，我推荐AIMS教育基金会出版的书籍，详见网站 www.aimsedu.org。你可以找到开展科学活动所需的数学知识，反过来，你也可以找到开展数学活动所需的科学知识。

学生可能还会问一些其他问题，例如，如果把泡泡糖咀嚼二十分钟而非十分钟，对结果有什么影响？这些问题又引来一大堆更多的实验研究。你也可以借此机会教学生查看食品标签。标签上的配料表一般按含量顺序排列，含量最多的排第一，越往后含量越少。查看麦片以及其他常见食品包装的标签对学生很有教育意义。你可以组织学生去超市食品货架实地考察，让他们重点关注放麦片的货架。作为市场营销的策略，包装诱人、含糖量高的麦片在货架上摆放的位置都与儿童的视线齐平，他们看到后就会说："妈妈，可以给我买这个吗？"而高纤维、有益健康的麦片在货架上的位置很高，儿童一般不可能看见。

相关书籍和期刊文章

Driver, R., A. Squires, P. Rushworth, and V. Wood-Robinson. 1994. *Making sense of secondary science: Research into children's ideas*. London and New York: Routledge Falmer.

Keeley, P. 2005. *Science curriculum topic study: Bridging the gap between standards and practice*. Thousand Oaks, CA: Corwin Press.

Keeley, P., F. Eberle, and C. Dorsey. 2008. *Uncovering student ideas in science: Another 25 formative assessment probes, volume 3*. Arlington, VA: NSTA Press.

Keeley, P., F. Eberle, and L. Farrin. 2005. *Uncovering student ideas in science: 25 formative assessment probes, volume 1*. Arlington, VA: NSTA Press.

Keeley, P., F. Eberle, and J. Tugel. 2007. *Uncovering student ideas in science: 25 more formative assessment probes, volume 2*. Arlington, VA: NSTA Press.

Konicek-Moran, R. 2008. *Everyday science mysteries*. Arlington, VA: NSTA Press.

Konicek-Moran, R. 2009. *More everyday science mysteries*. Arlington, VA: NSTA Press.

参考文献

AIMS Education Foundation. 2006. By golly, by gum. *Jaw Breakers and Heart Thumpers*. Fresno, CA: AIMS.

American Association for the Advancement of Science (AAAS). 1993.

Benchmarks for science literacy. New York：Oxford University Press.

National Research Council (NRC). 1996. *National science education standards*. Washington，DC：National Academies Press.

第十八章
自我介绍

薇姬(Vicki)喜欢跟姨妈莫琳(Maureen)和她那个乐天派丈夫本(Ben)一起度夏。薇姬之所以留恋这段难忘的时光,并不只是因为夫妻俩对薇姬都特别好,更是因为薇姬能够跟表姐娜恩(Nan)合住一个房间。十四岁的娜恩虽然只比薇姬大两岁,但是比她成熟多了。娜恩的房间里有很多味道好闻的洗发水和护发素,还有很多柔嫩顺滑的面霜和润肤露等。娜恩有时候会涂上一些唇膏或睫毛膏,薇姬也渴望能够用上这些东西，但是父母不允许她这样做。而在娜恩的房间，薇姬不用担心“年龄太小而不能使用化妆品”，按照娜恩的说法，她可以“适当地”使用一些，也就是等娜恩说“够了”为止。

有一天下雨，两个女孩闲来无事，便对着镜子尝试一些新买的化妆品。薇姬注意到自己的耳朵跟表姐的耳朵不太一样。

“嗨！”薇姬脱口而出，“你的耳朵尤其适合戴耳环。”

“你说什么呢？”娜恩问道。

“你瞧瞧自己，”薇姬解释说，“你的耳垂是垂下去的。你再瞧瞧我，我的耳垂是跟腮帮子连在一起的。”

娜恩仔细看了看镜子中的自己，又看了看表妹。她不耐烦地说：“这有什么问题？”

“为什么会这样？”薇姬问道。

“我的耳朵可能是妈妈遗传的，”娜恩假装很懂地试探着说，“我遗传了妈妈的耳朵，还遗传了爸爸的眼睛，要是反过来就好了。我认为，女孩的长相主要遗传自妈妈，男孩主要遗传自爸爸。”

“嗯，”薇姬说，“我要是能像大明星黛米·摩尔（Demi Moore）那样有一头秀发就好了，你看我的头发跟我家狗身上的毛一样乱糟糟的。我猜，你的耳垂很长，也许是因为你妈喜欢戴很重的耳环，然后把这个特征遗传给了你。”

“你的舌头能卷起来吗？”娜恩边问边把舌头从嘟起的小嘴中间伸出来，向上翘成“U”形。薇姬伸出舌头，但无论她怎么努力，镜子中的舌头始终跟剑一样直指着她。

“或许我练习一下就行了。”薇姬说。

“我妈的舌头也能卷起来，但是我爸不能。”娜恩说，“我不知道是什么原因。或许，爸爸也需要练习一下。”

薇姬若有所思地看了看表姐。“我们俩有多少相同点和不同点？还有我们的父母。我们的母亲是亲姐妹，她俩长得像吗？我们应当画一张家谱图。”她说。

“是呀。”娜恩笑道，“我们应当像侦探那样好好调查一番，把他们耳朵的形状画出来。他们可能会觉得我们的行为很怪异。”

“只要我们小心翼翼、不露声色，他们是不会知道的。”薇姬。

“那样的话，我们就没办法调查他们的舌头能不能卷起来。”娜恩笑道，“不如我们直言相告，就说我们正在做一项家庭调查。或许，我们应当把爷爷奶奶也纳入调查范围。”

目的

有哪个孩子没听别人说过他的眼睛、鼻子、下巴或性格跟某个亲人很像？有时候，这些特征甚至还包括音乐才华、运动天赋或幽默感等。生物有哪些特征可以由父母遗传给下一代？哪些不能遗传？是什么因素决定下一代继承父母的基本特征？就人类而言，我们单凭肉眼就能观察到，子女身上有很多特征都是从父母那里继承而来的。事实上，眼睛的形状、耳朵的形状（尤其是有无耳垂）、头发的颜色和质地（包括卷曲还是笔直）、美人尖（额头的“V”形发尖）、卷舌的本领等，这些特征都很容易分辨与描述。本章故事的目的就是鼓励孩子探寻他们从父母或祖父母那里继承了哪些遗传特征，以及这些特征如何由父母遗传给下一代。

相关概念

- 遗传
- 遗传特征
- 基因
- 变异

不要惊讶

无论是人类还是动植物，很多生物特征都可以由父母遗传给后代。然而，对年幼的孩子而言，“甲虫只能生甲虫，玫瑰只能生玫瑰”可能是一个全新的概念。还有一个新概念是，没有两个个体是完全相同的。这个故事提到了人们关于遗传的一些错误认识，如卷舌能力。其实，舌头能否卷起来并不是后天养成的，而是先天遗传的特征。有时候，学生对遗传的认识跟拉马克（Lamarck）相似。让·巴蒂斯特·德·拉马克（Jean Baptiste de Lamarck，1744—1829）认为，生物的结构变化能够遗传给子孙后代，这一理论曾经盛极一时。直到查尔斯·达尔文（Charles Darwin）1859年提出“自然选择”理论以后，科学家才开始对拉马克的理论表示怀疑。薇姬说，表姐的耳垂可能是因为她母亲喜欢佩戴沉甸甸的耳环而遗传给她的，这一观点跟拉马克相似。

故事还提到一个在儿童中间非常流行的错误观点：女孩主要继承母亲的特征，

男孩主要继承父亲的特征。如果你让学生围绕故事人物提出的种种观点展开讨论，并与他们家族的实际情况加以比较，他们自然就会摒弃这些错误观点。再举一个常见的例子，如果某个人失去了一条胳膊或腿，或者身体结构发生了某种变化，这些特征并不会遗传给下一代。

内容背景

有性繁殖是造成下一代出现变异的主要进化机制。如果没有有性繁殖，下一代就等于是父本或母本的克隆。变形虫和细菌等单细胞生物以及一些结构简单的水藻就属于这种情况（无性繁殖）。然而，当父本和母本分别贡献一半的基因材料来决定下一代生长、发育情况时，基因的排列组合方式可谓无限。在受精以前，生殖细胞分别在雄性和雌性生物体内形成，它们携带的染色体（染色体中基因含有的指令能够决定未来胚胎的组织和器官发育状况）各占一半。雌性、雄性生殖细胞结合以后形成新的细胞，这个新细胞含有一定数量的染色体和基因，其中一半来自父本，一半来自母本。随着胚胎逐渐发育成熟，新细胞中的染色体和基因不断进行复制，因此，胚胎中每一个细胞包含的染色体和基因都跟最初那个细胞完全相同。这些基因决定着新生命的组织、器官以及其他各种遗传特征的形成。你可能会问：为什么肝脏不会长出蓝眼睛、大脚趾或金色头发？这是因为，胚胎发育过程中有一套非常复杂的机制，可以把某些基因功能关闭，而把另外一些基因功能打开，由此控制新生命的组织和器官正常发育。例如，在肝脏形成过程中，那些携带肝脏发育指令的基因被打开，而与其无关的基因则被关闭。同样，决定新生命其他组织或器官发育的基因在必要时候将会被打开，而无关的基因将会被关闭。因此，除非胚胎在发育过程中出现错误，新生命的各种组织和器官将会受到父本和母本遗传密码的共同制约，按照正常程序逐渐发育成熟。

事实上，新生命的每一个遗传特征都会受到来自父本和母本两种不同基因的制约。有些基因（显性基因）比另一些基因（隐性基因）更占“优势”，也就是说，其中一种基因会对那个遗传特征起决定作用，而另一种不起作用。以花朵为例，一些颜色基因处于优势地位，而其他颜色基因则处于劣势地位，然而，如果两种颜色基因都属于隐性基因，那么它们的遗传特征也会在新生命中表现出来。新生命的生殖细胞在形成过程中，不同基因之间的排列组合方式多种多样，因此，下一代的某些遗传特征可能跟其父母大相径庭。

遗传学是一门非常复杂的学问，最好等学生升入高年级以后再学习。这里需要掌握的要点是，父亲和母亲遗传给下一代的遗传密码各占一半，因此，薇姬的眼睛可能像父亲，下巴可能像母亲。

《国家科学教育标准》（国家研究委员会，1996）的相关内容

幼儿园—4 年级：生物的生命周期

• 植物或动物都跟它们的父母长得很像。

• 生物的很多特征都是从父母那里继承而来的，但是，有些特征是该生物与环境互动的结果。遗传特征包括花的颜色以及动物的肢体数量等。

5—8 年级：繁殖和遗传

• 在很多物种（包括人类）中，雌性产生卵子，雄性产生精子。很多植物也属于有性繁殖，例如，开花植物的花能够产生卵子和精子。卵子与精子结合后发育形成一个新的个体，新个体从母本（通过卵子）和父本（通过精子）获得基因信息。有性繁殖产生的后代与父母不完全相同。

• 每一种生物在形成自己的特征过程中都需要基因指令。这些指令通过遗传代代相传。

• 遗传信息被包含在细胞内染色体的基因中。每一个基因都携带一个信息单元。

《科学素养基准》（美国科学发展协会，1993）的相关内容

幼儿园—2 年级：遗传

• 在同一种群中，同一种生物的不同个体之间会发生变异。

3—5 年级：遗传

• 如果想让下一代与其父母相似，就必须以可靠的方式把遗传信息从父母身上传递给下一代。

6—8 年级:遗传

• 在某些生物中(无性繁殖),所有的基因全部来自父母中的一方;在另外一些生物中(有性繁殖),来自父母的基因通常各占一半。

在幼儿园—4 年级中使用这个故事

我感觉,女生对这个故事可能比男生更感兴趣。为了吸引男生,你可以对故事稍做改动,把两个女孩其中一个换成男孩。例如,你可以把故事开头改成这样:在美术课上,两个孩子(表姐和表弟或表哥和表妹)给彼此画肖像画。而两个孩子关于耳垂的对话,可以根据角色不同而稍做修改。这样,整个故事的框架基本没变,教学目的也没变。很显然,你的学生家庭背景可能千差万别,想要让他们追踪自己家族的遗传特征可能很困难。你可以虚构一个家谱,供学生探究时使用。

两份国家标准文件对低年级学生的教学要求是,学生应当重点关注同一物种内不同成员间出现的变异现象。学生应当学会观察宠物间的变异现象,有些学生甚至曾经观察过一窝小猫、小狗或豚鼠的生长发育状况,而家住农村的学生很容易注意到家禽或家畜跟它们的父母有什么不同之处。低年级学生可能会有年龄跟他们相仿的兄弟姐妹或亲戚朋友等,你可以让学生观察他们的相貌和行为特征,并记录在科学笔记本上。你可能需要为学生准备一些组织结构图,方便他们填写观察记录并比较亲人或朋友之间的异同。作为切入点,你可以这样问学生:你是如何辨别自己的亲人或朋友的?把所有答案都一一记录下来,因为每个人都有自己独特的分辨方法。你可以在一张大表中列出各种区别特征,如眼睛的颜色、身高、头发的颜色、声音等,让学生讨论他们可以通过多少种方式来辨别人或宠物。学生对自己的家族或宠物的家族进行调查研究,必将加深他们对生物变异现象的理解,并为将来进一步系统学习遗传与变异知识打下坚实的基础。

在 5—8 年级中使用这个故事

如前所述,女生对这个故事可能比男生更感兴趣。如果你认为必要,可以对故事稍做改动。在听你朗读完这个故事以后,高年级学生的反应跟低年级学生应当相差无几，不过，他们肯定比低年级学生见多识广。如果学生在讨论中没有提到基因、DNA 或染色体等术语，我反倒会感到惊讶。毕竟各种媒体宣传铺天盖地，治疗胆固醇的药品广告以及探案类影视剧等充斥着这类术语，公众不可能对此一无所知。然而，能否使用一个术语跟是否真正理解这个术语完全是两码事，你知道，很多儿童或成人经常使用一些术语，却根本不知道它们究竟是什么意思。需要注意的是，研究表明，很多初中生甚至高中生都对生物特征是如何遗传的存在错误认识。你可以借用《了解学生的科学想法》(第 2 册)一书中的探究案例《鼠宝宝》(Baby Mice)来了解你的学生对遗传知识懂得多少。

这个故事提到的错误观点肯定会在你的学生中间不同程度存在，让学生分析、研究一下家族谱系，可以消除这些错误观点。你只要找出几个反例，例如，有些男孩遗传了母亲的特征(或者女孩遗传了父亲的特征)，即可消除"男孩像父亲、女孩像母亲"的错误观点。你和学生的讨论也可能会涉及遗传疾病，如糖尿病和镰状细胞贫血等。还有一些疾病与伴性基因相关，如秃顶和色盲等。这就需要研究繁殖与遗传之间的关系，而大多数人对此并不了解。初中生已经具备一定的基础，能够掌握有性繁殖中基因分布的概率和随机性等概念。

如果可能的话，我极力推荐你在教室里养殖一些威斯康辛速生植物。这些小型芸薹属植物(西兰花、花椰菜和甘蓝的近亲)的基因已经经过改良，在短短几周内就能完成从种子发芽、开花到结果的生命周期。学生能够亲自动手给花授粉，利用这些"教具"收集它们在几代生命周期中遗传和变异特征的数据。这些植物占据的空间相对较小，只需要把它们放在一张配备照明设备的桌子上即可，当然，它们在生长过程中还需要学生精心照料。这些植物可以让你和学生观察到以前从未有机会观察到的现象，让你们在相对较短的时间内观察到它们在几代生命周期中的变化情况。

如何在小学高年级以及中学学生中传授遗传知识？不同教师采取的教学方法千差万别。然而，这个故事的主要目的是让学生直面这个新概念，并通过精心设计实验方案并付诸实施对其进行深入探索。学生通过绘制与分析家族谱系，认真探索基因与繁殖之间的关系，对他们经常挂在嘴边的术语肯定能够不仅知其然，而且知其所以然。

你可能会对互联网上的基因数据库感兴趣，也想加入其中。在这个项目中，来自世界各地的学生把各自获取的显性基因和隐性基因数据上传到网上，汇聚成一个全球性的基因池。网址为 http://k12science.org/curriculum/genproj/。该项目通常在每年秋季启动。

相关书籍和期刊文章

Bryant, R. 2003. Toothpick chromosomes. *Science Scope* 26 (7): 10 - 15.

Cowden, N. 2002. The Alien Lab: A study in genetics. *Science Scope* 26 (2): 24 - 27.

Driver, R., A. Squires, P. Rushworth, and V. Wood-Robinson. 1994. *Making sense of secondary science: Research into children's ideas*. London and New York: Routledge Falmer.

Hazen, R., and J. Trefil. 1992. The code of life. In *Science matters: Achieving scientific literacy*, 224 - 242. New York: Anchor Books.

Keeley, P. 2005. *Science curriculum topic study: Bridging the gap between standards and practice*. Thousand Oaks, CA: Corwin Press.

Mesmer, K. 2006. Making Mendel's model manageable. *Science Scope* 29 (6): 24 - 27.

Rice, E., M. Krasny, and M. Smith. 2006. *Garden genetics: Teaching with edible plants*. Arlington, VA: NSTA Press.

Stanford, P., and S. Heinhorst. 1997. A blueprint for our bodies. *Science and Children* 34 (4): 12 - 15.

参考文献

American Association for the Advancement of Science (AAAS). 1993. *Benchmarks for science literacy*. New York: Oxford University Press.

Keeley, P., F. Eberle, and J. Tugel. 2007. *Uncovering student ideas in science: 25 more formative assessment probes*, volume 2. Arlington, VA: NSTA Press.

National Research Council (NRC). 1996. *National science education standards*. Washington, DC: National Academies Press.

第十九章
味道十足的故事

一天下午，蒂龙（Tyrone）与扎克（Zach）在扎克家的门廊上百无聊赖地待着。外面天气太热不能做剧烈运动，而且因为学校放暑假，他们大部分时间都无所事事，还有，公共游泳池今天关门搞卫生。他们玩了一会儿纸牌，便无精打采地拾起散落在地上的报纸和杂志。

“嘿，蒂[1]，看看这篇关于你舌头的文章。”

“我舌头怎么了？”蒂龙说。

“不是你的舌头！”扎克笑着说，“是说每个人的舌头。”

“唉，扎克，我知道今天下午确实无聊，但是，我想不到你怎么会对一篇关于什么人舌头的文章感兴趣。”

“不，是关于每个人的舌头。这份报纸是爸爸在超市买的，文章说我们舌头上只有某些特定部位才能尝出某些特定味道。”

“所以呢？”蒂龙不耐烦地问。

“文章说舌尖能尝出甜味，舌尖靠后的两边只能尝出咸味，再往后，是酸味，舌根那里也就是你想呕吐的地方，只能尝到苦味。”

“然后呢？”蒂龙又说，“如果是报纸上写的，我觉得有道理。”

“你相信报纸上说的一切？就像这张从超市买的报纸？”

“也许信，也许不信。那得看是什么报纸，还要看是否说得通。”

“蒂，我觉得，我们应当亲自做一下实验看看这是否是真的。文章说的似乎不对头，因为我觉得我的舌头每个地方都能尝出咸味。”

“那太容易了，”蒂龙说，“我们去厨房找些东西放到你的舌头上试试就行了。”

“为什么是我的舌头？”扎克说，“难道你不想知道真相？”

“是你看到的文章，所以应当你先来。不过，我们先查查图书或互联网，或许能从中找到这方面的真相。”

他们说干就干，你猜怎么着？他们找出的答案五花八门，真不知道应当相信哪一个。

“那么，”扎克说，“现在只有一件事可做，反正我们也找不到更有意思的事情了，所以我觉得我们应当自己找出真相。如果你也愿意做，我就第一个尝试。不过，我想我还是先跟妈妈一道检查一下我们要品尝的食物，以免误食了有毒的东西。”

“好啊，”蒂龙说，“让我们看看能不能请你妈给我们找一些苦、咸、酸、甜的东西来尝尝。”

---

① 蒂是蒂龙的昵称——译者注

目的

我们几乎每天都会收到骗人的电子邮件或看到内容不实的网上帖子。最近几个月里你收到过多少邮件警告你有病毒传播？超市报纸上充斥的新闻无非是狗仔队关于明星的花边报道或谣言(更别提那种说女人生出一条双头鳄鱼的新闻报道了)。在这篇故事里,两个孩子对他们觉得不可思议的东西产生了质疑,决心自己找出真相。实际上,味觉图已经存在很久了,甚至还被收入课本,而就在最近,有人仔细研究后发现这张图其实是错的,至少一些"专家"是这么说的。因此,这篇故事的目的有三个:(1) 设计适当的实验来验证味觉图;(2) 鼓励学生在遇到看似矛盾的信息时勇于提出质疑;(3) 了解神经系统及其功能。

相关概念

- 感觉
- 实验设计
- 生物的功能
- 神经系统
- 都市传说
- 宣传
- 经验
- 细胞和器官
- 大脑功能

不要惊讶

孩子们如何看待味觉？这方面的相关研究并不多,除了视觉研究稍多以外,对其他感觉的研究都很少。如果你的学生不知道身体神经末梢的功能和作用,也不知道它们如何把刺激传给大脑进行解读,你用不着为此感到吃惊。实际上,很多学生都不了解大脑对人体一切行为起支配作用,无论我们是处于清醒状态还是睡眠状态。当你跟学生讨论各种味觉(甜、咸、苦、酸,也许再加上一个"鲜",这些都是我们大脑对某些化学物质做出的反应)时,这一点非常重要。鲜(umami)来源于日语,为"美味"之意,是大脑对味精中的谷氨酸产生的反应。我们最好先把鲜味放到一边,因为有些人对它过敏。

还有，如果你的学生受到了“都市传说”的影响，添油加醋地给你或同学讲些流传数年的不实传说，你也用不着吃惊。很多谣传都可以用科学实验当场拆穿，例如，口香糖被人吞下以后需要七年才能消化；猫跳下来时总是脚先着地；热水比冷水结冰速度快；闪电不会连续两次击中同一处地方；狗的嘴比人的嘴干净；每年都有电子邮件声称火星在天空中将会变得跟月球一样大。犬儒主义与怀疑精神是有区别的，从长远来看后者将对学生更有裨益。

内容背景

人的神经系统拥有特殊的细胞，遍布身体各处，这些细胞被称为神经元，它们彼此之间存在联系。在味觉图中，我们要谈论的细胞被称为感受器，它们对热、疼痛、压力或味道等做出反应。人体两大主要神经系统分别为中枢神经系统（包括大脑和脊髓）和周围神经系统，后者遍布全身，通过 31 对脊神经与脊髓相连。周围神经系统有三种神经元：运动神经元、感觉神经元和自主神经元。自主神经元控制人的心脏、肺、消化系统以及其他不受意志支配而自主活动的身体器官。

在这篇故事里，我们讨论的是感觉神经元，正是这些细胞把人体内或体外的信息变化传递给中枢神经系统。信息是通过一种名为神经冲动的电化学波进行传送的。神经冲动通过神经元的轴突抵达神经细胞末梢，然后穿梭于神经元之间名为突触的结点。它在突触之间的传递是借助名为神经递质的化学信使来完成的。于是，神经冲动从一个神经元传递到另一个神经元，一直传递到中枢神经系统和大脑，在那里被解码和识别。

有时，某些信息是由脊髓进行解码，并做出不受意识支配的迅速反应，我们称之为反射动作，当你触碰到锋利或者令你感到疼痛的东西时就会发生这种情况。例如，如果你的手不小心碰到滚烫的炉子，就会不假思索地立刻缩回来。这时候如果你要用脑思考的话，身体就会受到伤害，所以它不等你的大脑来做决定。

舌头上布满了细小的神经末梢，被称为舌乳头。有些舌乳头里含有味蕾，负责传递舌头或口腔接触的化学物质的信号。信号一旦传到大脑，就被解码成五种味道中的其中一种。

与此同时，鼻子的感觉细胞也在工作，它们与味道信息一起给我们带来“风味”。没有风味，我们的味觉会大打折扣，很难分辨自己所吃的是什么食物。当你感冒闻不出味儿的时候就会有这种感觉：食物尝起来跟以前的味道不一样。有一次我因为服用抗生素而丧失嗅觉和味觉，那种感觉太令我懊恼了。一个月之后抗生素药效才消失，我欣慰地发现自己终于能闻到妻子在厨房做的意大利面酱的味道，那一刻我知道自己总算能够品尝到久违的美味晚餐了。我们往往对这些惬意的感觉习以为常，除非失去才知道珍惜。

久而久之，人类学会分辨进入口中的各种刺激。我们知道，大多数药品和黑咖啡是苦的，糖果是甜的，盐是咸的，有些经过发酵酿成的酱汁（如酱油）也是咸的。酸味既可以令人愉悦，也可以让人厌恶，主要取决于酸的强度。我祖母曾经制作的泡菜被我们称为"冰凌泡菜"，因为它吃起来酸得让人浑身发抖。然而随着时间的流逝，我渐渐喜欢上了这种酸泡菜，我还发现有些牌子的泡菜比其他品牌更酸一些。

20 世纪初，一位德国科学家写过一篇文章，他在文中画了一幅舌头味觉分布图（味觉图），指出舌头某些区域对某种味道的敏感度更高一些。然而，这篇文章在被翻译成外文时，他的观点可能被过度解读了，并随着译文的发表而流传开来。甚至一些教科书的作者也加以引用，这个谬论便流传至今。这对我们所有人而言都是一个很大的教训：我们应当警惕那些不实的书面材料。出版的东西未必就是正确的。验证的最佳方法就是自己去做调查实验。在教室里做这个实验非常容易，老师可以为学生提供安全可靠的食物，让他们用自己的舌头品尝即可。

以讹传讹的味觉图只是科学信息不断更新的诸多案例之一。例如，我在学校学习生物时，所有课本都说人体有 24 对染色体。后来（或许在佛罗里达州）有人经过重新计算却发现只有 23 对。随着科学的进步，人们不断更改科学理论以吸纳新的发现或解决陈年的老问题。例如，最新的生物分类法把生物由原来的两个界更改为五个界，因为这样的分类更"科学"。过时的味觉图表明这一理论在被普遍接受之前并未经过充分的验证。

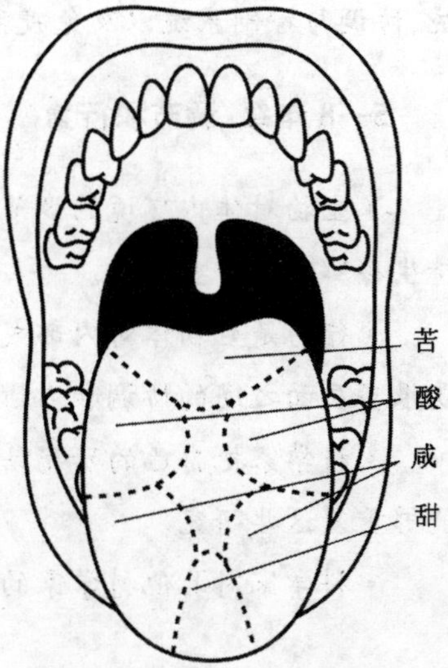

错误的舌头味觉分布图

最新的研究似乎表明，所有味蕾都能分辨出各种味道，也许某些区域对某些味道可能更敏感，然而，这种差别可以忽略不计。尽管味觉图说舌尖只能分辨出甜味，但是我相信，如果你把盐放在舌尖，肯定也能够尝出它是咸的。

《国家科学教育标准》(国家研究委员会，1996)的相关内容

幼儿园—4 年级：生物的特征

• 生物个体的行为都受其内部信号(如饥饿)和外部信号(如环境中的变化)影响。人类及其他生物具有多种感觉器官，能够帮助自身感知体内信号和外部信号。

幼儿园—4 年级：了解科学研究

• 科学研究包括提出问题、回答问题，并把自己的答案与科学家已经取得的科学发现进行比较。

• 科学家根据需要探索的不同问题采用各种不同的研究方法。探究的类型包括：对物体、事件和生物等进行描述；对它们进行归类；进行公平实验。

• 科学家根据观察(证据)以及他们对世界的认知(科学知识)对研究结果进行解读。科学的解读是以调查研究获得的证据为依据的。

5—8 年级：生物系统的结构和功能

• 人体的系统有消化系统、呼吸系统、生殖系统、循环系统、排泄系统、运动系统、协调与控制系统以及免疫系统等。这些系统之间相互作用。

5—8 年级：调节和行为

• 生物对体内环境的调节是指，生物能够感知体内环境并改变生理活动以维持生存所需的必要条件。

• 行为是生物体对内部或外部环境刺激所做出的一种反应。一个行为反应需要很多层面之间的协调和沟通，包括细胞、器官系统和整个生物体等。

• 科学家把自己的研究结果公之于众，他们描述自己的研究过程，以便让他人能够重复这些研究。

• 科学家对其他科学家的研究结果进行评价并提出疑问。

5—8 年级：从事科学研究需要具备的能力

• 通过科学调查确定研究课题。学生应当能够利用指导科学调查的科学思想、科学概念和量化关系来确定研究课题。

• 制订科学调查计划并付诸实施。学生应当能够学会发现问题、设计调查方案、实施调查、分析数据、利用证据提出解释、提出不同的解释，以及对解释和调查步骤做出科学评判。

• 运用批判思维和逻辑思维建立证据与解释之间的关系。

• 分析并甄别不同的解释和预测。

• 了解科学研究。科学是在合理怀疑基础上发展进步的。科学家通过审查证据来评估其他科学家的解释。具体做法有比较证据、查明错误推理、找出毫无根据的论断、对同样的观察提出不同的解释等。

《科学素养基准》（美国科学发展协会，1993）的相关内容

幼儿园—2 年级：人体：基本功能

• 人具有在感到饥饿时寻觅食物、发现食物并摄入食物的身体结构：人用眼和鼻寻找食物，用腿得到食物，用手拿取食物，用嘴吃掉食物。

• 感觉器官能够给身体发出危险警告；肌肉帮助人搏斗、躲藏或逃离危险。

• 大脑使得人类能够进行思考，并向身体其他部位发出信号，指挥它们正常运转。

幼儿园—2 年级：科学事业

• 每个人都可以进行科学研究和发明创造。

• 组成研究小组并把自己的研究结果拿出来与他人分享，往往对科学研究具有很大帮助。

3—5 年级：人体：基本功能

• 大脑接收身体各个组成部分发出的信号。大脑也向各个组成部分发送信号来指挥它们运转。

3—5 年级:科学事业

• 明白无误的交流是做科学研究的必要条件,只有这样,科学家才能让别人了解自己的研究工作,得到其他科学家的批评指正,并了解全世界科学研究的最新动态。

6—8 年级:科学事业

• 不论何人在何时何地做科学研究、数学研究或搞发明创造,由此产生的知识和技术最终都能造福世界上的所有人。

在幼儿园—4 年级中使用这个故事

在你给学生读完这个故事后,他们肯定想知道味觉图是否对自己适用。低年级学生也许需要帮助才能理解味觉图。你可以参照《内容背景》中的味觉图画一张出来,问问他们是否相信这张图是真的以及他们打算如何找出真相。你可以借此机会给学生讲一讲变量和公平实验设计的问题。一个办法是,你跟学生一起做一个简单实验,并故意在实施过程中做一些明显不公平的选择,例如,制作一个斜面,把两个不同的球放在斜面顶点,问学生哪个球会先滚落到底部,在学生做出预测后,你故意把其中一只球放到斜面中间位置,或者把它猛地推出去,而把放在另一只球上的手松开让它自由滚落。学生肯定会喊"不公平",这时你就可以讲一讲做"公平"实验需要控制哪些变量。

这里需要提一提安全方面的问题。在大多数课堂上,教师都禁止学生吃东西。而你为了试验活动不得不破例一次。你需要向学生保证这次实验使用的材料都绝对安全,并提醒他们这一次只是例外,如果没有得到老师允许,学生通常不能在上课时吃东西。你应当提醒学生注意,故事中扎克说过他想让妈妈检查一下那些东西以确保安全。

品尝味道时,我建议你让学生使用棉签或扁牙签。实验材料最好使用液体,以免被学生大量误食,而且使用液体效果更好。酸味用柠檬汁是最棒的,苦味用速溶咖啡,甜味用蜂蜜水,咸味当然用盐水。你也可以问一问学生有什么好建议,他们也许会提出一些奇思妙想,让实验活动更具个性化。

你最好让学生每两人一组，一人用棉签蘸取少量(注意是“少量”)液体，放到另一人舌头上的不同区域，看看受试者能否辨别出味道。测试者应当确保味觉图上的所有部位都测试到。你和学生应当设计一张数据表用于实验结束后展示，这张表应当记录测试样本的顺序以及被测试者对各种样本的反应。典型的回答应当是这样：约翰尼舌头上的所有部位都尝出了咸味；或者：玛丽只在舌头后部尝出苦味。低年级学生可能不会想到测试样本顺序的重要性，然而，高年级学生可能会想到这一点。学生在测试不同样本的间隔应当漱口，你最好给每组学生准备一个小器皿供他们吐漱口水，尽管根据我的经验，孩子们一般不需要。

实验告诉我们，那张错误的味觉图将会被否定，如果有学生说自己认可那张图，你可以这样回应：人与人之间存在细微的差异，我们不能把那张图奉为普遍真理。

这堂课可以调动全班学生的积极性，让他们共同设计方案并开展实验调查。他们还会明白，白纸黑字的东西未必就是真的。

在5—8年级中使用这个故事

下面一段话是一位名叫苏珊·约翰逊(Susan Johnson)的教师所写。她研究了味觉图以后发现这是一个让孩子们积极参与的好机会。我直接引用过来，让你们看看她是如何处理其中的科学概念以及如何评价学生的表现和自己的教学效果的。尽管她是一位生物老师，但我相信初中生也很容易理解她这节课的内容。

通常，在《解剖和生理》这一单元，我会简要提一下味觉图，并把这张图展示给学生，它把舌头分成咸、甜、苦、酸等区域。然而，我从来没给他们验证这张图的机会，我只是解释说，曾经有过这么一张图，但是最近已经被科学界否定。

为了让学生更直观地感受味觉图的内容，我决定改变教学方法，让学生们亲自尝试一下。首先，我让班里学生列出他们能尝到的不同味道，他们想出四种：咸、甜、苦和酸。然后，我们一起列举每种味道对应的食物。接下来，全班投票选出制作味觉图最合适的食物。他们最终决定：甜＝方糖，咸＝盐水，苦＝咖啡，酸＝儿童酸味糖果或柠檬汁。

酸味的实验材料引起了一场争论。有些学生认为儿童酸味糖果的酸味足以用来做味觉图，而有的学生指出，一旦酸味涂层消失，酸味就会与糖果里面的甜味混在一起。他们最后选择了柠檬汁，因为它不含甜味。

还有一个学生注意到，测试四种味道的食物中有三种是液体，于是建议我们用糖水替换方糖，这样可以在口中"哗哗地"到处流动。于是全班投票决定用糖水代替方糖。

我让全班同学思考味觉测试的一个技术性问题，最后他们决定，在测试不同样本的间隔应当用清水漱口。有一个学生问测试样本的顺序不同是否会影响结果，于是我们开始计算测试顺序究竟有多少种排列组合，计算结果为 24 种。学生想把 24 种全部都试一遍，而班级只有 23 个学生，因此邀请我也参加。每个人选一种组合，每次测试之后必须漱口。

第二天，我带来了柠檬汁、盐水、糖水和咖啡。每个人都做了测试，并用白纸把各自的味觉图画出来贴在墙上。全班一起分析这些图，并按相似度进行归类，然后，我给学生展示那张错误的味觉图。与之不符的学生有些抓狂，坚持认为自己的才是对的。一些学生坚信，自己舌头的任何部位都能尝出四种味道！这就需要进一步做实验。一个学生建议我们分别把这四种味道放到舌头的每个区域进行实验。

我们照做了。你猜怎么着？所有学生都发现，舌头每个区域都能尝出这四种味道！那么味觉图是怎么回事？尽管学生说他们舌头的某些部位对某种味道更敏感，但他们也说，舌头的所有区域都能分辨这四种味道。最后，我给他们讲了味觉图的"谬论"，还一起读了一篇文章《味觉图：戳穿谎言》(The Tongue Map: Tasteless Myth Debunked)(www.livescience.com/health/060829_bad_tongue.html)。实验活动进展顺利，所有学生都很投入，甚至有些整个学年都不积极的学生也活跃起来，为自己画的味觉图据理力争。尽管这项活动花了两天时间，但是我觉得非常值得，因为学生能够积极提出问题并探索答案。

这就是整个实验过程，我想我不可能比她写得更好了。跟每节课一样，你有必要做一张数据表用来比较实验结果。而有些老师喜欢把标准答案直接告诉学生，这扼杀了他们探索科学的热情。

相关书籍和期刊文章

Driver, R., A. Squires, P. Rushworth, and V. Wood-Robinson. 1994. *Making sense of secondary science: Research into children's ideas*. London and New York: Routledge-Falmer.

Keeley, P. 2005. *Science curriculum topic study: Bridging the gap between standards and practice*. Thousand Oaks, CA: Corwin Press.

Keeley, P., F. Eberle, and C. Dorsey. 2008. *Uncovering student ideas in science: Another 25 formative assessment probes*, volume 3. Arlington, VA: NSTA Press.

Keeley, P., F. Eberle, and L. Farrin. 2005. *Uncovering student ideas in science: 25 formative assessment probes*, volume 1. Arlington, VA: NSTA Press.

Keeley, P., F. Eberle, and J. Tugel. 2007. *Uncovering student ideas in science: 25 more formative assessment probes*, volume 2. Arlington, VA: NSTA Press.

Parlier, D., and M. K. Demetrikopoulos. 2004. A touch of neuroscience. *Science Scope* 28 (2): 48－50.

参考文献

American Association for the Advancement of Science (AAAS). 1993. *Benchmarks for science literacy*. New York: Oxford University Press.

Johnson, S. Final paper for Educ. 610, University of Massachusetts. Used with the permission of the author.

National Research Council (NRC). 1996. *National science education standards*. Washington, DC: National Academies Press.

Wanjek, C. 2006. The tongue map: Tasteless myth debunked. *www.livescience.com/health/060829_bad_tongue.html*.

第二十章
反应时间

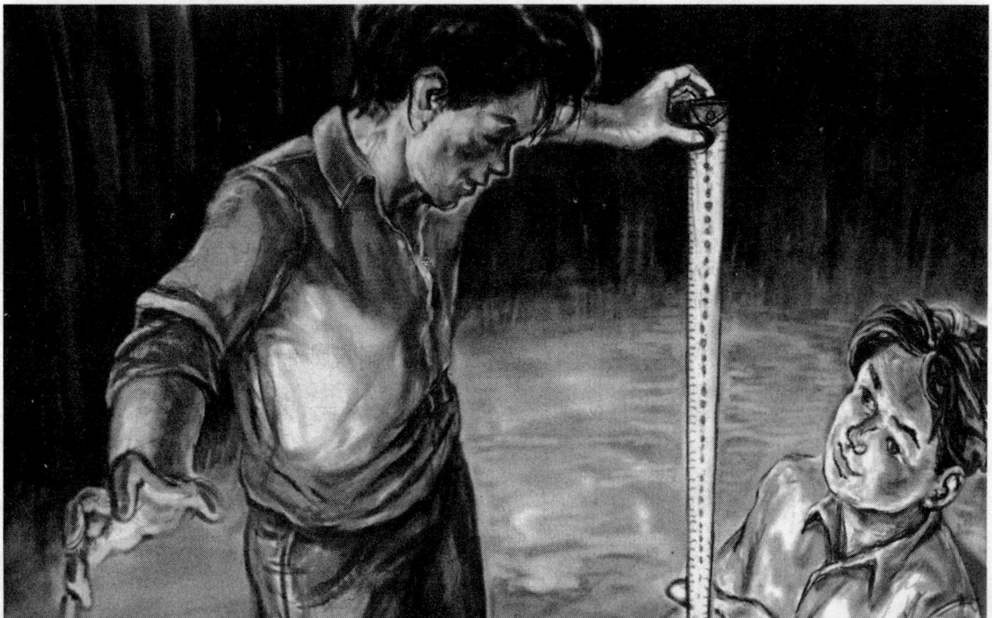

福阿德(Fouad)和弟弟阿卜杜勒(Abdul)正在玩拍手游戏,这是他们在自己的祖国学到的一种游戏。在这个游戏中,两人面对面坐在地板上,一人双手心朝上放在自己大腿上,另一人双手心朝下置于前一人的手上方,掌心对掌心。双手放下面的人在双手放上面的人把手缩回之前,迅速抽出双手去拍打上面那一双手。而双手放上面的人需要反应灵敏,及时把双手缩回去,以免被拍到。玩这个游戏,你需要在不被对方察觉的情况下,迅速抽出双手去完成拍打动作。人们往往把这种情形称为反应时间。

福阿德赢的次数比弟弟多,因此他得意扬扬。

“我老是赢你,阿卜杜勒!你的手还没动,我就察觉到了。我的反应太快了。”

“好吧,也许你赢的次数确实比我多,但是,我觉得我的反应也很快。”

“你可没在游戏里体现出来。”福阿德说,“你连拍手游戏都赢不了,又凭什么说自己反应快。”

“因为我玩别的游戏反应快。你只是在这个游戏里比我快罢了!”

“我在一本杂志上看到过一个方法,能帮我们分辨谁更快!”福阿德说,“你想试试吗?”

“当然,只要公平就行。”阿卜杜勒说,“怎么测试?”

“首先找一把尺子。一个人抓住尺子顶端,另一人在尺子最下面张开自己的拇指和食指。拿尺子人的手一松开,另一人则迅速用手指捏住下落的尺子。我们可以根据尺子下落的距离测量捏尺子的人的反应速度。尺子落下的距离越短,你抓住尺子的速度越快,证明你的反应速度越快。”

“听起来棒极了!我想我们可以用这个方法测量出各种不同的反应时间。让我们找一把尺子来测试吧!但是一定要保证公平。”

“好的,我们会确保公平。但是,你说的各种不同反应时间是什么意思?”

“到时候你就知道了。”阿卜杜勒说,“你不可能在每一项测试中都占上风。”

目的

这则故事旨在让学生了解神经系统对刺激如何做出反应，以及神经系统的工作原理是什么。

相关概念

- 神经系统
- 简单反应时间
- 刺激
- 反应
- 平均值

不要惊讶

学生也许认为，通过练习可以提高各种反应时间，他们也许还认为，每一类刺激引起的反应时间都相同。他们往往没有意识到，中枢神经系统对人体做出反应的时间长短发挥着重要作用。

内容背景

反应时间是指任何生物从接受刺激到做出反应的时间间隔。在体育运动中，反应时间极为重要。以棒球为例，美国职业棒球大联盟一个投手与拿着球棒的击球手之间距离约为 18.5 米。很多投手投出的棒球时速约为每小时 153 千米，甚至更快。这就意味着，球会在大约 0.4 秒内到达击球手的位置。击球手只有 0.4 秒的时间决定击球位置，甚至决定是否击球。这就需要极快的反应时间。大多数击球手都很难做到这一点，平均十次中只有不到三次能击中球。超出这个水平的人就会被誉为优秀击球手。从 1903 至 1941 年，能够在每十次击球中击中超过四次的选手仅有七人，1941 年，特德·威廉斯（Ted Williams）有幸成为这七人中的一员。野生动物专家告诉我们，像猎豹或狮子这样的猎食动物每十次捕猎中只有三次能够成功。荒野生活很残酷，棒球场**亦是如此！**

这个故事与神经系统的反应有关。很多动物的神经系统都分成两部分,中枢神经系统和周围神经系统。中枢神经系统由大脑、脊髓和视网膜组成。周围神经系统主要由与中枢神经系统相连的感觉神经元组成。神经系统是由所谓的神经元细胞构成,它们发出的信号通过电化学波沿着被称为轴突的细小神经纤维从一个神经元抵达另一个神经元。这些细胞相连接的位置叫做突触,突触会释放一种叫做神经递质的化学物质,它使得信号能够经由下一组轴突抵达终点。

例如,如果一个人对某种视觉刺激做出反应,而在他做出反应之前会有很多事情发生。刺激(以光粒子或光波的形式)进入眼睛,然后经由神经元或神经通路到达大脑,大脑对其处理后做出选择。大脑的指令通过无数神经元传递至脊髓,脊髓再把神经冲动传递至适当的肌肉,指示它们如何反应。显然,整个过程中都有大量电化学信息在传递,这些都是在极短的瞬间完成的。

尽管如此,有时候这种反应速度还是太慢!如果有人朝你扔东西,甚至可能会打中你的脸。这种情况下你会做出反射动作——信号绕过大脑直接抵达脊髓。你会蹲下身去或把头偏向一边,避免自己被砸到。同样,如果你碰到滚烫的东西,皮肤里的感受器就会向脊髓发出“烫”的信号,让你立刻退缩。你的大脑根本来不及“思考”。这是一件好事,因为只有这样才能让你避免受到严重伤害。

现在回到本章的故事。反应时间的确有大脑参与。简单反应是指一个人对刺激做出的有意识动作,在这类情况下,人体某个感觉器官或神经(视觉、听觉或触觉等)就会发出信号,经过神经元传递至大脑,然后到脊髓,再到肌肉。这套系统就像电脑的“硬连接”一样相对固定不变,即使通过训练速度有所提高,也不可能超越某个点。反应速度在一个人的青少年时期达到顶峰,随着年龄增长而逐渐走下坡路。我想,这就是一些职业运动员三十五岁以后就过了巅峰期的原因。那个每小时153千米的棒球远看就像一片阿司匹林,但是它冲着你飞来,你要么躲过,要么挥棒一击。

互联网上有各种各样的反应时间测试,你可以尝试一下。本章故事提到的反应时间测试比较简单,只需要一把尺子,这大多数家庭都有。你和你那些跃跃欲试的学生可以看看克莱姆森大学(Clemson University)的罗伯特·科辛斯基(Robert Kosinski)撰写的一份研究评述。学生们会发现,著名大学里的科学家也在做这方面的研究工作,他们不用再怀疑自己能否成为真正的科学家。

还有另一种不同的测试方法,叫做“过/不过测试”(go/no-go test)。受试者必须在两个刺激中做决定，根据测试要求，要么做出反应，要么不做反应。例如，受试者只能选择对一个刺激做出反应，而对另一个刺激不做反应。因此，大脑必须同时处理不止一个信号，告诉受试者如何反应（或不反应）。这当然需要更多反应时间，故事中没有提及这个方法，因为它过于复杂，无法用日常工具在课堂上进行测试。然而，你可以在网上查看，网址为 http://cognitivefun.net/test/17。

《国家科学教育标准》（国家研究委员会，1996）的相关内容

幼儿园—4 年级：生物的特征

• 生物个体的行为都受其内部信号（如饥饿）和外部信号（如环境中的变化）影响。人类及其他生物具有多种感觉器官，能够帮助自身感知体内信号和外部信号。

5—8 年级：调节和行为

• 生物对体内环境的调节是指，生物能够感知体内环境并改变生理活动以维持生存所需的必要条件。

• 行为是生物体对内部或外部环境刺激所做出的一种反应。一个行为反应需要很多层面之间的协调和沟通，包括细胞、器官系统和整个生物体等。

5—8 年级：生物系统的结构和功能

• 在多细胞生物体中，专门的细胞具有专门的功能。专门的细胞组合在一起形成组织，如肌肉。不同的组织又组合在一起形成更大的功能单位，即器官。每一类细胞、组织和器官都具有独特的结构和功能，并服务于整个生物体。

• 人体的系统有消化系统、呼吸系统、生殖系统、循环系统、排泄系统、运动系统、协调与控制系统以及免疫系统等。这些系统之间相互作用。

《科学素养基准》（美国科学发展协会，1993）的相关内容

幼儿园—2 年级：基本功能

• 感觉器官能够给身体发出危险警告；肌肉帮助人搏斗、躲藏或逃离危险。

• 大脑使得人类能够进行思考，并向身体其他部位发出信号，指挥它们正常运转。

3—5 年级：基本功能

• 大脑接收身体各个组成部分发出的信号。大脑也向各个组成部分发送信号来指挥它们运转。

6—8 年级：基本功能

• 器官和器官系统由细胞构成，并满足细胞的基本需求。

• 感官、神经和大脑之间相互作用，使得人类能够学会应对所处环境的变化。

在幼儿园—4 年级中使用这个故事

你觉得学生想做的第一件事是什么？拍手游戏，对吧？故事已经将这个游戏描述得很详细。学生会发现，想要赢得游戏需要反应灵敏并出其不意。你可以让他们分析这个游戏，并自己琢磨怎样做才能骗过对方。他们应该知道，手放在上面的人能否避免被拍到，取决于他察觉对方动作的反应灵敏度。游戏规则一般为十次一个回合，然后互换角色继续游戏，最终根据被拍到的次数多少来判定输赢。怎样才算得分，应当由两位游戏者自己商定。你可以提出如下问题：

• 你经过练习以后是否表现更好？

• 你是否研究出如何骗过对方的策略？

• 你觉得是你的反应速度变快了，还是只是你察觉了对方的意图(注意：实际上，反应时间基本固定不变，但是通过练习确实能让你想出更好的策略)？

• 跟年纪比你大的人玩这个游戏，你是否表现得更好？跟年纪比你小的人玩呢？

作为教师，你可能不得不接受最后一个问题中提到的挑战，做好输的心理准备。毕竟，到了你这个年龄，反应速度肯定比学生慢。不过，为了教育事业，你敢于面对失败，对吧？

面对二年级及二年级以上的学生，你可以放心让他们以数据形式记录反应时间。你只需要一把尺子（各种尺子）就行，故事中已经有说明。尺子的底部应该与“接球手”的拇指和食指齐平，“发球手”在没有任何征兆的情况下松开尺子，“接球手”则迅速捏紧拇指和食指。尺子下落的距离可以根据拇指或食指中间线对应的尺子刻度来计量。你可以让学生把这个数据记录在科学笔记本上，让他们看看是否会随着实验的进行而有所变化。

再次重申，即使你反复练习，你的反应时间也不会有变化，但接尺子的策略可以得到改进。疲劳、厌倦、药物或咖啡等因素都会对反应时间造成影响。我之前已经提过年龄这个因素。反应时间从婴儿期到二十岁左右逐渐变短，从二十岁左右至五六十岁逐渐变长，此后，随年龄增长而迅速变长。我（八十一岁）要是玩这个游戏，恐怕只能得最后一名！我要对女同胞们说一声抱歉，因为女性反应时间的平均值似乎比男性长一些（Der & Deary，2006）。有证据表明，听觉刺激比视觉刺激引起的反应时间短（Brebner & Welford，1980），这似乎是因为听觉刺激抵达大脑的时间比视觉刺激要短一些。在电脑鼠标测试中，左撇子似乎比右撇子表现更好（Peters & Ivanoff，1999）。这很好理解，因为左撇子的大脑右半球比较发达，而右半球负责执行与空间相关的任务。

神经网络与反应时间之间的具体关系究竟如何？这方面还存在很多未知领域。有些学生可能会提出自己的见解。然而，这些问题对低年级孩子而言太复杂，不过，如果你班上的学生能力比较强，请阅读下一节内容，看看能不能解决其中一些问题。

在 5—8 年级中使用这个故事

如果高年级学生跟低年级学生一样迫不及待地想要开始玩拍手游戏，也不足为奇。阿卜杜勒说，福阿德不可能在每一项测试中都占上风，你的学生肯定想知道他这话是什么意思。根据我的经验，一旦学生用尺子做过测试后，他们会提出很多你意想不到的问题，而每个问题都值得进行研究，例如：

- 受试者被蒙住眼睛之后，听觉刺激如何影响他的反应时间？
- 受试者被蒙住眼睛之后，触觉刺激如何影响他的反应时间？

- 年龄如何影响反应时间?
- 在各种测试中,年龄都会影响反应时间吗?
- 性别对反应时间有影响吗?
- 左利手或右利手会影响反应时间吗?

福阿德和阿卜杜勒强调测试的公平性,他们的确做到了。你可以帮助学生确保无论研究哪个问题,都能以适当的方式控制各种变量。学生应当把所有测试的数据记录在科学笔记本上以及班级总数据表上。学生在做记录的时候最好隐去姓名,以免有些反应较慢的孩子感到难堪。你也可以考虑让几个班级一起做一个大范围测试,或者进行跨年级测试。采用画图的方式可以让数据更直观,最终画出的图通常会是一个钟形的正态分布图,少数非典型性结果位于分布图两端,而多数典型性结果位于中间。你可以借此机会给学生介绍简单的统计学知识。学生可以用正态分布图预测受试者最有可能出现的实验结果。

我估计,你可能不得不强行终止这项研究,因为学生肯定会玩出新花样、进行新测试。然而,我可以向你保证,学生的实验调查以及数据收集都是货真价实的科学研究,从教学角度而言完全是值得肯定的。

对于那些想要继续挑战的学生,你可以在网上找到很多测试内容。我建议你多腾出一些教学时间,多组织学生做一做"过/不过"之类寓教于乐的反应时间测试。

相关书籍和期刊文章

Keeley, P. 2005. *Science curriculum topic study: Bridging the gap between standards and practice*. Thousand Oaks, CA: Corwin Press.

Keeley, P., F. Eberle, and C. Dorsey. 2008. *Uncovering student ideas in science, volume 3: Another 25 formative assessment probes*. Arlington, VA: NSTA Press.

Keeley, P., F. Eberle, and J. Tugel. 2007. *Uncovering student ideas in science, volume 2: 25 more formative assessment probes*. Arlington, VA: NSTA Press.

Keeley, P., and J. Tugel. 2009. *Uncovering student ideas in science, volume 4: 25 new formative assessment probes*. Arlington, VA: NSTA Press.

Konicek-Moran, R. 2008. *Everyday Science Mysteries: Stories for inquiry-based science teaching*. Arlington, VA: NSTA Press.

Konicek-Moran, R. 2009. *More everyday science mysteries: Stories for inquiry-based science teaching*. Arlington, VA: NSTA Press.

Konicek-Moran, R. 2010. *Even More Everyday Science Mysteries: Stories for inquiry-based science teaching*. Arlington, VA: NSTA Press.

参考文献

American Association for the Advancement of Science (AAAS). 1993. *Benchmarks for science literacy*. New York: Oxford University Press.

Brebner, J. T., and A. T. Welford. 1980. Introduction: An historical background sketch. *In Reaction Times*, ed. A. T. Welford, 1–23. New York: Academic Press.

Cognitive Fun. 2008. *http://cognitivefun.net/test/17*.

Der, G., and I. J. Deary. 2006. Age and sex differences in reaction time in adulthood: Results from the United Kingdom health and lifestyle survey. *Psychology and Aging* 21 (1): 62–73.

Peters, M., and J. Ivanoff. 1999. Performance asymmetries in computer mouse control of right-handers, and left-handers with left-and right-handed mouse experience. *Journal of Motor Behavior* 31 (1): 86–89.

National Research Council (NRC). 1996. *National science education standards*. Washington, DC: National Academies Press.

第二十一章
蚯蚓不只是诱饵

十月的一天，风和日丽，吉姆和哈尔(Hal)走在上学的路上。吉姆今天自我感觉好极了，一路上说个不停。

“嘿，我今天早晨真把我姐惹毛了。”

“你干了什么，把蚂蚁放到她的燕麦粥里?”

“不，那样太明显了。我故意读一本书《蚯蚓的日记》(*Diary of a Worm*)，是一只蚯蚓写的日记。有一天，蚯蚓看到姐姐在照镜子，你懂的，就是对着镜子做鬼脸，扭来扭去的，你肯定见过你姐姐那样子吧？反正在这本书里，蚯蚓对姐姐说，不管她怎么照镜子，她的脸看起来总是跟屁股一样。”

哈尔大笑起来：“我想，对蚯蚓而言确实如此。”

“是啊，但是我跟姐姐那么说以后，她气坏了，在妈妈面前告我状，我不得不道歉，但是我觉得值了。”

“说真的，你**怎么**分辨蚯蚓的头和尾呢？”

“我不知道。我从来没试过。”吉姆想了想说，“我猜，既然你提出这个问题，你肯定**能**分辨蚯蚓的头和尾啰？每次钓鱼挂鱼饵的时候，我都没注意过这个问题。”

哈尔说：“我爸和我想找鱼饵的时候我就知道了。天黑以后，我们先给草坪浇很多水，等蚯蚓爬出来就能抓了。但是，我们得使用手电筒，还要轻手轻脚。蚯蚓都是头先出来，如果你手脚不够快，它们就像闪电一样逃回洞里了。我真搞不懂它们逃走的速度怎么那么快。然而到了地面上，它们爬行的速度还不如乌龟。但是它们确实总是扭来扭去的，现在想想，我还不知道怎么分辨它们的性别。”

“我们问一下汤普森(Thompson)先生能不能让我们研究蚯蚓，”吉姆提议，“否则我们只能做些无聊的事。不管怎么说，很多小孩都觉得蚯蚓恶心，我们却不会，那该多酷啊！”

两个孩子去找汤普森老师，老师很高兴，因为他们竟然对蚯蚓产生了浓厚的兴趣，想去研究蚯蚓。他正好要教一些与动物有关的内容，而这是一个吸引学生的好机会。两个孩子已经提出了一些非常好的问题，例如，如何区分蚯蚓的头和尾？如何区别蚯蚓的性别？蚯蚓如何行走？为什么蚯蚓对土壤有益？等等。汤普森老师准备了一些活蚯蚓，有趣的事情开始了。

目的

很多人都觉得多环节蠕虫类动物“恶心”，然而它们是整个自然界动物群体的成员，且默默无闻地为地球提供优质服务。本章故事将会激发学生对这类生物的求知欲——它们的行为、生命周期、习性、给地球带来的益处等。蚯蚓跟昆虫一样也很酷。一旦孩子们了解了蚯蚓，就会发现蚯蚓是多么有趣，从而会下决心保护这些对生态系统至关重要的动物。

相关概念

- 生命周期
- 动物行为
- 适应
- 生物分类
- 繁殖
- 变异

不要惊讶

由于蚯蚓没有脚，身体黏滑，大多生活在地底下，所以遭到很多学生嫌弃。很多人（甚至很多成年人）都对蚯蚓存在不少误解。例如，你的学生可能会认为蚯蚓雌雄性别是分开的，而不是雌雄同体。他们可能还认为，蚯蚓即使被切成几段，每一段都能长成新的个体（当然，我们不能容忍做这种实验来求证）。学生可能认为蚯蚓会咬人，而实际上蚯蚓根本办不到。学生也许担心蚯蚓携带病菌，实则不然。有人指责说蚯蚓以泥土和垃圾为食，对此我们要代表蚯蚓诚心实意地“认罪”！实际上，吃垃圾的是细菌，蚯蚓吃的是细菌以及细菌吃剩下的东西。学生可能会认为一切细菌都有害，这是不对的，因为没有细菌就不能发生分解作用。垃圾最终变成堆肥——一种营养丰富且适于植物生长的基质。为此，我们应当感激蚯蚓和细菌。

内容背景

蚯蚓属于环形动物门，意思是“小圆环”，这名副其实，因为它们的身体看起来就像由很多小圆环或环节组成(由此产生“多环节蠕虫类”一词)。世界上有成千上万种蠕虫,其中环节动物有九千多种。环节动物不同于其他蠕虫,如扁虫(扁形动物门)、蛔虫(线形动物门)。在以上三类蠕虫中,大部分属于非寄生虫(除了寄生于人类或其他动物体内的某些蛔虫以及扁形虫中的绦虫以外)。蚯蚓的体长在5毫米到7米以上!

我们考察的重点是蚯蚓这个群体,包括土蚯蚓、红蚯蚓以及大蚯蚓(通常在夜间爬出来的)等,主要因为它们最常见并且最容易捕获。正如你猜想的那样,蚯蚓生活在土里,土蚯蚓有的像红蚯蚓那么小,也有的像大蚯蚓那么大。大蚯蚓常被用作鱼饵。大蚯蚓在土壤中钻的洞很深,而且洞是垂直向下,深度有时甚至能达近2米。普通的蚯蚓则生活在土壤表层,钻的洞呈水平方向。红蚯蚓普遍用于蚯蚓养殖业,可以利用它们把垃圾制成堆肥。土蚯蚓还是鼹鼠和鼩鼱等在地下的主要猎食对象。

有关蠕虫的专业书籍浩如烟海,本章参考文献中列出了几本,因此,在这里我只是简要提一下土蚯蚓(普通蚯蚓)的几个重要特征,这种蚯蚓比较容易捉到,方便学生做实验使用。虽然它们常被称为低等蠕虫,但是生理结构非常复杂。它们是具有头部和尾部(不是尾巴)的管状动物。头部由通向食管的口和咽部构成。尾部有肛门。蚯蚓体内的食管后面是贮存食物的嗉囊,食物连同石屑进入砂囊,砂囊的肌肉运动能把食物碾碎,然后进入肠道,最后从肛门排泄出去。肠道内的血液(携带血红蛋白)循环把养分从肠道输给循环系统以滋养蚯蚓体内的各个细胞。蚯蚓有五个心脏,它们有节奏地搏动,为全身输送血液。蚯蚓没有眼睛,但是能通过身体的神经末梢感受光和振动。它们身体的每一节段都有微小的刚毛,用于附着在石块或其他物质上令身体前行。当蚯蚓前进时先伸长身体,用前部的刚毛附着在地面上,收缩身体使身体后部贴近前部,然后后部的刚毛抓住地面,身体再向前伸长,如此一伸一缩向前移动。蚯蚓没有肺,因此不能呼吸,但是有气体交换,它们利用黏液保持体表湿润,通过皮肤与大气进行气体交换。

蚯蚓摄食泥土和泥土中的任何物质,也摄食树叶及其他植物,可谓素食主义者。据说,它们吞食废物制成堆肥,更准确地说,它们吃的是分解废物的细菌和真菌,这些细菌和真菌进入蚯蚓的肠道以后被蚯蚓摄取了有益物质。蚯蚓在土壤里钻洞并排出富含矿物质的粪便,使土壤变得疏松肥沃,利于透气和排水。据传,查尔斯·达尔文曾经说过,他觉得没有任何动物能像蚯蚓那样在世界历史上发挥如此重要的作用。这是多大的认可啊!

蚯蚓是雌雄同体的生物,这意味着它们是双性动物。每个蚯蚓都产生卵子和精子。两条蚯蚓在交配时身体并在一起,头部朝相反方向交换精液。每一条蚯蚓都有一个马鞍状的生殖器官,被称为环带,环带分泌黏稠物质裹住精子和卵子,凝固后形成蚓茧,幼虫就在蚓茧里孵化直至成形。

你能区分蚯蚓的头和尾吗?当然。你可以让蚯蚓自由活动,正常情况下它应该是向前移动而不是后退,可以据此判断它的头部和尾部。或者,你也可以找一找蚯蚓的环带,环带位于蚯蚓身体的前部而不是后部。更专业的方法是,你可以用放大镜找出位于蚯蚓身体第一节段被口前叶覆盖的嘴,口前叶看起来就像一块扁平的皮瓣或唇片,起到保护蚯蚓嘴巴的作用。最后,还有一种方法:蚯蚓的尾部比头部更尖一些。

《国家科学教育标准》(国家研究委员会,1996)的相关内容

幼儿园—4 年级:生物的特征

• 生物都有基本需求。例如,动物需要空气、水和食物等;植物需要空气、水、养分和光等。生物只有在其需求可以得到满足的环境下才能生存。

• 世界上有许多不同的环境,不同环境养活的生物类型各不相同。

• 每一种植物或动物都有不同的结构,它们在该植物或动物生长、生存和繁殖过程中发挥不同的作用。

• 生物个体的行为受外部信号(如环境中的变化)影响。人类及其他生物具有多种感觉器官,能够帮助自身感知体内信号和外部信号。

幼儿园—4 年级:生物的生命周期

• 植物和动物的生命周期包括出生、成长、繁殖和死亡。生命周期的具体细节因生物种类不同而存在差异。

• 植物或动物都跟它们的父母长得很像。

幼儿园—4 年级:生物和环境

• 一切生物都依赖植物。一些动物以植物为食,其他动物以这些动物为食。

• 一个生物的行为模式与它所处的环境有关，其中包括生存在该环境中其他生物的种类和数量、食物和资源的多寡以及环境本身的特征等。

5—8 年级：生物系统的结构和功能

• 处于不同层次的各个生物系统在结构和功能上具有互补性。重要的层次包括细胞、组织、器官、完整的生物个体以及生态系统等。

5—8 年级：繁殖和遗传

• 繁殖是一切生物系统都具有的特征，这是因为，没有任何一个生物能够永生，繁殖对于每个物种的延续至关重要。有些生物采取无性繁殖方式，而有些生物采取有性繁殖方式。

5—8 年级：生物的多样性和适应性

• 数百万种动物、植物和微生物生活在当今这个世界。尽管不同物种外表形态各异，但是，通过分析生物身体内部结构的一致性、化学反应过程的相似性以及拥有的相同祖先，可以找出它们的共性。

《科学素养基准》(美国科学发展协会，1993)的相关内容

幼儿园—2 年级：生物的多样性

• 有些动植物的外表或行为相似，有些则差别很大。

• 植物和动物都有各自不同的特征，能够帮助它们在不同环境中生存。

3—5 年级：生物的多样性

• 我们可以根据不同特征对各种各样的生物进行分类，判断哪一种生物属于哪一个类别。

• 根据不同目的，我们在对生物进行分类时依据不同的特征。

6—8 年级：生物的多样性

• 动物或植物具有多种多样的外部形状和内部结构，从而能够制造或寻觅食

物并繁殖后代。

• 对有性繁殖的生物而言，一个物种包含所有能通过交配产生子孙后代的生物个体。

在幼儿园—4 年级中使用这个故事

这则故事与另一则故事《燕麦片生虫了》（第二十四章）存在很多相似之处。首先，蚯蚓与甲虫的幼虫一样深受很多人喜爱。其次，你可以很容易地在教室里或家里养殖这些小动物，而不用担心被它们侵扰。研究蚯蚓是一项很有趣的活动，因为它们的习性比较特殊，不易被人察觉，但是它们对生态系统非常有益。

首先，你可以让学生把他们掌握的蚯蚓认识一一列举出来。把每一条“知识”填入一张表格里，也就是“我们的最佳思维榜”，以在整个研究过程发挥指导作用。你可以把学生的陈述改动一两个词后变成问句，而这些问题将是学生开展实验研究的重点。

接下来的策略是让学生玩游戏“它能告诉你什么，你想知道什么”。学生首先对蚯蚓进行观察，在科学笔记本上画出蚯蚓并进行标注。这是游戏中的“它能告诉你什么”部分，侧重于观察，而不是推论。例如，看到蚯蚓爬到观察箱里较暗的地方时，如果有学生说“它爬到了箱子里较暗的一侧”，这就是观察，如果有学生说“蚯蚓不喜欢光”，这则是推论。在游戏的第一部分，我们只注重观察，而推论则需要数据的支撑。

有一次，我看到有些学生在观察时敷衍了事，便把他们叫到教室前面，让他们把观察记录说出来，而我则根据他们的描述在黑板上把蚯蚓画出来。在这个过程中，由于我们无法在某些细节上达成一致意见，图画到一半卡壳了，如节段的数量、环带的大小、每个节段的刚毛数量等。我建议他们回去继续仔细观察并记录。第二天我们成功地画出了一条完整的蚯蚓。

在游戏的第二部分“你想知道什么”，学生需要进行调查。需要强调的是，绝不能以任何借口伤害或杀死蚯蚓。一个普遍的错误观念是，如果们把蚯蚓切成两段，它就会再生。人们为了验证这个假设，造成很多蚯蚓死于非命。如果把蚯蚓切成两段，它会再生成两条蚯蚓吗？这个问题的答案取决于你裁切的部位。比如说，一只鸟试图把蚯蚓从洞里叼出来，蚯蚓头部被叼断，那么它有可能会长出新的头部。

但是，如果你把它切成两段，蚯蚓的后半段可能会再长出个尾部，然后会被饿死。这方面的文献资料不详，所以最好不要触及，应当让学生用爱心来对待蚯蚓。还有大量其他问题需要学生探讨，其中包括：

- 蚯蚓怎样后退？
- 蚯蚓喜欢光亮还是黑暗？
- 蚯蚓一天的食量是多少？
- 蚯蚓喜欢什么样的环境温度？
- 两只蚯蚓相遇时会发生什么？
- 蚯蚓喜欢什么样的土壤？
- 蚯蚓喜欢光滑的表面还是粗糙的表面？

所有这些调查研究都不会对蚯蚓造成伤害。对学生而言，设计实验方案以及控制变量既有趣又有教育意义。

我必须推荐一本书，它能帮助你和学生从一个全新的角度看待蚯蚓。这本书书名为《以垃圾为食的蚯蚓：为改善环境而进行的课堂活动》(*Worms Eat Our Garbage：Classroom Activities for a Better Environment*)(Appelhof，Fenton & Harris，1993)，主要讲述蚯蚓的养殖——利用蚯蚓把垃圾制成堆肥。根据书中的建议，你可以在教室里做一个蚯蚓箱，观察垃圾如何消失变成堆肥的神奇过程。实验不会污染教室环境，低年级和高年级学生都可以就此开展大量实验活动。根据我的经验，研究蚯蚓最大的困难在于老师不大情愿**在教室里**养蚯蚓。我敢保证，蚯蚓的确不是问题所在，如果你给蚯蚓喂食蔬菜垃圾，不会产生任何异味。如果学生学会在家里养殖蚯蚓的话，就可以减少垃圾填埋的压力，对保护环境大有好处。这样不仅能够证明物质循环利用对地球有益，而且能够帮助学生树立正确的生态价值观。在很多地区，大中小学都在努力把厨余垃圾制成堆肥。如果人们把可制成堆肥的厨余垃圾放进塑料袋扔到垃圾堆，这些垃圾数十年都不会分解，而我们通过制作堆肥来改善地球环境是一件省时、省力又有意义的事情，何乐而不为？

在 5—8 年级中使用这个故事

上一节的很多内容也适用于高年级学生。高年级学生提出的问题可能更复杂一些，但是蚯蚓是一样的，实验研究同样会给他们带来很多有价值的信息。由于高年级学生对设计实验方案驾轻就熟，因此他们可以进行更为复杂的实验活动。

例如，学生可以使用一些 30 厘米×45 厘米的丙烯酸塑料板和 2.5 厘米×10 厘米的木板制作一个简易的蚯蚓观察箱。这与蚂蚁观察箱的结构差不多，是一种装满土壤的狭长容器，便于观察蚯蚓在土壤里的活动。《以垃圾为食的蚯蚓：为改善环境而进行的课堂活动》一书的作者推荐采用这种结构，把木板裁切成 30 厘米长的小块作为侧板，然后把塑料固定到侧板上，箱子底部采用 45 厘米的木板①。先往箱子里放入土壤，再放入蚯蚓以及一些莴苣或菜叶等垃圾。不观察的时候应当用纸把塑料那一面遮起来，否则，蚯蚓可能会因为怕光而在土壤里钻得很深，这不利于观察。观察应尽可能在微弱的光照下进行，以免打扰蚯蚓的活动。

有几个不错的网站为蚯蚓这一课的教学提供了更多信息，其中之一是伊利诺伊大学厄巴纳分校的网站（www.urbanext.edu/worms），该网站有一个含有很多实验活动建议的“教师蚯蚓箱”，以及一个关于课堂上进行蚯蚓教学的问答板块。最后，对于那些不知如何使用上述方法制作蚯蚓箱的同学，该网站还展示了如何用纸和一个大罐子来制作简易的蚯蚓箱。

如果你先让学生把他们掌握的蚯蚓认识一一列举出来，再把这些陈述句变成问题，他们就可以设计出各种实验方案并付诸实施。

在高年级阶段，学生可能会提出如下问题：

- 每一种蚯蚓偏爱什么样的土壤？
- 不同种类的蚯蚓钻出的洞穴深度不同吗？
- 蚯蚓吃哪种食物数量最多？
- 蚯蚓吃哪种食物速度最快？

---

① 此处作者语焉不详，一个简便的办法是使用塑料整理箱，参见伊利诺伊大学网站 http://extension.illinois.edu/worms/。很多中文网站也有关于制作蚯蚓箱的详细介绍——译者注

这些问题的实验设计将会激发学生的兴趣，也可能会衍生出更多问题。你在制订教学计划时应当考虑预留充足的时间，以便实验研究能够长期进行下去。你也可以让学生在自己家里做这些实验，定期提交研究报告。

你可能也想在教室里放一个上文提到的蚯蚓堆肥箱，以便学生目睹蚯蚓在垃圾循环利用方面起到的惊人作用，不然的话，这些垃圾就会被扔到垃圾填埋场。如果你的学校或社区还没有这样做，我建议你向学校领导提交一份学校或社区堆肥项目书，这个项目将会在全校或全社区起到示范作用，给环保工作带来极大的促进作用。祝你好运！

相关书籍和期刊文章

Driver，R.，A. Squires，P. Rushworth，and V. Wood-Robinson. 1994. *Making sense of secondary science：Research into children's ideas*. London and New York：Routledge-Falmer.

Keeley，P. 2005. *Science curriculum topic study：Bridging the gap between standards and practice*. Thousand Oaks，CA：Corwin Press.

Keeley，P.，F. Eberle，and C. Dorsey. 2008. *Uncovering student ideas in science：Another 25 formative assessment probes*，volume 3. Arlington，VA：NSTA Press.

Keeley，P.，F. Eberle，and L. Farrin. 2005. *Uncovering student ideas in science：25 formative assessment probes*，volume 1. Arlington，VA：NSTA Press.

Keeley，P.，F. Eberle，and J. Tugel. 2007. *Uncovering student ideas in science：25 more formative assessment probes*，volume 2. Arlington，VA：NSTA Press.

参考文献

American Association for the Advancement of Science（AAAS）. 1993. *Benchmarks for science literacy*. New York：Oxford University Press.

Appelhof，M.，M. F. Fenton，and B. L. Harris. 1993. *Worms eat our gar-*

bage: *Classroom activities for a better environment*. Kalamazoo, MI: Flower Press.

Cronin, D., and H. Bliss. 2003. *Diary of a worm*. New York: Scholastic Press.

Konicek-Moran, R. 2008. *Everyday Science Mysteries*: *Stories of inquiry-based science teaching*. Arlington, VA: NSTA Press.

National Research Council (NRC). 1996. *National science education standards*. Washington, DC: National Academies Press.

University of Illinois Extension Service Internet. Herman the Worm. *www.urbanext.uiuc.edu/worms*.

第二十二章
那只猫头鹰吃什么?

恩里克(Enrique)和玛丽亚(Maria)住在佛罗里达州迈阿密市。他们很喜欢到大沼泽地国家公园游览,公园位于塔米阿米(坦帕至迈阿密)高速公路段的鲨鱼谷一带。那儿最有名的是各种各样的水鸟,短吻鳄趴在绵延 24 千米的公路旁晒太阳,这条公路沿着公园内长满锯齿草的平原蜿蜒环绕。除了短吻鳄,人们一路上还能看到大蓝鹭、大白鹭、朱鹭、夜鹭、蛇鹈、鸬鹚、鹈鹕以及其他鸟类。公园里有一辆环线电车，电车上的讲解员会介绍这个公园以及园内的动植物详情。

风和日丽的一天，恩里克和玛丽亚正坐在游客中心旁边的棕榈棚下吃着三明治，喝着饮料。这种棕榈棚用柏树的树干做支柱，棕榈叶做顶棚，由住在附近的米科苏基印第安部落的工匠建造而成。棕榈棚可谓是“没有墙壁的房屋”，非常适合大沼泽地这样的亚热带气候环境。棚子里有供游客休息的长椅，游客可以坐在上面等电车、吃午餐、听公园管理员或志愿者讲解有关情况。

由于棚顶很高，便成为横斑林鸮（一种大型猫头鹰）在椽子上筑巢的好地方。就在这一天，恩里克在地上发现了一个灰色的小东西，他用纸巾包着捡起来查看。这东西有点硬，恩里克看见里面有些骨头和毛发。

这时，雪莉（Shirley）走了过来，她是电车上的博物学家，对鲨鱼谷的一切了如指掌，她问：“你手里拿的是什么？”

“我不知道。”恩里克说，“玛丽亚也不知道。这东西原先就在地上。我们不知道它是从哪里来的。”

“那个东西是猫头鹰的食茧。”雪莉说，“就在你们头顶上方有个横斑林鸮的窝，是它们把食茧吐出来的。我们几乎每天都能看见一个。”

“你的意思是说，这是猫头鹰的大便？”玛丽亚说，她赶紧把食茧扔到地上。

“不，不是的。”雪莉说，“幸好你们是用纸巾包着拿起来的，因为里面可能含有有害的病菌。你们知道，猫头鹰猎食猎物——通常是老鼠或田鼠，都是整个吞下去的。猫头鹰身体里的消化液能消化掉猎物的肌肉组织，但是不能消化毛发和骨头。”

“你的意思是说，不能消化的东西都留在它的胃里吗？”恩里克问。

“不，”雪莉回答，“猫头鹰的消化系统会把这些不能消化的毛发和骨头聚成一团，再从嘴里吐出来。很多吞食整个猎物的鸟类都是如此，包括鹗鹏、鸬鹚和苍鹭等。”

“真恶心！”玛丽亚说，“那是猫头鹰的呕吐物。”

“不完全是。”雪莉解释说，“因为猫头鹰没有生病。它只是把不能消化的东西吐出来。也许你们曾见过家里的猫咳出一个毛球。这种情况跟猫头鹰很像。实际上，如果你们小心地把它扯开，就能发现猫头鹰都吃了些什么。不过换成我的话，我不会那么做，因为它可能携带了老鼠的病菌。但是如果能消毒半小时，就可以杀死病菌。”

“我想，我要去问问老师。”玛丽亚说，“也许她有这种东西，或者能弄到这种东西让我们剖开看看。”

你猜怎么着？玛丽亚的老师的确为他们弄到了一些经过处理的猫头鹰食茧，让他们能安全地剖开看看里面到底有什么。这正是他们要做的。

目的

尽管故事中的人物玛丽亚和恩里克是虚构的，但内容是真实的。在鲨鱼谷棕榈棚的椽子上确实生活着一只横斑林鸮，几乎每天都有一个食茧从它的窝里掉出来。这则故事有两个目的：(1) 进一步了解猫头鹰的进食习性；(2) 了解被猫头鹰吞食的动物（主要是啮齿动物）的结构。这需要剖开猫头鹰的食茧，把里面的骨头拼成一副完整的骨骼。

相关概念

- 骨骼
- 食性
- 猎食者—猎物关系
- 猛禽
- 生态学

不要惊讶

你的学生也许跟玛丽亚一样，认为食茧是猫头鹰的“大便”或“呕吐物”（请注意，科学家和博物学家把动物的排泄物称为“粪便”）。食茧不是粪便，它是猛禽把体内不能消化的东西（如羽毛、皮毛或骨头等）吐出体外的一种方法。由于猫头鹰是整个吞食猎物，所以我们能够查出它吃的是什么，还可以把骨头拼成一副完整的骨骼。然而，在动物界这并不是一个普遍现象，有些猛禽（如鹰）会把猎物撕开扔掉骨头，而不是整个吞食。此外，我剖开过鲨鱼谷的短吻鳄粪便，令我吃惊的是，里面除了偶尔有一片羽毛之外没有其他东西。尽管短吻鳄整个吞食乌龟、鸟类、小型哺乳动物和鱼类等，但是它的消化系统似乎把这些动物全部消化掉了。

内容背景

猫头鹰有食茧是由几个原因综合造成的。猫头鹰猎食的都是小动物，由于嘴部力量太弱，所以它们无法把猎物撕碎，而它们的消化系统没有嗉囊并且酸性较弱。食物直接进入一个叫前胃的囊状器官，在这里通过酶和黏液进行消化，由于猫头鹰没有可以贮存食物的嗉囊，食物便进入砂囊。砂囊里没有酶或消化液，但能把食物碾磨成可以消化的碎片，然后进入肠道，被身体吸收。砂囊把羽毛、骨骼和毛皮等不能消化的东西压缩成食茧，最后从嘴里吐出。在此之前，猫头鹰不能再次进食，因为消化系统已经被砂囊里的食茧堵塞。

猫头鹰猎食时，通常从栖枝上飞下来猛地扑向猎物，它们翅膀上柔软的羽毛结构使突袭行动悄无声息。这种突袭往往令猎物措手不及，而且猫头鹰的利爪足以在瞬间置猎物于死地。如果猎物体型较大，猫头鹰可能还要借助嘴来杀死猎物。小型猎物能够立即被猫头鹰吞食，但体型较大的动物只能被带回栖枝或找地方贮存，以备不时之需。猎食结束以后，猫头鹰基本都会返回筑巢的地方，因此食茧一般都能在丛林中找到。

鹰、雕、滨鸟、燕鸥、苍鹭、鹈鹕、海鸥、秧鸡、伯劳、森莺和燕子等如果吞食了整只猎物后，也都能吐出食茧，但我们很难找到它们的食茧，因为它们通常不会吐在同一个地方。如果你找到一个猫头鹰食茧，可以用铝箔纸把它包起来放进烤箱，设置 150℃的高温加热半小时，然后再进行解剖。不过，你最好是从生物实验用品店购买一整套猫头鹰食茧、骨骼图和使用说明。这些食茧已经消过毒，不会有任何问题，除非有学生对其过敏。学生在做实验时应当戴上手套，可能还要戴上面具。说明书通常提示先喷水让食茧软化，这样更容易扯开。

生物实验用品店的食茧往往是从全国各地收集来的。销售单上一般会注明食茧的产地，你可以由此推断食茧的来源，甚至还可以推断是什么类型的猫头鹰吐出的食茧。猫头鹰通常以老鼠、田鼠及其他啮齿类动物为食，偶尔也吃自己领地附近的蚯蚓或昆虫。我们曾经在食茧中发现过鼩鼱和乌鸫的骨骼。由于猫头鹰的消化液酸性太弱，猎物的头骨通常保存完好，这使我们更容易辨认食茧中的猎物。对高年级学生而言，把食茧进行放大观察，甚至可能会找到蚯蚓的刚毛，但是它们看上去就像微小的茸毛，难以辨认。你在购买食茧时，务必要让销售方在销售单中注明鉴定结果。

更有趣的是，另一个鸟类群体鹈鹕会定期吞下自己的羽毛，然后形成食茧吐出。目前的解释是，羽毛可以过滤小鱼刺，直到鱼刺被消化或者跟羽毛裹在一起变成食茧后被吐出。由于鹈鹕常在水里活动，因此我们很难找到它们的食茧来研究。尽管如此，研究人员还是收集到一些，并发现了裹在里面的鱼刺。我有时把这种利用羽毛的方法戏称为“小鸟的健胃消食片”。

研究食茧既有趣又有意义。食茧能够反映鸟类的食性，或许还能反映其所处生态系统的一些情况。学生可以把食茧里的骨头碎片组合成动物骨骼，从中还能学到骨骼名称及其功能的知识。

《国家科学教育标准》(国家研究委员会，1996)的相关内容

幼儿园—4年级：生物的特征

• 生物都有基本需求。例如，动物需要空气、水和食物等；植物需要空气、水、养分和光等。生物只有在其需求可以得到满足的环境下才能生存。

• 世界上有许多不同的环境，不同环境养活的生物类型各不相同。

• 每一种植物或动物都有不同的结构，它们在该植物或动物生长、生存和繁殖过程中发挥不同的作用。

• 生物个体的行为受外部信号(如环境中的变化)影响。

幼儿园—4年级：生物和环境

• 一切生物都依赖植物。一些动物以植物为食，其他动物以这些动物为食。

• 一个生物的行为模式与它所处的环境有关，其中包括生存在该环境中其他生物的种类和数量、食物和资源的多寡以及环境本身的特征等。

5—8年级：生物系统的结构和功能

• 处于不同层次的各个生物系统在结构和功能上具有互补性。重要的层次包括细胞、组织、器官、完整的生物个体以及生态系统等。

5—8年级：生物的多样性和适应性

• 数百万种动物、植物和微生物生活在当今这个世界。尽管不同物种外表形态各异，但是，通过分析生物身体内部结构的一致性、化学反应过程的相似性以及拥有的相同祖先，可以找出它们的共性。

《科学素养基准》(美国科学发展协会,1993)的相关内容

幼儿园—2 年级:生物的多样性

• 有些动植物的外表或行为相似,有些则差别很大。

• 植物和动物都有各自不同的特征,能够帮助它们在不同环境中生存。

3—5 年级:生物的多样性

• 我们可以根据不同特征对各种各样的生物进行分类,判断哪一种生物属于哪一个类别。

• 根据不同目的,我们在对生物进行分类时依据不同的特征。

6—8 年级:生物的多样性

• 动物或植物具有多种多样的外部形状和内部结构,从而能够制造或寻觅食物并繁殖后代。

在幼儿园—4 年级中使用这个故事

低年级学生对猫头鹰食茧的最大抵触是觉得有点“恶心”。很多教师会先演示解剖食茧的过程,然后再让孩子们实践。对于年龄很小的学生来说,给他们演示一下解剖过程即可。看到食茧里的骨头之后,低年级学生可能会跟高年级学生一样感到惊讶和兴奋。有时候学生会要求把骨头拼接在一起展示出来。

由于食茧里的骨头是白色的,所以你在黑色或深色的纸上操作效果最好。首先,把食茧剖开,剔成小块,让骨头和皮毛分离。你可以使用解剖针或牙签来进行。如果你决定让学生自己动手解剖,可以让他们使用削尖的铅笔。比较好的做法是让学生每两人一组,一人解剖食茧,另一人负责记录。当然,做完一轮之后两人应当互换角色,这样每个人都能获得解剖食茧的机会。有的孩子可能不想用手直接接触骨头,你可以让他们戴上橡胶(非乳胶)手套。对于不想戴手套的学生,一定要让他们事后洗手,并提醒他们不要用手碰脸。手碰到脸可能不会真有什么危险,但在学生做实验时强调这个注意事项是很必要的。至于是否需要戴安全防护眼镜,

可能会有争议，尤其是当学校有这方面要求的时候。然而，对任何实验而言，这种做法都值得提倡，毕竟削尖的铅笔或牙签可能会戳伤眼睛。如果有学生对粉尘过敏，应当戴上口罩。

教师还可以给学生介绍食物链的概念。田鼠吃什么？答案也许是昆虫或蠕虫。蠕虫或昆虫吃什么？也许是植物。什么东西吃猫头鹰？实际上猫头鹰是食物链顶端的猎食者之一，除了人类之外没有其他天敌，但是，它们的幼崽如果从窝里掉出来，会很容易被狐狸吃掉。蛇有时候会爬上树吞食猫头鹰蛋或幼崽，但是如果被成年猫头鹰发现，蛇反而会不幸变成猫头鹰的美餐。学生应当意识到，由于所有食物链的最底层都是植物，而植物所贮藏的能量都来自于太阳，所以太阳的能量随着食物链逐级上升从一个生物转移到另一个生物身上。

在5—8年级中使用这个故事

高年级学生通常不会对食茧感觉“恶心”。实际上，曾有人给我这样的建议：对于初中生，如果他们觉得恶心，你就“恶心死”他们！猫头鹰食茧不是恶心的东西，而且，说不定你的学生一见到食茧就会爱上它们。上一节提到的内容大多适用于高年级学生。

如果学生真的对猫头鹰非常感兴趣，你可以安排一个导游带他们去当一回“夜猫子”。你们可以在夜里十点走进树林，等待猫头鹰发出叫声或俯冲下来。尽量不要使用手电筒，以免猫头鹰或其他动物受惊。其实，观察夜行动物的最好办法是黄昏时进入树林，然后静悄悄地站立在那里。过不了多久，森林里的各种动物就会活跃起来。关键是你们要保持安静。让动物受惊的是你弄出的动静，而不是你的存在或衣服的颜色。如果你和小组成员面朝里站成一圈。手向前伸直，目视手前方的圈外，就能把周围的情景一览无余。如果谁看到有动物出现，可以抬一下手指给其他人发信号，其他人就可以慢慢转过头去看这个人所指的方向。有一次，我们就这样静立在树林里，一只牝鹿出现了，它距离我们仅有5米远，注视我们五分钟之后才缓缓离开。

这项研究还给学生提供了一次很好的机会，让他们把食茧中啮齿类动物的骨骼与人类骨骼进行比较。很多学校都有人体骨骼标本，你可以把它和食茧中的骨骼放在一起展示。你可以问一问学生：两副骨骼有什么共同之处？与人类骨骼相比，啮齿类动物缺少什么骨骼或有什么不同？骨骼对动物生存起到什么作用？

如果你能弄到鹰的羽毛和猫头鹰的羽毛，也可以让学生进行比较。二者有什么差异？这些差异能够带来什么优势？学生通常会发现猫头鹰的羽毛较软，从而意识到它的作用是便于猫头鹰在突袭猎物时做到悄无声息，这一点对于猫头鹰这种夜行动物来说尤为重要。

相关书籍和期刊文章

Driver，R.，A. Squires，P. Rushworth，and V. Wood-Robinson. 1994. *Making sense of secondary science：Research into children's ideas*. London and New York：Routledge-Falmer.

Keeley，P. 2005. *Science curriculum topic study：Bridging the gap between standards and practice*. Thousand Oaks，CA：Corwin Press.

Keeley，P.，F. Eberle，and C. Dorsey. 2008. *Uncovering student ideas in science：Another 25 formative assessment probes*，volume 3. Arlington，VA：NSTA Press.

Keeley，P.，F. Eberle，and L. Farrin. 2005. *Uncovering student ideas in science：25 formative assessment probes*，volume 1. Arlington，VA：NSTA Press.

Keeley，P.，F. Eberle，and J. Tugel. 2007. *Uncovering student ideas in science：25 more formative assessment probes*，volume 2. Arlington，VA：NSTA Press.

参考文献

American Association for the Advancement of Science（AAAS）. 1993. *Benchmarks for science literacy*. New York：Oxford University Press.

National Research Council（NRC）. 1996. *National science education standards*. Washington，DC：National Academies Press.

第二十三章
烘焙面包

没有什么东西能比刚出炉的面包更香喷诱人的了。你口水直流，梦想着在热腾腾的面包上涂满新鲜的黄油或果酱，然后美滋滋地享受美食。哇！新出炉的面包外皮酥脆，里面松软可口。罗莎(Rosa)和索菲娅(Sophia)一天放学后来到祖母家，看到一台新面包机时做起了美梦。祖母是个面包师，家里每天都弥漫着香味，她会烘焙曲奇、馅饼以及各式各样好吃的东西。她今天要试一试刚收到的一台全新面包机。这台机器不仅能自动搅拌原料，将它揉成面团，还能烘焙面包，完全不需要人动手！你只需要把原料放进去，然后坐等它做出香喷喷的面包就行了。

祖母使用她平常用的食材，包括酵母、糖、面粉、盐、温水和牛奶等。祖母把原料放进机器，关上机器，然后坐在那里等它自动工作。由于烘焙要花一两个小时，所以她们到客厅玩起了拼字游戏。过了一段时间，她们听到面包机发出蜂鸣声，并闻到了面包的香味，便跑进厨房去查看。祖母把面包拿出来放在砧板上。咦，等一下！那看起来根本不像面包，倒像个棕色砖头！等它凉了以后，连摸起来也像砖头。这可不是她们期待的结果，绝对不是。

“如果那个面包机只能做出这样的东西，可真不怎么样。”索菲娅说。

“要我说，我也很失望。”祖母说，“究竟哪里出错了？每一步我都是按说明书去做的。我跟你们说该怎么办：明天，我要再试一次。欢迎你们再来尝一尝。它要是还不能用，我们就退货！”

第二天，她们看着祖母按照说明书一步步操作，用的原料跟前一天从橱柜里拿出来的那些一样。天哪，面包机做出来的依然是令人失望的“砖头”。

“算了，就这样吧，我们要退货。”祖母说，“也许真是哪里出错了？呃，是不是原料出了问题？”

“面粉、水、牛奶和酵母能有什么问题呢？”罗莎问。

祖母用手掌托着下巴，说道：“问题是，面包没发起来。我想，我可能知道是哪种原料捣的鬼！我们可以轻易把它找出来。”

于是，祖母把所有原料的保质期查看了一遍，她们利用这些资料设计了一个实验方案。

第三天，面包机终于做出了松软可口的面包，再抹上新鲜的草莓酱，味道好极了！

目的

这个故事的目的是让学生了解发酵剂在制作烘焙食品中的重要性。酵母是一种生物(一种真菌),对烘焙发酵面包而言不可或缺,这种真菌如果变质就会失效。这个故事还会教大家如何“醒酵母”,避免出现故事中描述的那种糟糕结果。

相关概念

- 真菌
- 酵母
- 生物的新陈代谢
- 化学变化和物理变化

不要惊讶

学生可能不知道发酵剂在制作烘焙食品时发挥的重要作用。他们也许听说过一种叫做酵母的东西,却没意识到它是一种生物,能够通过与配料中的糖起反应产生发酵食品所必需的二氧化碳和酒精。酵母既然是一种生物,就意味着它与其他所有生物一样有自身的需求,如空气、水和温度等。像所有生物一样,酵母也有生命周期,因此也会死亡。

内容背景

烘焙面包是最常见的食品制作方式之一,最早可以追溯到有文字记载的时期,甚至可能比这还早。《圣经旧约》有一个故事说,以色列人摆脱了被奴役的命运,由于仓促赶路,他们来不及让面包发酵。为了纪念这件事,如今犹太人在逾越节这一天都要吃无酵饼(没发酵的死面面包)。

面包制作可能早在石器时代就已经开始了。那时候,野草种子被磨碎之后与水混合,放在平坦的石头上烘焙。我们知道,现代小麦没有直接的野生植物祖先,可能是由几种野生植物祖先选择性培育出来的。对于人类究竟何时发现可以利用酵母来制作大家都熟知的面包,我们很难弄清楚确切时间。但是,我们确实知道埃及人早在5000年前就已经使用酵母了。我承认自己经常在思考:在早期文明中,人类是如何发现这些东西的?例如,谁是第一个吃生蚝的人?我想,当人们开始把野生动植物当成食物时,肯定犯过不少错误。一些勇敢的人因此生病,甚至中毒死亡,而他们为那些不太勇敢的人提供了宝贵的数据。至少可以说,食物和农业生产的历史真是太丰富多彩了。

烘焙食品发酵时总是会产生一种气体,通常是二氧化碳。这种气体产生的气泡膨胀造成所谓的面团"发起来了"现象。酵母是一种被称为酿酒酵母的单细胞真菌,以淀粉为食,它首先把淀粉分解成单糖。当酵母消化这些单糖时,会释放二氧化碳和酒精。在某些烘焙食谱中,有几种化学物质可以用来代替酵母。小苏打是一种天然化学物质(碳酸氢钠),它与潮湿状态的酸接触时会产生二氧化碳,因此,任何使用小苏打的食谱都必须有酸,如酪乳或酸奶等,从而产生二氧化碳。泡打粉是小苏打与酸式盐的混合物,因此,不再需要其他酸性成分。酸酵头是乳酸菌与酵母的混合物,黑麦面粉使用酸酵头发酵后酸味更浓。乳酸菌以酵母产生的东西为食,同时也释放二氧化碳。

你可能很熟悉醋和小苏打混合会产生气泡的化学反应,也就是历年科技博览会最受欢迎的"火山喷发"景象。有时候,化学方程式可以帮助我们弄明白化学反应中发生的一连串变化。这个化学反应的方程式如下:

CH_3COOH(醋)$+NaHCO_3$(小苏打)$\rightarrow CH_3COONa$(乙酸钠)$+H_2CO_3$(碳酸)

最后那个产物——碳酸——迅速分解成二氧化碳和水:

$H_2CO_3 \rightarrow H_2O+CO_2$(也就是你看到的气泡)。

你可以把这两种化学物质倒进一个汽水瓶里,然后摇晃一番,并迅速将一只瘪的气球套在瓶口上,气球很快就会被二氧化碳充满。你可以把气球的气"倒"在一支点燃的蜡烛火苗上,验证是不是二氧化碳。二氧化碳会迅速扑灭火焰。

当酵母在温暖环境中遇到糖,它就会感到"饥饿",立即把糖发酵成酒精和二氧化碳,其化学方程式如下:

$C_6H_{12}O_6$(葡萄糖)$\rightarrow 2C_2H_5OH$(乙醇)$+2CO_2$

换句话说,葡萄糖被酵母分解成乙醇(酒精)和二氧化碳。酒精成为面包的调味剂,二氧化碳则使面团蓬松,也就是所谓的"发面"。有趣的是,并非所有的糖都是以同样的方式与酵母起反应。蔗糖反应效果最好,果糖有一点反应,乳糖则完全没反应。

酒精饮品的发酵过程与此相同，酵母与水果或谷物中的糖起反应。顺便说一个有趣的历史典故，约翰·查普曼（“苹果佬”约翰尼）知道这个过程，他种了很多果园租给西进的拓荒者。他种的苹果树结出来的果子并不好吃，但是，他知道在18世纪苹果的价值不在于吃，而在于人们把苹果汁酿成含有酒精的发酵苹果酒，饮用苹果酒往往比饮用水更安全，而且还能让人身心放松。甚至连清教徒也喝发酵苹果酒，因为《圣经》虽然禁止教徒饮用发酵葡萄酒，却没有说不能饮用苹果酒。

所有这些发酵过程都具有化学变化的特征：形成新的化合物，原先的组成成分无法通过物理方法还原。原先的每个成分都发生变化，并与原来的形态截然不同。它们的物理属性和化学属性都发生了变化。

这篇故事的重点在于，祖母烘焙面包的时候，有一种配料使用不当。真正发起来的面包呈海绵状，质地松软，内有很多孔隙，不像砖头那样紧实。最可疑的配料是酵母，它的保存期有限，在使用时未必处于存活状态，那就无法释放出二氧化碳让面包“发起来”。也可能是祖母把酵母放进了过热的水里，水温超过40℃就能杀死酵母。祖母和两个女孩可以通过检查水温以及“醒酵母”的方法来验证。“醒酵母”是经验丰富的面包师都会使用的技巧。把少量水、糖和一包（或等量）酵母放入容器，混合五分钟后，如果酵母没问题，就会在表面形成气泡，那么我们就可以把它添加到面粉和其他配料中了。

面包机做出“砖头”这个问题是可以解决的，其中有很多假设值得去求证。我将在接下来的“使用这个故事”两小节探讨这些方法和假设。

《国家科学教育标准》（国家研究委员会，1996）的相关内容

幼儿园—4年级：生物的特征

• 每一种植物或动物都有不同的结构，它们在该植物或动物生长、生存和繁殖过程中发挥不同的作用。

幼儿园—4年级：物体和物质的属性

• 物体具有很多可见的属性，包括尺寸、重量、形状、颜色、温度以及与其他物质产生反应的能力。我们可以利用直尺、天平或温度计等工具对这些属性进行测量。

5—8 年级:生物的特征

• 细胞承载着维持生命所需要的很多功能,它们生长并分裂,从而产生更多细胞。因此,它们需要摄入养分,为自身正常工作提供能量,并制造细胞或生物所需的物质。

5—8 年级:调节和行为

• 为了在一个不断变化的外部环境中生存,一切生物都必须能够获得并使用资源、生长以及繁殖,并且保持身体内部状况的平衡。

5—8 年级:物质的属性和属性变化

• 物质以各种特有的方式与其他物质产生化学反应,生成具有不同属性的新物质(化合物)。化学反应中的总质量守恒。

《科学素养基准》(美国科学发展协会,1993)的相关内容

幼儿园—2 年级:细胞

• 大多数生物都需要水、食物和空气等。

幼儿园—2 年级:物质的结构

• 一些方法可以令物质的某些属性发生变化,但同一种方法不能令所有的物质都产生同样的反应。

3—5 年级:细胞

• 有些生物由单细胞构成。跟我们熟悉的生物体一样,它们也需要食物、水和空气,需要有排出废物的方式,需要一个适宜生存的环境。

3—5 年级:物质的结构

• 当两种或多种物质结合形成一种新的物质时,新物质的属性与原来的物质都不相同。

6—8 年级：细胞

• 生物的很多基本需求，如从食物中摄取能量并把废物排出体外，都在细胞内进行。所有生物的细胞功能都相似。

6—8 年级：物质的结构

• 由于大多数元素都倾向于跟其他元素相结合，所以以纯粹形式存在的元素很少。

• 溶液的温度和酸性会影响反应速度。很多物质溶解于水，水能大大加快物质之间的反应速度。

在幼儿园—4 年级中使用这个故事

烹饪和烘焙对所有年龄段的孩子都有吸引力，因为那是他们日常生活的重要组成部分。祖母家总是像磁石一般吸引着孩子们，尤其是，如果她到处放着曲奇，而且喜欢让孩子帮忙。我的祖母家就总是有很多曲奇，有的放在烘焙箱里，有的装在罐子里。她没有面包机，也没想过要使用那种机器，她是一个喜欢什么事都“从头做起”的人。不过今天的孩子已经习惯使用各种电子设备，他们很快就能摸清面包机及其特性。然而，现在在市场上什么样的食品都能买到，因此在家里烘焙面包就越来越稀罕了。

我想在这里介绍一种名为“简易烘焙炉”(Easy-Bake Oven)的烘焙玩具，20 世纪 60 年代它就已经出现了。这种玩具在课堂上使用相对比较安全，它的热量来自一个 100 瓦的灯泡，灯泡置于绝缘性能良好的盒子里。这种烘焙炉非常便宜，尽管它已经有超过五十年的历史，却依然能在网上或很多商店玩具专柜买到。学生可以在教室里用它烘焙面包。鉴于这种烘焙炉的尺寸和它能容纳的烘焙盘大小有限，因此只能烘焙很少量的面包。网上的面包食谱应有尽有，我敢肯定，学生的父母那里有食谱，你自己家也有。商店也会出售专门为简易烘焙炉准备的混合配料，但是顾客对它们的评价褒贬不一。其他食谱配方都需要减量，以适应简易烘焙炉的烘焙盘尺寸，当然，这很容易办到。

你可以使用探究案例《它还活着吗?》(Is It Living?)(Keeley, Eberle &

Farrin，2005)，问一问你的学生，他们认为自己所处的环境中哪些东西是“活的”，然后考虑如何向学生讲授酵母这种生物的知识。

如果你使用的面包配方中含有酵母，我建议首先把酵母“醒一醒”。在半杯温水里加一勺白糖，水温以 40℃左右为宜，温度太高会杀死酵母。你最好用温度计来测定。然后加入一包酵母，静置五分钟。如果酵母有效，液体表面会出现泡沫。如果没有，就只能倒掉，再试试另一包酵母(查看是否在保质期内)。把这杯酵母混合物适量添加到其他配料当中，面包就会发得非常蓬松。

如果你有一台放大倍率为四百倍的显微镜，就可以向学生展示酵母活细胞分解糖并产生气泡的过程。他们还能看到酵母细胞通过芽殖方式进行繁殖(又称无性繁殖)，这是一个令人难忘的景象，连年纪最小的孩子都会惊叹不已。记住，商店所售的酵母通常处于冻干形态，必须用水融化以后才能恢复其活性。

如果你教的是三、四年级学生，也可以让他们试一试那些使用其他发酵剂的食谱。你可以演示一下把醋和小苏打混合起来释放二氧化碳的实验。你还可以试一试上文提到的方法，把瘪气球套在醋和小苏打混合的瓶口，学生会发现二氧化碳很快就把气球充满，从而意识到二氧化碳具有质量并占据一定空间。学生可能会提议改变食谱中的配料成分以及用量等，然后看看结果如何。祝你们烘焙愉快！

在 5—8 年级中使用这个故事

如果你不了解学生能否合理分辨生物与非生物有什么区别，我建议你使用探究案例《它还活着吗？》(Keeley，Eberle & Farrin，2005)。了解了学生的“前概念”水平之后，你可以考虑如何向学生讲授酵母知识，并帮助学生弄清楚酵母为什么被归类为生物。记住，商店所售的酵母通常处于冻干形态，必须用水融化后才能恢复活性。

上一节关于在幼儿园—4 年级中使用这个故事的教学建议基本上也适用于初中学生。如果他们能够写出并理解化学方程式，你就可以教他们如何去配平这些方程式。他们可以把不同数量的发酵剂放在烧杯里做实验，描述并测量实验结果。

你可以利用小苏打与醋混合这个简单的实验来帮助学生理解质量守恒定律。你可以问一问学生，他们能否设计一个实验方案来查看发酵剂与酸混合时重量是否会发生变化。他们可以先把小苏打灌入气球，然后再把气球罩在瓶口上，这样小苏打与醋反应时气体就不会泄漏出去。由于这是个封闭体系，化学反应发生之后的总重量应该与反应之前所测量的各个组成部分的总重量完全相等。

中学通常都配备显微镜，因此，学生可以观察酵母与糖水的反应。像"醒酵母"那样，把酵母与糖在水中混合，静置半小时以后，吸取少许液体表层的泡沫放到显微镜的载玻片上，学生可以在放大四百倍的情况下进行观察。他们将会看到酵母细胞通过芽殖进行繁殖，也就是在母细胞上长出新芽。有时候他们还能看到，在酵母把糖分解并转化为二氧化碳与乙醇的过程中会有气泡冒出。

最后，我向你推荐《科学视野》杂志上的一篇文章《面包制作：生物技术和实验设计》(Bread Making：Biotechnology and Experiment Design)(Sitzman，2003)。这篇文章可供你在帮助学生设计有关酵母的实验时参考。作者建议使用他所说的"液体面包"，也就是说面包配方中的配料都处于液体状态。这种做法让实验变得更简单，因为你可以采用排除某种原料的方法进行实验，比如排除糖，以展示糖在酵母发酵过程中的必要性。与"醒酵母"一样，没有糖就不会有气泡产生，而有气泡才证明发酵。缺少酵母或缺少糖都无法产生"发面"所需要的化学变化，而在"液体面包"实验中很容易观察到这一点。

学生也许会问到揉面的问题，因为他们经常在比萨店或其他制作面包类食品的地方看到这种现象。揉面是为了将气体均匀分散到面团各处，从而使做出来的面包各处均匀。如你所见，在利用配料之间的化学反应来制作面包或面包类食品时，发酵剂产生的气体作用非常重要。你也可以向学生提出挑战，让他们证明这个过程发生的变化为什么是化学变化而不是物理变化。记住，化学变化的特点是生成新的物质，而原先的物质都不复存在。

如果你们决定把实验进行到底，那么每个人都将能品尝到自己亲手做出的美味面包。祝你们烘焙愉快！

相关书籍和期刊文章

Keeley，P. 2005. *Science curriculum topic study：Bridging the gap between standards and practice*. Thousand Oaks，CA：Corwin Press.

Keeley，P.，F. Eberle，and C. Dorsey. 2008. *Uncovering student ideas in science，volume 3：Another 25 formative assessment probes*. Arlington，VA：NSTA

Press.

Keeley, P., F. Eberle, and J. Tugel. 2007. *Uncovering student ideas in science, volume 2: 25 more formative assessment probes*. Arlington, VA: NSTA Press.

Keeley, P., and J. Tugel. 2009. *Uncovering student ideas in science, volume 4: 25 new formative assessment probes*. Arlington, VA: NSTA Press.

Konicek-Moran, R. 2008. *Everyday science mysteries: Stories for inquiry-based science teaching*. Arlington, VA: NSTA Press.

Konicek-Moran, R. 2009. *More everyday science mysteries: Stories for inquiry-based science teaching*. Arlington, VA: NSTA Press.

Konicek-Moran, R. 2010. *Even more everyday science mysteries: Stories for inquiry-based science teaching*. Arlington, VA: NSTA Press.

参考文献

Driver, R., A. Squires, P. Rushworth, and V. Wood-Robinson. 1994. *Making sense of secondary science: Research into children's ideas*. London and New York: Routledge Falmer.

Keeley, P., F. Eberle, and L. Farrin, L. 2005. Is it living? In *Uncovering student ideas in science, volume 1: 25 formative assessment probes*, 123 - 130. Arlington, VA: NSTA Press.

Sitzman, D. 2003. Bread making: Biotechnology and experimental design. *Science Scope* 36 (5): 27 - 31.

第二十四章
燕麦片生虫了

砰！砰！砰！“燕麦片究竟在哪里呢?”埃玛(Emma)心里犯嘀咕,“碗橱里塞满了东西,很多都还没来得及吃,想找一样东西可真难!”埃玛在那里手忙脚乱地翻来翻去,想要找到那罐外包装为鲜红色加蓝色的燕麦片。

你可能会问:为什么找燕麦片？情况是这样,埃玛的妈妈得了流感,埃玛希望能帮妈妈做点什么,妈妈说:“我想喝点红糖燕麦粥,得流感的时候喝这个最好了。

你能帮我弄一碗吗?”埃玛当然愿意,做燕麦粥很容易。

埃玛记得自己曾经在碗橱里看到过那罐燕麦片,作为一个尽心尽责的孩子,她一定要把燕麦片找出来,为妈妈做一碗可口的燕麦粥。最后,她挪开几个装有谷物食品的罐子,终于看到那个她十分熟悉、又高又圆的罐子!

埃玛看了看外包装上的说明书,觉得很容易。她打开盖子,把白色的燕麦片首先倒入量杯,然后再从量杯倒入盘子。突然,她看见有什么东西在动。那东西自己能动!她凑上去仔细一看,天哪!竟然是一只黑色的小虫子在那里大摇大摆地踱着步!然后,她又看见前面还有一只瘦瘦的白色小虫子也在那里爬来爬去。接着,她还看见一只好像是死掉的黑色小虫子,虫子的腿脚已经没有了。她该怎么跟妈妈说?既然燕麦片有虫子,肯定不能拿来做粥了,天知道里面还有多少虫子!她只能据实相告,妈妈肯定会表示理解的。但是,燕麦片里竟然出现了三个不速之客,它们究竟是什么东西?管它呢。埃玛把燕麦片倒回罐子,盖上盖子,然后去把这个坏消息告诉妈妈。如果其他罐子里没有虫子,也许她可以为妈妈做点别的,比如煎饼或华夫饼。等妈妈身体好一点之后,说不定能帮她揭开小虫子的秘密。

妈妈表示理解,她重新要了一杯橘子汁和其他谷物食品。埃玛又回到厨房。

当天晚些时候,妈妈感觉身体好了一些,便走下楼,她跟埃玛一起打开装有燕麦片的罐子,准备仔细察看一番。她们发现,活着的白色虫子和黑色虫子还在燕麦片上爬来爬去,可是那条死掉的黑色虫子已经神秘失踪了,只剩下一个空壳。究竟是怎么回事?好在妈妈并没有大惊小怪,而是建议她们把两条虫子放在一个塑料瓶里养着,然后再放入一些燕麦片,跟踪观察一段时间。“让我们观察一下,看看会有什么发现。”妈妈说。于是她们就这样做了。

目的

在教室里养昆虫肯定很有趣，而且也容易养活。很多人一提到昆虫就感到恶心，斥之为“臭虫”。埃玛在燕麦片中看到的奇怪现象主要与昆虫的生命周期有关。学生有必要了解昆虫这种地球上最常见的动物，还有必要了解昆虫的生命周期、生活习性以及它们在生态系统中扮演的角色。有些昆虫可能对人类有害，然而，没有它们给花朵传粉，我们就没有水果和蔬菜，也没有蜂蜜，我们也再看不到漂亮的蝴蝶和飞蛾，而很多动物就会饿死，动植物死后也无法分解。从教学角度而言，昆虫激励学生去探索它们的行为习惯、生命周期以及适应各种气候环境的本领。去了解昆虫，它们简直酷毙了！

相关概念

- 生命周期
- 生物分类
- 动物行为
- 动物生命
- 繁殖
- 变态
- 昆虫
- 生物
- 适应
- 变异

不要惊讶

很多学生都害怕昆虫，见到昆虫就想把它踩死，而不是去研究。他们可能认为，所有昆虫都会叮人，都是害虫。故事中描述的本来是处于生命周期不同阶段的同一种昆虫，然而，学生可能会认为它们是不同的昆虫。还有一种常见的错误观念是，只有身上长毛的四条腿生物才算是动物，昆虫不算是动物。还有一个问题，学生往往不知道该如何对生物进行分类。你需要帮他们弄明白，具有共同特征的生物属于同一个种群，就本故事而言，甲虫跟蜜蜂、蚂蚁、蝴蝶以及其他昆虫都属于同一种群。通过观察昆虫的生命周期，学生能够改变上述错误观念。

内容背景

“虫子！可恶!”这是人们最常见的反应。但是，地球上的昆虫种类远远超过一百万种，如果没有它们，这个世界肯定会是另一个样子。

我们这则故事的主角是黑色甲虫黄粉虫，俗称“麦皮虫”。黄粉虫之所以被这样命名，是因为其幼虫看上去像蛆，然而它们并不是蛆，它们拥有六条腿，能够在粮食中间活动自如。黄粉虫不是蠕虫，它的种种不同叫法其实并不确切。

在教室里养黄粉虫很容易。成虫不会飞，因此可以放在广口容器中。有些教师养殖黄粉虫，它们的集群甚至能够延续好多年。我们应当给每个学生发一个带盖子的容器，里面装一些燕麦片、玉米粒、土豆条或苹果片等，然后再发给他们一些黄粉虫或其幼虫。学生的任务是照看这些虫子，偶尔让它们爬出来透透气，仔细观察它们。最好让学生使用塑料容器，因为塑料容器即使不小心被弄掉下来也不会摔碎，而这种情况时有发生！一个好办法是借助放大镜观察。你应当帮助学生学习使用放大镜的正确方法：应当把放大镜放在眼睛前面，拿着将要被观察的物体逐渐靠近眼睛，而不是把放大镜放在物体上面。随着时间流逝，虫卵发育成幼虫，幼虫在成长过程中开始蜕皮，不久变成蛹，最后成虫破蛹而出，这样就完成了整个生命周期。学生观察整个过程之后肯定会迷上这种小虫子。我曾遇到过有些学生在完成实验观察后，对那些他们并不熟悉的小动物态度发生了彻底转变。学生亲自养殖黄粉虫，对这些“宠物”关怀备至，有了这番经历之后，他们见到昆虫时不再把它们踩死，而是认真加以研究。

你可能想要进一步了解关于这种动物的知识，在网上搜索“黄粉虫”或“麦皮虫”，你就会发现大量相关信息以及如何开展观察研究的建议。我喜欢的两个网站为 www. thewildones. org/Curric/mealworm. html 和 www. enchantedlearning. com/subject/insects/beetles/mealworm/mealwormlifecycle. shtml。前者重印了《狂欢时代的教师联系》(*The Wild Times Teacher Connection*)书中的一篇文章，后者刊登了一幅黄粉虫生命周期图。

我敢保证，在跟黄粉虫打交道之后，你肯定会爱上这种容易养殖的小虫子，而学生对昆虫的态度也会发生改变。接下来，我要提醒你们注意的是，在教室里对任何生物进行研究时，都必须严格遵守一条规则：在实验过程中，绝不能以任何借口伤害生物。

黄粉虫有黑、黄两种颜色。市场上出售的黄粉虫尺寸有大、小两种。如果你想研究黄粉虫的生命周期，最好不要买个头大的那种。个头大的黄粉虫看上去虽然很诱人，但是已经经过激素处理，主要是供人们观赏，可能不会经历昆虫发育的变态过程，不过，它们非常适合被用来观察黄粉虫的生活习性。你也许能够找到一本“初级科学研究”(Elementary Science Study)编写组编著的《黄粉虫的行为(教师手册)》(*Teacher's Guide for Behavior of Mealworms*)。该书最初于20世纪60年代后期出版，书中有很多关于养殖与观察黄粉虫的精彩描述。如果实在找不到这本书，你也可以购买另一本名为《动物行为》(*Animal Behavior*)的书。网上书店也有为数不多的《黄粉虫的行为(教师手册)》二手书在销售。

我建议你最好不要一开始就把黄粉虫的名称告诉学生。一旦学生知道了黄粉虫的名称，就会感到索然无味。事情往往就是这样。作为切入点，我以前的学生、马萨诸塞州奥杜邦学会[①]理事伦纳德·安博吉(Leonard Amburgy)发明的一个小游戏效果很好，游戏名为“它能告诉你什么，你想知道什么”。你把黄粉虫的幼虫分发给学生以后，让他们通过观察发现“它能告诉你什么”。请注意，只允许他们观察，而不可通过其他途径。你可以借机给学生解释观察与推理的区别。观察是对你看到的现象进行客观描述，而推理是对你看到的现象进行主观判断。“甲虫正在沿着盒子边缘爬行”是观察，“甲虫喜欢沿着盒子边缘爬行”是推理。你应当要求学生一开始只进行观察，稍后再进行推理。让学生把观察结果写在“我们的最佳思维榜”上，并记录在科学笔记本上。接下来是游戏的“你想知道什么”部分，学生通常会向昆虫提出如下问题：你喜欢吃什么？你能后退吗？你喜欢阴暗的地方，还是喜欢光亮的地方？你能跑多快？你只能走直线吗？这些问题可以变成学生的预测，最终变成他们需要调查的内容。再次提醒，在调查过程中绝不能伤害昆虫。例如，不允许学生提出这样的问题：在被淹死之前你能在水上漂多久？学生应当时刻注意观察容器里的昆虫，迟早有一天，他们会弄明白昆虫的名字。他们甚至可能会从其他地方得知昆虫的生命周期知识，然后静待自己的“宠物”发生变化。

对黄粉虫生命周期以及行为模式的探究活动可以持续很长时间，有一个小组的活动甚至持续了整整一个学年。所有研究发现都应当记录在“我们的最佳思维

① 原文为“Audubon”，当指马萨诸塞州奥杜邦学会，为马萨诸塞州的一个环保组织——译者注

榜”和科学笔记本上。你和学生甚至能够发现一些书中没有记载的黄粉虫知识。只要你们认真观察研究，就能够从中学到很多新东西。

黄粉虫是一种昆虫，属于节肢动物门。节肢动物具有外骨骼，身体由不同节段构成，腿部有关节，如蜘蛛、螨虫以及螃蟹等。节肢动物门下有昆虫纲，包括各种昆虫，它们不仅具有上述昆虫的各种特征，还有三对节足，节足与被称为胸腔的身体中部相连。昆虫身体由头部、胸腔和腹部三部分构成。有些昆虫长有翅膀，数量通常为一对或两对，与胸腔相连。黄粉虫属于鞘翅目，生命周期是从卵、幼虫、蛹到成虫的完整变态过程。鞘翅目动物有两对翅膀，顶部的一对翅膀通常比较坚硬，覆盖整个胸腔和腹部。鞘翅目动物除黄粉虫以外，还有瓢虫、蜣螂以及萤火虫等。黄粉虫的幼虫和成虫体长为 12 毫米—15 毫米。

这些甲虫通常对人体无害，不会叮咬或蜇伤人。你在研究过程中应当小心谨慎，它们在室温条件下大约一个月时间即可完成一个生命周期。它们主要以剩菜剩饭或谷物为食，从苹果或土豆片中吸收水分。苹果或土豆片应当定期更换，以防发霉。

你可以在当地宠物店买到黄粉虫，它们主要被用作蜥蜴或其他爬行动物等宠物的食物。你也可以在教学用品店或网上商店购买。黄粉虫价格非常便宜，而且容易养活，繁殖的集群甚至能够延续好多年。我再次推荐你访问前面提到的网站，以获取相关信息以及开展实验研究的建议。尽管一些网站可能提供了详尽的教学方案，但是我相信，学生自己提出的诸多问题足够你们在实验时参考使用。

《国家科学教育标准》(国家研究委员会，1996)的相关内容

幼儿园—4 年级：生物的特征

• 生物都有基本需求。例如，动物需要空气、水和食物等；植物需要空气、水、养分和光等。生物只有在其需求可以得到满足的环境下才能生存。

• 世界上有许多不同的环境，不同环境养活的生物类型各不相同。

• 每一种植物或动物都有不同的结构，它们在该植物或动物生长、生存和繁殖过程中发挥不同的作用。

• 生物个体的行为受外部信号(如环境中的变化)影响。人类及其他生物具有多种感觉器官，能够帮助自身感知体内信号和外部信号。

幼儿园—4 年级:生物的生命周期

• 植物和动物的生命周期包括出生、成长、繁殖和死亡。生命周期的具体细节因生物种类不同而存在差异。

• 植物或动物都跟它们的父母长得很像。

幼儿园—4 年级:生物和环境

• 一切生物都依赖植物。一些动物以植物为食,其他动物以这些动物为食。

• 一个生物的行为模式与它所处的环境有关,其中包括生存在该环境中其他生物的种类和数量、食物和资源的多寡以及环境本身的特征等。

5—8 年级:生物系统的结构和功能

• 处于不同层次的各个生物系统在结构和功能上具有互补性。重要的层次包括细胞、组织、器官、完整的生物个体以及生态系统等。

5—8 年级:繁殖和遗传

• 繁殖是一切生物系统都具有的特征,这是因为,没有任何一个生物能够永生,繁殖对于每个物种的延续至关重要。有些生物采取无性繁殖方式,而有些生物采取有性繁殖方式。

5—8 年级:生物的多样性和适应性

• 数百万种动物、植物和微生物生活在当今这个世界。尽管不同物种外表形态各异,但是,通过分析生物身体内部结构的一致性、化学反应过程的相似性以及拥有的相同祖先,可以找出它们的共性。

《科学素养基准》(美国科学发展协会,1993)的相关内容

幼儿园—2 年级:生物的多样性

• 有些动植物的外表或行为相似,有些则差别很大。

• 植物和动物都有各自不同的特征,能够帮助它们在不同环境中生存。

3—5 年级:生物的多样性

• 我们可以根据不同特征对各种各样的生物进行分类,判断哪一种生物属于哪一个类别。

• 根据不同目的,我们在对生物进行分类时依据不同的特征。

6—8 年级:生物的多样性

• 动物或植物具有多种多样的外部形状和内部结构,从而能够制造或寻觅食物并繁殖后代。

• 对有性繁殖的生物而言,一个物种包含所有能通过交配产生子孙后代的生物个体。

在幼儿园—4 年级中使用这个故事

低年级学生通常都对那些能够乱爬乱动的小虫子感兴趣。听完这个故事之后,他们肯定会对故事中提到的小虫子究竟是什么动物议论纷纷。无论学生发表什么样的观点,你都应当让他们拿出具体证据或亲身经历作为支撑。我在前面《内容背景》部分提到,你可以给低年级学生每人分发几个黄粉虫幼虫放在容器里养殖。有一位一年级老师正是这样做的,学生通过仔细观察幼虫的发育情况,很容易弄明白"生命周期"这个概念。她让学生编写一部"生物剧",让他们分别扮演黄粉虫生命周期不同阶段中的卵、幼虫、蛹和成虫等。通过这种生动活泼的形式,学生加深了对生命周期的理解。然后,这位老师让学生玩"它能告诉你什么,你想知道什么"游戏,她给学生讲解观察与推理的区别,让学生把观察结果一一写在"我们的最佳思维榜"和科学笔记本上。接着,她让学生围绕黄粉虫提出各种问题,并让全班同学齐心协力设计实验方案,最后通过实验回答这些问题。这样,学生不仅能够完成两个国家标准中关于探究学习的教学要求,而且能够完成观察生物生命周期和行为的教学要求。

我建议你阅读《科学和儿童》杂志上的两篇文章:贾尼丝·费伊(Janice Fay)的《调查昆虫》(Investigating Insects)和蒂娜·斯托拉(Teena Staller)的《遇见黄粉虫》(Meet the Mealworms)。这两篇文章内容丰富、文笔生动,可以供你在教学时参考。

在 5—8 年级中使用这个故事

引导学生投入探究学习的一个方法是，你给学生读完故事之后，问他们是否知道故事中的小虫子到底是什么，他们肯定会踊跃发言。你可以给学生分发一些黄粉虫幼虫，让他们独自观察或两人一组观察一段时间，并借机给学生解释观察与推理的区别。你可以让学生玩游戏“它能告诉你什么，你想知道什么”的前半部分，你应当要求学生在这一阶段只进行观察，看看他们能否弄明白观察与推理的区别。让学生把观察结果写在“我们的最佳思维榜”上，并记录在科学笔记本上。完成这一项教学任务后，接下来是游戏的“你想知道什么”部分。如果学生的问题能够直指要害，游戏活动就会比较顺利，例如，你喜欢阴暗的地方，还是喜欢光亮的地方？你能跑多快？你喜欢吃什么？你可以让学生把这些问题变成假设，并向他们解释什么是假设：根据已知事实做出合理的推测，而不是胡乱猜测。只要学生认真观察，就有可能找到问题的答案。上面关于小虫子喜欢阴暗还是光亮的问题可以改成如下假设：如果有机会，幼虫将会选择阴暗的地方，而不会选择光亮的地方。这一假设正确与否能够通过实验验证，而你可以让学生分组讨论如何设计实验方案。全班同学经过讨论达成共识后即可开展实验研究，实验方案、结果和结论等都应当记录在科学笔记本上。

黄粉虫并不属于蠕虫类，如果你想深入了解相关知识，我建议你阅读《科学视野》杂志中的一篇文章《黄粉虫，真是蠕虫？》(Mealworms, Real Worms?)(Dyche, 1998)。该文描述了一位教师让学生比较黄粉虫与蚯蚓的区别，他们发现所谓的蠕虫其实多种多样、千差万别。还有，NSTA 出版社曾经出过一本书叫《潮虫项目调查指南》(*The Pillbug Project: A Guide to Investigation*)，该书讲述的是另一种昆虫，但是涉及的基本概念跟本章相同。

相关书籍和期刊文章

Barman, C., N. Barman, K. Bergland, and M. Goldston. 1999. Assessing students' ideas about animals. *Science and Children* 37 (1): 44–49.

Burnett, R. 1999. *The pillbug project: A guide to investigation*. Arlington,

VA：NSTA Press.

Driver，R.，A. Squires，P. Rushworth，and V. Wood-Robinson. 1994. *Making sense of secondary science：Research into children's ideas*. London and New York：Routledge Falmer.

Keeley，P. 2005. *Science curriculum topic study：Bridging the gap between standards and practice*. Thousand Oaks，CA：Corwin Press.

参考文献

American Association for the Advancement of Science（AAAS）. 1993 *Benchmarks for science literacy*. New York：Oxford University Press.

Dyche，S. E. 1998. Mealworms，real worms? *Science Scope* 22（2）：19－23.

Fay，J. 2000. Investigating Insects. *Science and Children* 38（1）：26－30.

National Research Council（NRC）. 1996. *National science education standards*. Washington，DC：National Academies Press.

Pope，L. 1997. Mealworms. *The Wild Times Teacher Connection* 2（3）. *www.thewildones.org/Curric/mealworm.html*.

Staller，T. 2005. Meet the mealworms. *Science and Children* 42（6）：28－31.

Webster，D. 1966. *Teacher's guide for behavior of mealworms，elementary science study*. Nashua，NH：Delta Education.